多媒体环境下
两性关系模式的探讨研究
——北京地区离婚原因的人类学调查

刘统霞　张雯莉／著

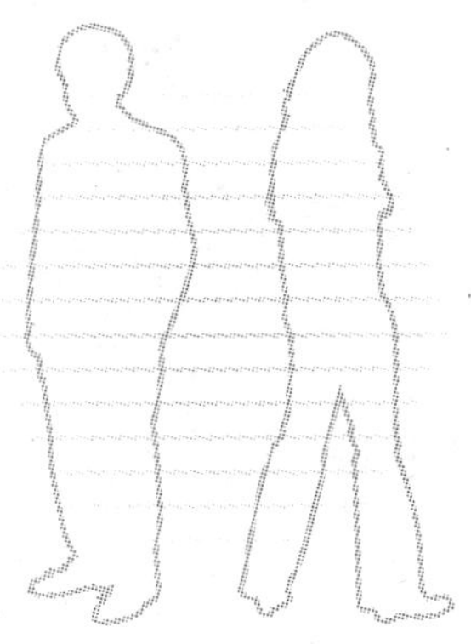

中国政法大学出版社

2013·北京

本课题研究及著作出版受“北京印刷学院传媒经济与管理学科方向建设”资助

序 言◎

自新中国成立以来，中国大陆经历了几次离婚高潮，每一次离婚高潮都具有鲜明的历史文化特点，受到不同时期社会结构的影响。在21世纪，中国的离婚率持续攀升，高居不下，那这一次的离婚高潮又是为何？主要由哪些因素引发的？本研究将从文化人类学的视角阐释这次离婚潮，并进行如下几个方面的探讨：本次离婚潮的特点；与以往相比，新时期人们离婚的背景因素有什么异同；最后，通过对现今离婚原因的分析来引发两性关系模式问题的探讨。本课题考察的田野点是北京地区，研究对象是人们自身经历的述说，其写作主题也聚焦在个人经历、心路历程和心理体验，而非传统意义的民族志写作。

本研究的田野点是北京地区，虽然在空间上有所定位，但是却不具有强烈的地方性，更不是把北京作为社区来研究的。21世纪的北京有其显著的时代特点，这是一个多元媒介交织纵横的时空，它对公众的价值理念和人际交往方式都产生了根本性的巨大影响，彻底颠覆了人们原有的时空观。所以这一特殊多元媒介背景状况对婚姻观和两性关系模式的形成有着不可忽视的影响，也使得这一次离婚潮的原因有着不同于以往任何历史时期的特点。

本研究在紧跟田野点介绍之后，对离婚的历史进行了系统的回顾：分别梳理论述了中国古代封建社会、民国时期以及建国后到20世纪末三个不同历史阶段离婚的整体状况，旨在了解现今离婚问题的历史发展脉络，并为古今离婚原因的对比提供了依据。更重要的是，通过对历史的梳理，得出结论：离婚是一个有着鲜明历史特点的现象，它受到不同时期社会结构的影响。本书从文化研究的视角重点就两个层面分别探讨分析造成离婚的广泛原因：就离婚的外部原因而言，笔者重点讨论了由紧到松的国家离婚政策、不同的婚姻价值观，特别是当今多媒体环境对离婚问题的影响。对于夫妻关系的内部原因，则主要阐述了经济问题、性别观念的冲突、婚外情、亲属关系等导致离婚的原因，还对无理由离婚进行了讨论。跟以往各时期的离婚原因相比，这一次离婚潮高居不下的原因和以前的离婚潮有相似之处，但具体就外部的原因来说，本次不同于以往的是婚姻价值观的变化和多元媒介环境的影响。而内部原因的不同则在于伴随文化转型出现而引发的性别观念冲突。

在分析完现阶段离婚的内外部原因之后，本研究从宏观和微观层面提出了解决的对策。在家庭内部，主张对旧的性别观念进行再认识，并在透彻理解传统性别观念、家庭中的人伦关系等基础上，重构新的性别观念，目的在于吸取传统文化的优秀元素，摒弃两性间的统治关系，而建立两性关系的伙伴关系模式。重新审视传统的性别观念、修正现今人们对两性角色模式的误解，让两性角色能够各安其位、各尽本分，找到各自的轨道，并和谐运行。而在国家层面则提倡从政策上重视女性的地位，同时对男性多加关怀。中外对比说明，法律上应强化婚前辅导、离婚前的调解和缓冲机制，在文化上则强调加强“家”文化的影响力，强调对优秀传统文化的弘扬，并要借助当今多元媒体的特性，充分发挥多元媒介在传播主流价值观方面的舆论导向作用。

本研究的主要特点有以下几个方面：第一，以两性关系模式的变迁为线索，来探索、阐释人们离婚的原因。研究显示，婚姻问题的出现主要在于家庭内部统治关系的传统存在，由此尝试提出解决婚姻问题的策略在于两性间伙伴关系的建立，并倡导把私人领域的伙伴关系推广到社会公共领域。第二，在探讨离婚原因时，把它置于多元媒体环境之下，结合对媒体传播特性的分析，重新审视了性别观念，并指出了人们对传统性别观念理解的误区。第三，方法论上对人类学田野概念进行了反思，放弃了传统意义上的地方民族志描述，而转而运用个人中心的民族志方法探讨离婚的原因和两性关系模式的变迁。

目录
CONTENTS

导 论◎

一、研究缘起

据中国民政部门统计，从20世纪80年代开始到现今，中国的离婚率呈不断增长的趋势。1980年中国离婚对数为34.1万对，1990年为80万对，2000年为121万对，2003年为133.1万对，全国离婚的夫妻已突破200万对，2009年则高至246.8万对[1]。从绝对离婚对数的数据可以看出，中国离婚人数增加趋势迅速，2009年相比1980年的离婚对数已经增长了721%。

尤其在进入21世纪之后，除了2002年全国离婚率稍有回落外，我国近十多年的离婚率整体趋势上升很快。根据民政部“2012年社会服务发展统计公报”的数据显示，2012年共有310余万对夫妻办理离婚手续，增长8%，粗离婚率为2.3‰，比2011增加0.2个千分点；而粗结婚率则为9.8‰，比2011年上升0.1个千分点。根据民政部提供的自2003年至2012年的数据对比，2012年国人离婚率增幅首次超过结婚率增幅（详情见表1－1、图1－1与图1－2）。特别说明的是，几年来，出现了结婚年龄偏高而离婚年龄偏低的趋势，离婚平均年龄在35岁左右，从年龄结构上看，80后的年轻人离婚数高居离婚总数的一半以上，是闪婚、闪离的主力军，90后的年轻人有紧随其后的趋势。其中，北京地区的离婚率高居榜首。

[1]《全国民政事业发展统计报告（1986－2009）》（离婚对数包含民政部门登记的和法院办理的）。

表 1-1　2001-2012 年全国离婚率和结婚率对照表（单位:‰[1]）

指标	2001	2002	2003	2004	2005	2006	2007	2008	2009	2010	2011	2012
结婚率	6.30	6.10	6.30	6.65	6.30	7.19	7.50	8.27	9.10	9.30	9.67	9.80
离婚率	0.98	0.90	1.05	1.28	1.37	1.46	1.59	1.71	1.85	2.00	2.13	2.30

图 1-1　2001-2009 年全国离婚率和结婚率变化曲线图[2]

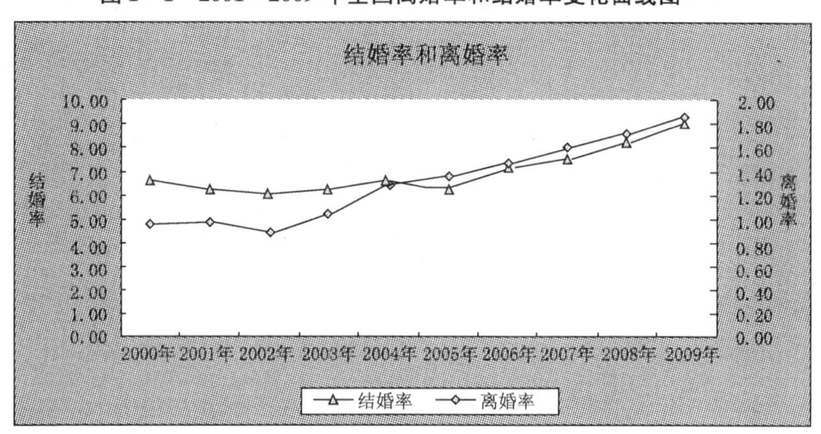

尽管中国传统的儒家文化一向主张夫妻要“壹与之齐，终身不改”[3]，但是离婚现象却也古已有之，只是在古代和近代特定的历史背景下离婚数量很少，变化趋势也相对稳定。

中国进入现代社会以来，特别是随着国家对婚姻制度自上到下的改革，“婚姻自由”的思想全面普及，“父母之命，媒妁之言”的传统婚姻约定受到空前的冲击，离婚的数量较以往发生较大变化。自 1949 年新中国成立以来，中国的离婚率出现过几次大的变动。

---

[1]《全国民政事业发展统计报告（2012）》（此处离婚率为民政部门登记离婚对数与全国总人口数之比）。

[2]《全国民政事业发展统计报告（2009）》。

[3]《礼记·郊特牲》。

图 1-2 2003-2012 年全国离婚率和结婚率变化曲线图[1]

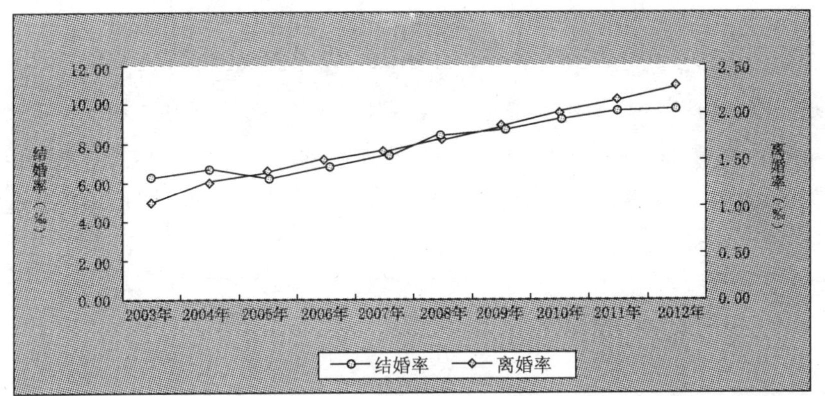

第一次离婚高潮是在 20 世纪 50 年代初，出现短期离婚率的增长。1950 年颁布的《中华人民共和国婚姻法》规定："废除包办强迫、男尊女卑、漠视子女利益的封建主义婚姻制度，实行男女婚姻自由、一夫一妻、男女权利平等、保护妇女和子女利益的新民主主义婚姻制度"。本法中重婚、纳妾、童养媳、干涉寡妇婚姻自由和借婚姻关系索取财物等行为均被禁止和纠正。

第二次离婚高潮出现 20 世纪八九十年代。1980 年中国第二部《婚姻法》颁布，第一次明确规定"感情确已破裂、调解无效，即准予离婚"。"夫妻感情确已破裂"首次作为判决离婚的法定标准，80 年代初的离婚率曾创下历史记录。

第三次离婚高潮出现在 2003 年，自此，离婚率一直处在高居不下的趋势。2003 年颁布的《婚姻登记条例》，大大简化了协议离婚的手续，自愿离婚者不再需要持本人所在单位出具的介绍信。2003 年的离婚绝对数量再创历史新高。

总之，1949 年之后这几次离婚率出现的较大变动，都伴随着我国婚姻制度的重大革新，这对人们的婚姻观念及婚姻生活都产生

〔1〕 民政部发布 2012 年社会服务发展统计公报。

了很直接的重大影响，然而，2003 年之前几次大的婚姻变动都是突增之后有所回落或者趋于平稳，唯独 2003 年之后，我国的离婚率呈现出持续地上升趋势（详情见附表 1 - 1）。这给当代中国人的婚姻和两性关系带来了震荡，也动摇着千百年来中国人“执子之手，与子偕老”[1]的婚姻追求。虽然现在我们还不知道在这次震荡中哪些婚姻的观念将被颠覆、也难以准确地预测未来的两性关系模式有什么改变以及离婚率将上升到什么样的高度，但我们可以确定的是，中国人的婚姻在这个新的世纪与几十年前、几百年前以及更远的过去都有着根本的不同。

自 2003 年以来，我国出现了高居不下的离婚潮，其传媒资讯背景跟以往相比，有一个显著的不同，那就是新兴数字媒体为特征的多元媒体环境的出现。上世纪 50 年代至 70 年代是图书报纸的平面媒体时代，80 年代兴起、普及了电视、广播媒体；90 年代以来，伴随国民经济的快速发展，数字通信技术和数字通信网络的发展也日新月异。随着中国信息化工程建设的全面铺开，国际互联光纤网、固定电话网络、广播电视等有线网络，移动通信等无线网络都在迅速地发展，并因互联网的发展而让各种媒体联合得更紧密。作为信息渠道、互动媒体、生活平台的互联网渗透到人们生活的各个层面，成为社会政治、经济、文化生活的重要领域。信息化基础设施建设、互联网的技术水平、网民人数规模等不断实现飞跃发展，中国步入信息时代。

网络普及极大地改变着报纸、杂志、电视等传统媒体的传播形式，为传统媒介的传播提供了载体，传统媒体内容都能够实现数字化的网络传播，进一步成为网络内容，从而进一步拓宽了传统媒体内容影响受众的渠道。人类社会也因此正大踏步地迈入一个以数字化信息通信科技为支撑的、多元媒体相互融合的新媒介文化环境时代。卡斯特在描述美国的互联网发展速度时曾说：“互联网展现了

---

〔1〕《诗经·邶风·击鼓》。

有史以来最快速的沟通媒介穿透率：在美国，收音机广播花了30年才涵盖6000万人；电视在15年内达到了这种传散水准；全球信息网发展之后，互联网只花了3年就达到了。”[1]基于多元媒介共振而建立的大众传播也对受众形成“合围”之势，全方位影响着人们的价值观念和生活方式。

自1997年互联网CNNIC的第一次统计到2012年12月CNNIC的第三十一次统计的数据显示，我国互联网网民数发展速度之快令人惊异，可谓是呼啸而来。1997年10月31日的统计数据显示我国上网计算机数29.9万台，我国上网用户数62万。[2]从此以后中国的互联网不断地呈现高速增长态势。2008年，中国网民总体规模和互联网普及率都实现了飞跃发展。2008年6月，中国网民数量达到2.53亿人，网民规模超过美国跃居世界第一位；2008年底，中国网民规模达到2.98亿人，互联网普及率达到22.6%，赶上并超过了全球平均水平21.9%[3]。对比2007年，中国互联网的网民规模年净增8800万人，年增长率达41.9%，即2008年中国网民规模达2.98亿人。[4]从2000年到2008年的数据，我们可以从一个侧面感受到网络对中国人生活的深入程度（参见图1－3）。截止2012年12月，我国网民数已达5.64亿（参见图1－4），普及率已达42.1%。北京2011年底网民数1218万[5]，已经达到西欧、北美、日本和韩国水平（参见图1－5）[6]。

---

〔1〕［美］M. 卡斯特著，夏铸九等译：《网络社会的崛起》，社会科学文献出版社2003年版，第437页。

〔2〕CNNIC中国互联网络发展状况统计报告1997。

〔3〕数据来源：http://www.internetworldstats.com；对比的其他国家和地区互联网普及率为2008年6月底数据。

〔4〕CNNIC：2008－2009中国互联网研究报告系列之“中国新网民上网行为调查报告”。

〔5〕http://tech.hexun.com/2011－02－09/127196561.html，2012年2月1日访问。

〔6〕CNNIC：中国互联网络发展状况统计报告2012。

图 1－3　2000－2008 年中国网民增长规模与增长率

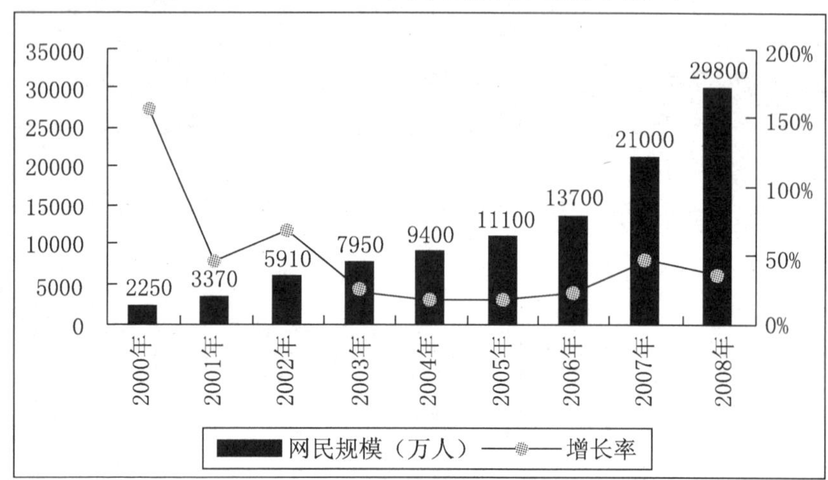

图 1－4　第 31 次中国互联网络发展状况统计报告

第31次中国互联网络发展状况统计报告

中国网民5.64亿，普及率超过四成

中国网民规模为5.64亿，普及率达42.1%

- 截至2012年12月，中国网民数量达到5.64亿，互联网普及率为42.1%。
- 2012年全年网民增量为5090万，普及率提升3.8个百分点，普及率的增长幅度相比上年继续缩小。

年份	网民增量
2006	2600万
2007	7300万
2008	8800万
2009	8600万
2010	7330万
2011	5580万
2012	5090万

图 1－5 2012 年八省市互联网普及率[1]

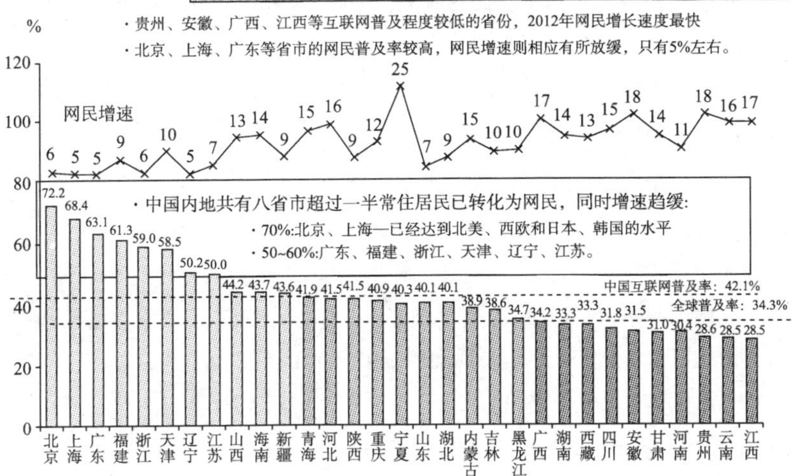

以互联网为支撑的多元媒体合力传播背景构成了 21 世纪北京社会生活的显著特征，人们的婚姻观和家庭生活方式、两性互动方式也不可避免地受到这种传播方式的影响。除了价值观的变化会影响到人们的婚姻家庭外，其他哪些社会和个人的因素又促成了这一次的离婚潮呢？如何解释离婚率高居不下的问题，答案应该从人们的离婚原因入手。

正如潘光旦先生说的那样，“今者我辈认婚姻为绝对之人事；既为人事，则由人而成者，亦不妨因人而毁，故离婚本身实不成问题；成问题者为离婚之原因。”[2]故此，本研究希望通过人类学的田野调查，通过详实的离婚个案呈现，从婚姻的内部和外部两方面来探讨新世纪人们离婚的原因；同时，通过对中国古代、近代离婚

---

〔1〕 CNNIC：中国互联网络发展状况统计报告 2012。

〔2〕 潘光旦：“中国之家庭问题”，载李文海主编：《民国时期社会调查丛编 · 婚姻家庭卷》，福建教育出版社 2005 年版，第 330 页。

历史的回顾与现今离婚状况形成对比，探讨不同的两性关系模式对婚姻的影响；同时参照对比中西不同国家为解决婚姻问题而采取的不同措施，进而尝试提出解决离婚问题的宏观和微观思路。

二、研究意义

本书的研究意义分为以下几个方面：

第一，“死生契阔，与子成说。执子之手，与子偕老”、“壹与之齐，终身不改”虽说是一种古老而坚定的承诺和浪漫而美丽的传说，但却成为中华民族主流的婚姻爱情观，也是多少年来人们孜孜以求的美好愿景。婚姻的美好和长久不仅对个人的身心健康有益，还能提高人们的生活幸福感。而婚姻不幸或者长期单身都容易导致身心的疾病。发表在英国《流行病学和社区健康杂志》上的研究报告说，老年单身男性最容易患忧郁症。英国伦敦大学玛丽王后学院的一组研究人员对4000名65岁以下的英国男女进行的调查发现，能把第一次婚姻或同居关系进行到底的男女注定会在晚年受益，这些人最不容易患心理疾病。因婚姻不幸、分居及离婚给个人造成的心灵创伤是巨大的；对于国家而言，家庭的不稳定也与和谐社会的目标背道而驰。基于此，加强对离婚问题的研究于国、于家、于人都有意义。

第二，家庭是社会最基本的细胞，家庭的稳定才能带来社会的稳定，小家的和谐才能促成大家的和谐。在我国大力倡导建设和谐社会的阶段，找到影响家庭和谐的因素，探讨离婚的原因对于和谐社会建设有着重要的意义。

第三，以往对离婚率突增以及离婚原因的研究主要集中在21世纪以前。21世纪之后，社会的经济、政治、文化、媒介环境等诸方面都发生了较大变化，这些变化是否对人们的离婚原因带来影响，带来怎样的影响，都值得我们做进一步地研究。只有探讨新的问题，才可能发现新的对策。

第四，现有的对离婚原因个体层面的分析研究多集中在诸如性格、心理、生理、家庭经济、亲属关系、夫妻权利等具体而显性的方面，而极少有从两性关系的结构层面来分析，本研究把两性关系模式作为离婚原因的分析框架将拓展丰富该问题探讨的研究视角。

第五，把人类学田野调查的方法与统计方法相结合，不仅通过数据展现离婚现状“面”的情况，更依据详实的个案呈现来丰富、深入对离婚问题的理解。

第六，在现代社会，大众传媒超越了人际传播的局限，将庞大的信息量和价值观念传播到更为广阔的地域空间，使不同国家、种族、地区、性别、阶层都能有效地共享信息资源，达到文化的传播交流和再创造。故本研究把离婚原因的寻找放在多元媒介的环境下来研究，通过传媒对人们价值观和婚恋行为的影响来探讨，弄清二者的关系。这在实践意义上，通过倡导伙伴关系作为人们处理两性关系乃至更广泛的人际关系的思维方式，无疑能对国家、社会层面采取相应的对策提供参考。

三、本书的线索和结构

本研究试图通过对当今离婚原因的分析来引发两性关系模式问题的探讨，并针对问题的种种原因存在，尝试提供微观和宏观层面的对策。因而，笔者将通过或明或暗的两条线索结构贯通全书。明线为追问离婚的原因，并提出解决问题的对策；暗线为统治关系模式和伙伴关系模式的演变及其对离婚问题的影响。

全书共分为八章。第一章是“文献综述及研究方法”的介绍，在回顾以往相关研究的基础上，提出本研究对于离婚问题研究的思路和着眼点。需要说明的是对理论研究及研究方法探讨没有兴趣的读者，完全可以跳过这一章，直接阅读第二章。第二章“田野概述”，是对研究对象的说明。在此章中将介绍北京现阶段的离婚状况，并对把北京的离婚人群作为人类学的研究对象提出反思，同时也对它运用的研究方法进行反思。第三章“离婚往事”，是对离婚历史的追溯，目的一是通过古今对比说明离婚率现在比过去高的原因；二是探究我国两性关系结构的文化传统，以及历史上曾经发生作用的两性关系模式。第四章“谁让劳燕分飞”和第五章“破碎的二人世界”，表面上是从宏观和微观层面来说明现阶段离婚的原因，背后却在探索寻找两性统治关系模式的影子。第六章“拿什么拯救你，易碎的婚姻?”和第七章“家国天下——来自国家的力量”，则是在弄清离婚问题之后，提出的微观和宏观层面的解决对策，同时又是两性伙伴关系模式思想的贯彻。第八章“结论”部分，将立足导致离婚的问题，就夫妻伙伴关系展开对话和讨论。

第一章　文献综述及研究方法 ◎

第一节　相关研究动态

本研究的重点是历史地追溯探讨离婚的原因，通过对离婚原因的综合分析来探讨两性关系模式的变迁。因此，本研究对于原因的探析将聚焦在离婚问题出现的社会文化、传媒环境的大背景，以及婚姻内部的两性关系模式的结构变迁上。在以往的研究中，离婚的话题受到诸多学科的关注，不同学科都从各自的角度对离婚现象进行了深入的讨论，前人的这些研究不但拓展了本论文的研究视野，更为进一步探讨此话题提供了很好的比照。本节对相关研究动态的回顾涉及以下主要方面：对离婚现象、离婚率的研究和对离婚原因的研究。

一、对离婚现象、离婚率的研究回顾

离婚已经成为近年来法学、心理学、社会学、人口学的热门话题，与本研究密切相关的是社会学和人口学的研究，而传播学对相关方面的讨论，主要是间接地讨论媒介传播对人们价值观的影响。

曾毅、吴德清根据全国人口普查的数据，对 80 年代以来我国离婚水平的变化进行了考察；分析了 80 年代以来离婚年龄与婚后年数的变动趋势，研究表明离婚年龄与婚后年数有显著增高。作者认为，离婚现象的上述变化是我国 80 年代以来的社会经济发展与

注重婚姻稳定的文化传统共同作用的结果。[1]

徐安琪、叶文振还提出了包括社会聚合力、民族习俗、婚姻司法实践、人口结构、家庭结构等五个变量在内的多元回归理论模型来解释我国离婚率地区差异。分析指出，家庭结构，尤其是子女对父母婚姻关系的稳定作用大；由城市化水平、人口的流动系数等指标组成的反映社会聚合力的复合变量也与离婚率呈显著相关。[2]曾毅主编的《中国八十年代离婚研究》中指出：我国今年离婚水平大幅度上升的主要原因是社会转型使社会结构发生了变化，改革开放冲击了传统的观念，新婚姻法对离婚的限制放宽了，市场经济发展女性的经济能力越来越强。还有些观点认为人口的流动和文化的转型也是导致离婚的一大原因。[3]

曾毅、吴德清、徐安琪、叶文振等的研究表明，我国的离婚率的分布呈现以下特点：一是在城乡和区域间分布不平衡。我国建国后出现的离婚率变化，城市的增长一般高于乡村。另据对离婚率影响因素的多元回归分析表明，城市化及经济发展水平较高、家庭规模小且总负担系数较低的省份离婚率普遍较高；二是离婚率在不同文化和技术人群中分布不平衡。从文化、技术和教育背景来看，离婚率呈 U 型分布，高技术及大学以上文化者和低技术及文盲、半文盲离婚率都相对较高，而中等文化水平人口的离婚率则比较低。这些特点表明，城市化和文化改变会对离婚率造成直接或间接的影响。[4]

厦门大学叶文振和林擎国的高离婚风险的人口群体分析，从个

---

〔1〕 曾毅、吴德清：“八十年代以来我国离婚水平与年龄分布的变动趋势”，载《中国社会科学》1995 年第 6 期。

〔2〕 徐安琪、叶文振：“中国离婚率的地区差异分析”，载《人口研究》2002 年第 4 期。

〔3〕 曾毅：《中国八十年代离婚研究》，北京大学出版社 1995 年版。

〔4〕 曾毅、吴德清：“八十年代以来我国离婚水平与年龄分布的变动趋势”，载《中国社会科学》1995 年第 6 期。

人或微观的角度去识别高离婚风险的人口群体。从人口的自然属性、婚姻特征及其他社会面貌等方面，对离婚人口进行结构分析，进一步推断中国已婚人口中未来可能的离婚者，即确认所谓的高离婚风险的人口群体。其论文提出了解释当代中国离婚原因的理论框架，认为性格志趣差异、家事冲突、感情淡薄和性生活失调是离婚的直接原因，这些微观决定因素之所以和离婚率存在明显的正相关关系，关键在于改革开放以来中国社会的择偶观、家庭观、性事观和离异观都发生了重大的变化〔1〕。

对于城市离婚率趋高的现象，南京大学汪国华认为工业化和城市化速度的加快，使得不同群体出现了不同程度和不同性质的流动；随着流动性的增强，流动者的人际关系变得日趋多元化和复杂化，并且他们与这些复杂化的人际关系变得日趋陌生化，所以，现代化即是熟人社会向陌生人社会转变的过程；陌生人社会中社会约束力明显减弱，在这种情况下，任何曾经可以成为离婚诱发因素但能够忍受的因素在陌生人社会中都有可能引发离婚。加之农民工进城务工使得城市离婚率的上升这一比率有进一步上升的趋势。〔2〕吉林大学孟秋丽也有类似观点，她认为从中国的离婚率与社会结构变化的时间序列分析中可以看出：离婚率随非农产业人口比重的提高而提高 ，并有三年的时滞；离婚率也和人口城市化的发展有密切的关系，两者的比重一并提高，但约有五年的时滞。因这两方面社会结构的变化，直接影响妇女就业率提高和妇女职业结构的变化，而由此引起的人口迁移流动的大变动，也必然影响婚姻家庭观念的变化。〔3〕

中国社科院人口所唐灿对北京市的离婚也有较多研究。其研究

---

〔1〕 叶文振、林擎国：“当代中国离婚态势和原因分析”，载《人口与经济》1998年第3期。

〔2〕 汪国华：“从熟人社会到陌生人社会：城市离婚率趋高的社会学透视”，载《北京科技大学学报（社会科学版）》2007年第3期。

〔3〕 孟秋丽：“中国离婚率与社会结构变化”，载《人口学刊》2000年第4期。

发现，北京除了离婚率居全国前列外，北京居民通过法院离结的婚姻比例非常高，原因在于通过法院比通过民政局离婚有较多优势，如手续更简便、时间更快捷、当事人的隐私得到更好的保护。唐灿指出可能有两个方面的原因对离婚率造成影响：第一，持续下滑的结婚率与不断升高的离婚人口对比，会导致离结率的迅速攀高。也就是说，除离婚人口增加外，结婚人口减少也同样对离结率升高造成影响；第二，一些人口学家和社会家的研究表明，我国离婚率呈U字型分布，即具有大学文化程度的人口和文盲半文盲人口的离婚率都比较高，而中等文化水平人口的离婚率则比较低。[1]

深圳大学易国松，香港大学陈丽云、林昭寰则运用马克思女性主义和社会主义女性主义的一些观点，分析传统中国离婚制度中的性别不平等，特别是这种不平等与社会结构的关系。他们认为传统离婚制度中的性别不平等是婚姻家庭和社会性别地位的一种制度化体现，是特定时期社会结构下的产物。政治、经济、文化、法律以及父权制等社会制度相互作用，形成并不断强化传统社会中不平等的性别角色和地位关系，而其中经济、文化和父权制是最主要的三种制度。政治对性别角色地位的影响主要是通过文化，即儒教中的“礼”；而法律在很大程度上也只是“礼”的一个补充。这就是在马克思女性主义和社会主义女性主义的“二元制度理论”（经济和父权制）的基础上形成的三制度分析框架。研究结果表明，解决离婚中的性别不平等问题需要从政治、经济、文化、法律以及婚姻家庭制度等多个方面进行，而不能仅仅依赖于法律。[2]

关于中国社会离婚原因的研究也有不少。一部分学者侧重于从社会的角度进行宏观的解释：张德强在《嬗变中的婚姻家庭》提到

---

〔1〕 唐灿：“北京市城乡社会家庭婚姻制度的变迁”，载《北京行政学院学报》2005年第5期。

〔2〕 易国松、陈丽云、林昭寰：“社会结构与性别不平等：中国传统离婚的社会学分析”，载《南方论坛》2004年第12期。

了离婚的一些原因，比如向往并注重浪漫爱情，女性地位提高、家庭功能的改变，社会生活的变迁、法律对离婚条件的放宽以及享乐思想的腐蚀等〔1〕。徐安琪在她的一系列研究中指出离婚的宏观原因复杂，有司法制度、经济社会结构、人口结构、社会聚合、政治因素、家庭结构等影响因素，这些影响因素可以程度不同地用来解释不同阶段的离婚现象〔2〕〔3〕。另一部分学者则侧重于从个人和单一学科的角度进行微观解释：李银河关于中国人的情感、婚姻有大量的论说，在其《社会变迁影响择偶标准》一文中指出，爱情至上可能会带来较高的离婚率。因为感情是变化的，不太可能很稳定〔4〕。巫昌桢对离婚的解释是志趣不同、性格不合、性生活不和谐、不忠、虐待、一方残疾和一方犯罪等原因。他认为夫妻双方在经济权力和财权上的严重矛盾冲突将会导致婚姻的破裂和解体。〔5〕此外，徐安琪（2002）对500位离婚当事人的调查结果显示，主要的离婚原因为一方或双方有婚外恋（占40%以上）、性格不合（占38%）、一方不尽家庭义务（占16%）以及经济、亲属关系和赌博、性生活失调、一方出国等〔6〕。李银河、冯小双（1991）也对34位北京离婚者的调查发现，导致离婚的几个主要原因为：婚姻基础不好（41.9%）；婚后一方或双方发生过失（35.7%）；性格不合（34.6%）；性生活不和谐（34.4%）。调查结果显示多数离婚者的离婚原因并不限于一项，而往往是多因的，即每一个个案的离婚原因可能不仅仅限于上述四项中的一项。〔7〕

---

〔1〕 张德强：《嬗变中的婚姻家庭》，兰州大学出版社1993年版。

〔2〕 徐安琪：《中国婚姻研究报告》，中国社会科学出版社2002年版。

〔3〕 徐安琪、叶文振：“中国离婚率的地区差异分析”，载《人口研究》2002年第4期。

〔4〕 李银河：“社会变迁影响择偶标准”，载《小康》http://news.sina.com.cn/c/2008-02-14/142714938641.shtml。

〔5〕 卢淑华：“婚姻观的统计分析和变迁研究”，载《社会学研究》1997年第2期。

〔6〕 徐安琪：《中国婚姻研究报告》，中国社会科学出版社2002年版。

〔7〕 李银河、冯小双：“对北京市部分离婚者的调查”，载《社会学研究》1991年第5期。

二、对两性关系模式的研究

本书对离婚的原因和对策的探讨还要涉及两性关系模式方面的研究。两性关系模式是一个与宏观社会意识形态和微观家庭两性关系相关的话题，是本书关于离婚原因解释的重要方面。

国内关于两性关系模式的研究更多地聚焦在夫妻权利的模式上，而此类研究又大多与探讨妇女的家庭地位相关联。在这些研究中，权力的测量指标是科学评价妇女家庭地位的基础。家庭权利分配和家务劳动分工一直是包括中国研究者在内的大多数社会科学研究者用来衡量妻子家庭地位高低的主要变量或指标。与之相关联的主要有两种解释性理论：一是资源交换理论，认为妻子因为收入、职业地位往往低于丈夫，容易形成经济上的依赖性，在与丈夫的"谈判"中处于劣势，所以不得不承担家务劳动；丈夫因在家中承担较为重要的抚养责任和具备较强的社会交往能力，因而被赋予较大的家庭决策权。另一种是文化决定论，又被认为是女性主义的父权制理论，强调男权文化对家务分工和夫妻权利分配的影响。这种理论认为，传统的性别分工造成了"男主女从"的意识倾向，一些就业妇女即使有经济收入，也无法自由支配，家事多由丈夫决定。同时，传统的性别分工赋予男女就业以不同的意义，男人就业往往被视为养家，而女人就业则被认为部分为自己，因而阻碍女人就业，将其经济资源有效地转化为权力资源、话语资源（左际平，2002；郑丹丹、杨善华，2003；徐安琪，2003；伊庆春、陈玉华，2006）。[1]

徐安琪多年来一直致力于使用和推广科学、严谨的分析方法，测量夫妻权力模式，形成了自己对夫妻权力测量的研究设想和指标体系，即采用"个人在家庭生活各方面的自主权"和"婚姻角色平等的主观满意度"两大类 9 项测量指标，并将"相对资源论"、

---

〔1〕 唐灿主编：《家庭与性别评论》（第一辑），社会科学文献出版社 2008 年版，第 13 页。

“文化规范论”、“婚姻需求和依赖论”，以及“权力实施过程”操作化为多侧面的影响变量，建构妇女家庭地位的指标体系和解释框架。[1][2][3]

国内学者的这些相关研究无疑为指导人们婚姻家庭生活的改善提供了可衡量和可操作的具体指标。国外学者对两性关系的探讨则在文化层面为两性关系的和谐提供了另一种思维模式。安东尼·吉登斯关于如何处理两性关系提出了“纯粹关系”的概念。他认为在个人生活中，后传统社会越发展，在性关系、婚姻和家庭中就越有可能发展出纯粹的关系。纯粹关系，即性和感情的平等关系，是一种为了自己的利益而缔结和保持的关系——因为它可以产生与他人或其他组织发生联系的补偿。个人生活世界的“纯粹关系化”如何维持并有利于我们的生活本身呢？“保持纯粹的关系”取决于一种对他人的开放——取决于知识和情感的交流。为了向别人开放，必须了解自己。自我的反思——与一个人自己的情感联系在一起——是与他人形成有效关系的条件。[4]

而美国人类学家理安·艾斯勒则超越单纯女性主义的立场，颠覆了传统的男人统治女人，或女人争取权利超越男权的观念，展示了一种建立新的男女社会关系的可能性，即以伙伴关系取代统治关系。她指出男女关系只有完成从传统统治关系向伙伴关系的复归，才能恢复性行为美好、高贵、纯洁和快乐的本真特征；在伙伴关系下，性行为不再低贱、肮脏或痛苦，相反，爱情、性爱和生育将成

---

〔1〕 徐安琪：“婚姻权力模式：城乡差异及其影响因素”，载《社会学刊》（台湾大学）2001 年第 29 期。

〔2〕 徐安琪：“家务分配及其公平性——上海市的经验研究”，载《中国人口科学》2003 年第 3 期。

〔3〕 徐安琪：“夫妻权利和妇女家庭地位的评价指标：反思与检讨”，载《社会学研究》2005 年第 4 期。

〔4〕 ［英］安东尼·吉登斯著，陈永国、汪民安等译：《亲密关系的变革——现代社会中的性、爱和爱欲》，社会科学文献出版社 2001 年版。

为人类幸福的最重要的部分。[1][2] 中国伙伴关系研究小组参照艾斯勒的研究，对从史前到当代中国的两性关系与社会关系和社会模式的演变做出了整体性的研究和描述。其成果《阳刚与阴柔的变奏》论述了中国的两性关系模式的演变，并指出目前中国在完成文化转型和重建两性之间新型的伙伴关系方面具有良好的条件。[3]

三、传播社会学的婚姻研究

传播学对离婚问题直接的研究很少，其关于婚姻的研究主要集中在媒介对婚恋观念的影响及性别观念塑造的影响。

张兵娟通过对电视剧的研究认为："电视剧传播对性别现代性的建构有着重要的作用。因此从传播、性别视角切入现代性问题将会促使人们更深层次地理解、正视新的社会文化语境下女性所遭遇的性别困境和角色认同危机，以及性别现代性建构的重要性和迫切性。而电视剧《中国式离婚》通过男女主人公婚姻的破裂，从性别角度反映了现代性话语中的有关自由与责任、平等与差异、理性与宽容、权利与义务、理解与信任等种种问题"。[4]

在汪振军的研究中则指出大众传媒中所反映的性别成见主要是文化方面，"性别成见主要包括对男女两性的性格、形象、智力、社会分工、家庭角色等方面的定型化"。比如，就性格而言，男性应该是理性的、进取的、勇敢的、坚强的、勇于探索的，而女性则是感性的、情感的、柔弱的、温和的和被动的；就形象而言，男人应该是威猛高大、粗犷和英俊的，女人应该是漂亮、性感、苗条

---

〔1〕［美］理安·艾斯勒著，程志民译：《圣杯与剑》，社会科学文献出版社 2009 年版。

〔2〕［美］理安·艾斯勒著，黄觉、黄棣光译：《神圣的欢爱》，社会科学文献出版社 2004 年版。

〔3〕闵家胤主编：《阳刚与阴柔的变奏：两性关系和社会模式》，中国社会科学出版社 1995 年版。

〔4〕张兵娟："电视剧传播与性别现代性的建构"，载《乌鲁木齐成人教育学院学报》2008 年第 11 期。

的；就社会分工而言，男人是事业型的，女人是家庭型的；就家庭角色来讲，男人是家庭的主心骨、顶梁柱，女人只能听男人的话，操持好家务。大众传媒在传播性别观念方面有两面性，一方面在传播过程中存在着严重的性别成见，主要表现为对男女两性的性格、形象、智力、社会分工、家庭角色等方面的定型化。媒介所强化的性别成见最终影响受众的性别观念和行为。另一方面，如果媒体从人文主义立场出发，以社会性别为视角，以具有生命的个体为着眼点，发现和建构人的主体精神，使两性构成平等、对话、互补的良性关系，将有助于改变社会的性别成见，推进社会的文明与进步。[1]

还有一些研究则着重在媒体理想的性别关系塑造和现实的差距上。王志华和孙艳玲的研究指出当前电视相亲节目分别从女审男的对视格局、女嘉宾主动大胆的表达、女性形象的多元化三个方面为我们打造了一幅新型的性别关系图景——“女性当道”。然而，最终起决定权的男性归属、女性言语中表现出的对男性的依附以及非常规形象女性相亲的低成功率却说明这依然是个“男权当道”的社会。究其实，一方面相亲节目偏重于娱乐性，使其有意打造“女性当道”的现场，另一方面，男权社会现实的深厚根基使得节目的创意只能停留于节目的表面，而不可能贯穿其内里。但两性关系真相的揭破有利于认清现实，进而思索如何改善男女性别关系现状，最终实现两性平等。[2]

冯波、江笑雨的研究则探讨了传媒和社会性别之间相互作用的关系，他们认为传媒和社会性别之间是相互作用、相互影响的关系。一方面，传媒作品反映社会性别。另一方面，传媒塑造社会性别，影响受众的社会性别意识。在传媒和社会性别相互作用、相互

---

〔1〕 汪振军：“大众传媒与社会性别观念的传播”，载《中州学刊》2007 年第 5 期。

〔2〕 王志华、孙燕玲：“从当前电视相亲节目看中国社会的性别关系”，载《山东师范大学学报（人文社会科学版）》2011 年第 3 期。

影响的过程中，始终存在着传播者的主体性：传播者对社会性别状态和走势的理解、把握，这直接决定着传媒如何反映社会性别、塑造何种社会性别以及社会性别意识对受众的影响。因此，提高传播者关于社会性别的理论修养，使其认识到社会性别的意义，以利于更好地反映和塑造社会性别就显得非常关键。社会性别不是先天的，它是后天形成的，是一种文化建构。不同社会、不同的历史时期，其文化不同，对应地，其所构建的社会性别也不同。传媒反映并参与了社会性别的这种文化建构。具体表现为：一方面，传媒反映社会性别；另一方面，传媒塑造社会性别。在传媒反映并参与社会性别的文化建构过程中，传者的社会性别素养是很重要，它决定着传者能否准确地把握和反映社会性别，能否塑造符合时代潮流、社会发展趋势的积极、健康的社会性别。[1]

第二节　本书的相关研究理论与研究方法

一、本书所借鉴的主要理论

从以上文献的回顾可以看到，关于我国的离婚现象，以往研究涉及以下诸方面：其一，我国某一时期离婚水平的变化，离婚年龄与婚龄的变动趋势。对于离婚率的地区差异一些学者建构了多元回归理论模型来解释，并研究得出离婚率人群差异的 U 型分布结果。其二，对于我国离婚率大幅上升的解释，学者们认为社会转型导致的社会结构变化、婚姻法的改革、人口流动、女性地位提高、文化转型、社会聚合、政治因素、家庭结构等宏观因素影响了个体层面诸如性格志趣差异、家事冲突、感情淡薄、性生活不和谐等导致离婚的直接原因。其三，以上研究在时间上多集中于 20 世纪的八九

〔1〕冯波、江笑雨：“论传媒与社会性别的关系”，载《中国宁波市委党校学报》2010 年第 1 期。

十年代，以及 21 世纪初期，可谓硕果累累。但是在 2003 年之后，全国离婚率持续增高背景下的离婚原因探讨则较少人涉及，本研究试图通过田野调查，探析现阶段离婚原因的新变化。分析思路将与加拿大历史学教授罗德里克·菲利普斯（Roderick Phillips）的观点有所比照，即应该把离婚放在广阔的背景中进行研究。他认为离婚问题是一个关乎社会、经济、文化、政治、道德、法律乃至宗教的问题。离婚的法律和离婚相关政策常常伴随着政治上的变化而变化，因此婚姻与离婚的理论也与政治意识形态有着密切的关联；一个国家某一时期的离婚率也深受当时离婚法律和政策的影响，不同的离婚法和离婚政策对离婚率和离婚模式都产生了影响。婚姻家庭问题还是一个十分重大的道德、社会问题，任何一种社会和经济变化都对婚姻和家庭产生影响，如工业化、城市化、宗教意识淡漠、道德观、婚姻观的改变等。在社会层面上人们尤其关注妇女和离婚之间的联系，离婚率也常常解释成是妇女普遍解放，尤其是妇女就业率提高带来的后果。菲利普斯指出，更为广泛的经济气候也对某些特定时期的离婚状况起到了明显作用，人们通常认为在经济繁荣时期离婚率也比较高。[1] 对于我国现阶段离婚现象的解释，菲利普斯的分析框架无疑是具有参考意义。本研究将比用这种框架来分析当前我们离婚的宏观层面的原因。而对于离婚个人微观层面的原因则比照理安·艾斯勒两性关系模式的理论进行解释。

就离婚微观层面的原因而言，以往国内的研究者们主要从个人情感、生理、家庭经济、夫妻的性格、亲属关系、婚姻道德等显性的、外在的因素进行解释，而较少有学者把两性关系的模式和离婚联系起来进行探讨。这些研究着眼在夫妻的权利模式，并将之与妇女的地位相关联，这种研究取向使我们在该领域有了逐渐完善的指标测量体系，同时也产生了资源交换和文化决定论的解释框架。但

〔1〕 Roderick Phillips, *Untying the knot: a short history of divorce*, Cambridge University Press, 1991.

是本研究力图冲破这种权利模式的局限，而上升到两性的关系。这种从两性关系模式入手进行的探讨将直指婚姻的文化层面，触及到的是婚姻中两性关系乃至其他相关关系的结构。为此目的，必须深入理解艾斯勒的两性关系模式理论。

理安·艾斯勒认为普遍的人际关系有两种不同的构成方式，一种为统治关系模式，另一种为伙伴关系模式。一种更多地依赖于痛苦，另一种更多地依赖于欢乐。统治关系模式始于一半人凌驾于另一半人之上，最重要的是由恐惧或强力支撑的等级。倾向于这种模式的关系主要靠痛苦或对痛苦的恐惧来维持，而就两性关系而言，是男性高于女性，男性处于统治地位，权力由男人来掌握，选择也由男人来做，这使得男女之间的亲密关系也处于普遍的紧张和不信任之中。而伙伴关系模式更多地依靠快乐而不是惩罚来保持凝聚力。“伙伴关系要求人们合作并相互尊重。它包含参与、联系，并为大家的共同利益和平而和谐地工作。伙伴关系方式是通过联系而形成一个整体的原则，它不同于在当今社会占据主导地位的强制性的等级服从体制。伙伴关系要求公平合理，意见一致，互利互惠，民主地参与决策；必须积极地倾听，富有同情心地分担，相互支持，以促进共同兴旺发达。它包容并追求把人们结为一体。在伙伴关系的环境里人们感觉自己受到了重视，有真诚的关怀和安全感。真正的伙伴关系导致人人有权利并有条件实现自我。”〔1〕

艾斯勒指出男人统治女人不仅在家庭里，而且在社会上，受到越来越多人的怀疑，这便带来了性别角色和性别关系的变化，这种变化又深刻地影响着亲子关系。如果把艾斯勒的这两种人际关系模式作为分析框架来分析我国现阶段的离婚现象，来探讨现阶段人们的离婚原因，那么我们便有了一种新的视角来看待离婚本身，同时对于婚姻家庭中的两性关系的冲突与和谐我们又多了一种新的解

〔1〕［美］理安·艾斯勒著，程志民译：《圣杯与剑》，社会科学文献出版社2009年版。

释，更重要的是，伙伴关系模式将为我们解决婚姻家庭问题提供创新性的思路。

本书的特点之一，是把离婚现象放在多元媒介的背景下来研究，要探讨媒介因素对人们价值观的影响和塑造，并在弄清两者关系之后，提倡国家、社会充分发挥媒体的影响力，对于婚姻家庭的稳定施与好的影响。基于此，本书将借鉴美国宾夕法尼亚州立大学传播学研究者格伯纳（Gerbner）的“涵化理论”，该理论认为，人的头脑中形成的现实观与真正的客观现实是有差别的，特别是在媒介社会，这种差异十分明显。美国的研究者发现，大众媒介在选择、加工新闻和信息时，形成一个象征性现实（即拟态环境）；接触媒介时间越久的人头脑中所形成的现实观会越明显地受到媒介所提供的象征性现实的影响，而这种影响是在媒介所提供的包括视觉、听觉、触觉等多方位感觉系统中慢慢培养而成的，即形成涵化效果。“涵化理论”认为，社会要存在，需要社会成员有一种共识，也就是对客观存在的事物、及其关系有接近的认识。只有这样，人们的认识和行为才会有共通的标准，社会生活才能协调。同时，媒介讯息消费可能引起重要的心理和社会效果，但这些效果是积累性的，在一个长期过程中不易察觉地发生，因此这也被形象地称为“石笋理论”。“涵化理论”的主要研究对象还是电视影像对人们现实观的影响，格伯纳根据一系列调查结果指出，电视所提供的那些高度程式化的、刻板老套的、不断重复的讯息和它所描绘的那些形象，已成为公众的社会化过程和日常信息的潜在来源，由此“涵化理论”的基本假设是：长时间收看电视的人对社会现实的看法会更加接近于电视所呈现的景象，即电视通过长时间对受众潜移默化的影响去“涵化培养”电视观众的“现实观”与“社会观”。

此外，本研究还将借鉴美国新闻理论家李普曼的理论。李普曼很早就注意到了大众传播对社会的巨大影响，他不仅对大众媒介的性质进行了深刻的分析，还在其名著《公共舆论》中，针对大众传播可能会“歪曲环境”的负功能，提出过警世之言，形成了颇为有名的“两个环境”理论。按他的理论，我们人类生活在两个环境里：一是现实环境，一是虚拟环境。前者，是独立于人的意志、体验之外的客观世界；而后者，是被人意识或体验的主观世界。与此相联系，能被人自身直接体验的环境，叫“直接环境”，而需要通过他人才能间接体验的环境，叫“间接环境”，即大众传媒呈现给受众的内容并不是现实环境的“镜子”式的再现，而是通过对客观事件或信息进行主观选择、加工、重新加以结构化之后向人们提示的环境。李普曼的“两个环境”理论创造性指出了大众传播的作用，即在现代社会中主要由大众媒介建构的“虚拟环境”所占比重越来越大。[1]

二、研究方法

（一）问卷调查

笔者希望通过问卷调查的方式在更广范围内了解离婚原因。问卷为开放式，内容涉及：性别、年龄、婚龄和离婚原因。本调查一共发放300份问卷，实际收回271份。271份问卷资料的获得来源于以下三种途径：一是两个心理咨询中心服务对象；二是三个交友网站的离婚会员（其中一个网站会员为笔者以前课题研究的田野对象）；三是网络QQ群成员。第一类问卷委托在心理咨询工作的朋友获得，第二类问卷由笔者在好友协助下，多次亲自参加会员活动发放并回收得到；第三类问卷由笔者通过网络聊天工具搜集。

回收的问卷对于离婚原因的回答或简或繁，为本书的撰写提供了第一手资料。（经简单整理后的调查问卷在附录中）

（二）深度访谈

通过结构性和半结构性访谈对人们离婚的原因进行了解。大多数的访谈对象来自于问卷调查的对象。

访谈主要内容涉及：婚前交往情况及主要交流方式、对过去的

---

〔1〕 李普曼：《公共舆论》，上海人民出版社2006年版。

婚姻有哪些不满意的地方、婚姻失败最主要的原因是什么、家庭中最大的矛盾是什么、在日常家庭生活中与配偶的相处情况（访谈中随机扩展更多的细节：家务劳动的分配、协调、家庭娱乐的主要内容方式、感情沟通方式、矛盾协商解决途径等，在以上方面有什么矛盾和困扰，主要考量是对婚姻质量的影响）。

访谈对象主要来自参与问卷调查的对象，访谈对象的选择有下列几种途径：一是按类别随机抽取；二是根据易接近原则抽取。访谈的方式主要以面谈为主，兼有电话交流、电子邮件、网络聊天等形式，并有咨询师朋友代为访谈等。

（三）历史文献法

通过查阅历史文献，了解中国与世界历史的不同时期性别角色的规定和习俗约定、离婚的状况、离婚的法律政策，主要考察中国不同历史时期两性关系模式的变迁等。主要文献涉及中国古代婚姻史、中国近现代婚姻史、中国及世界家庭史、中国古代女性地位等等方面。

（四）比较法

通过查阅古今及中外历史文献，特别是近期对离婚现象的研究，进行古今及中外对比，探究离婚现象古今中外的不同，分析阐述现阶段离婚率增高的原因，对比说明如何建构和谐的两性关系模式。

三、方法论反思

从研究课题的选定到实际的田野调查，笔者一直都在被“田野”所困扰。主要困惑在于：离婚问题，应该是从社会现象入手，还是从离婚现象所反映的文化特点入手。这不仅是个研究对象问题，也影响本课题调查研究和本书撰写的方法论。采用价值逻辑，还是功能逻辑，这更将关系到人类学和社会学学科的分野。这个问题自始至终都在困扰着本书的作者。其实，这个问题已不仅仅是本研究的困惑了，它还是这些年来学界一直在反复讨论的关于人类学研究对象的焦点问题；与此同时，这个问题还附带着人类学个案研究的代表性探讨。

（一）“他者”与“自我”

人类学传统的研究对象通常是被当作“他者”，以求反观“自我”。人类学认为一个主体若没有“他者”的对比将不能很好地认识“自我”。传统的人类学“他者”通常聚焦在偏远的、未开发的“小地方”，如马凌诺斯基对特罗布里恩德岛、伊文思·普理查德对努尔人的研究等。然而，在近200多年来，人类学的田野也在不断改变和拓展，从最初遥远的、异邦的“初民社会”，转回到自己所在的复杂文明社会，如费孝通的《江村经济》、《乡土中国》，林耀华的《义序的宗族研究》、《金翼：中国家族制度的社会学研究》、田汝康《芒市边民的摆》及王铭铭的《溪村家族》等都是人类学者通过对某个现代的村庄或小镇的研究来“以小见大”的。后来，一些学者意识到微观的村庄民族志方法的局限性，于是人类学不仅研究那些边缘性群体，也开始展开对主流群体的研究。由此，田野的涵义已经远远不是异邦或乡村了，正如翁乃群认为的那样，人类学研究正在走出“山野”；而费孝通后来的观点则更具开拓性，他认为“人文世界，无处不是田野”[1]。巴西人类学家佩雷诺将“他者”界定为“差异”的观点似乎让人类学者耳目一新，更令笔者豁然开朗。在他看来，只要存在差异，存在与自己不同的地方，就有人类学的田野。受到以上人类学家田野研究观点的启发，本课题的研究对象以及开展调查研究的方法终于明朗了。本论文的研究对象定位在离婚者这一非主流群体，他们与更主流的在婚者群体是有存在“差异”的。而这种“差异”便是我们认识自我文化的“他者”之一。这种“差异”将有助于我们理解离婚行为背后的文化意义。

---

〔1〕 翁乃群：“山野研究与走出山野：对中国社会文化人类学的反思”，载《广西民族学院学报》1997年第3期。

（二）共同体与个人生活

传统的人类学是将异民族或异文化作为一个整体来研究，这与功能主义有关整体大于部分之和的主张紧密相连，也就是说，某些特质属于整体本身而非组成它的各个部分。为此，经典人类学家以共同体——部落、村庄或居住区——作为田野调查的场所。只有在共同体之中，社会生活的整体性才能借由经验感知。但对传统共同体生活方式不再占据主导地位的现代社会，是否仍可进行以经典人类学认识论立场为指导的田野调查呢?〔1〕这个问题是当代人类学必须面对的，它将关系到人类学学科的研究对象和方法论。近年来一些东西方人类学者对现代社会也进行了不少的研究，这些尝试同样也出现在对中国现代社会乡村和都市的研究，如流心《自我的他性——当代中国的自我系谱》，阎云翔的《私人生活的变革：一个中国村庄里的爱情、家庭与亲密关系》等，他们的着眼点不再是传统的共同体，而变成了人们的日常行为和心理体验。从近年的这些非传统研究看来，人类学研究对象除了传统的共同体之外，还可以涉及更广的范围，只是所有的这些研究最终探讨的都将是行为或者体验得以存在的可能。由此而引申出两种人类学的研究方式：或是集中描写人们的行为，或是分析人们对自身实践的述说。其实，所有的民族志一般来说都不是单纯描述研究对象的行动，而是要说明研究对象自身如何解释自身行为背后的制度或体系。田野工作可借由（参与）观察或（参与）理解的方法来进行，只不过前者用眼，后者用耳。〔2〕

本书的田野是现代的北京社会，虽然在空间上有所定位，但是却不具有强烈的地方性，更不是把北京作为社区整体来研究的。本

〔1〕 流心著，常姝译：《自我的他性——当代中国的自我系谱》，上海人民出版社2005年版，第74页。

〔2〕 阎云翔著，龚小夏译：《私人生活的变革：一个中国村庄里的爱情、家庭与亲密关系》，上海书店出版社2009年版，第16页。

书的研究对象是一个个离婚个体对自身经历的述说，写作主题也聚焦在个人的经历和心理体验，而非传统意义的民族志写作。

（三）个人中心民族志与深度访谈

人类学知识来源于人类学家通过与研究对象相处而获得的个人经验，参与观察是人类学科学正当性的根本，是经典人类学研究得以进行的不二法门。从方法论的角度看，研究私人生活的最佳途径之一便是近距离参与式的民族志深度描写研究，因为这样可以使得研究者进入研究对象的生活体验过程。然而就本课题的研究对象而言，对于婚姻家庭这样私人领域的参与观察则是很难实现的。当不能通过传统的民族志描写，即“同吃、同住、同劳动”来描述人们的行动时，通过听的方式来描述人们对自身实践的述说，并分析这些言语背后所体现的文化体系，也许是一种值得尝试的了解文化的方式。正是基于这样的思考，本书重点阐释离婚群体对自身生活经历和心路历程的述说与解释，以发现隐藏其后的文化模式的变迁。

在过去的二十多年中，医学人类学是最早运用个人中心民族志研究的领域。随后以个人中心的近距离民族志研究开始影响到相关的领域，例如生物医学、文化研究等。美国人类学家道格拉斯·霍兰一直极力主张以个人的民族志研究，来近距离描述和分析人类行为、主观体验以及心理过程，其核心最强调个体的重要性。〔1〕个人中心的民族志研究主要着眼于个人以及个人的心理与主观体验如何形成了社会和文化程序，以及个人的心理与体验如何受那些程序的影响。〔2〕本课题在研究的过程中借用了这种方法来研究新的传媒背景下的离婚现象，通过对个人近距离的访谈，以描述人们的主观体验和经历。在本论文田野调查的过程，笔者深深地感受到仅仅

〔1〕 Hollan, Douglas, “The Relevance of Person - centred Ethnography to Cross - cultural Psychiatry.” Transcultural Psychiatry 1997, 34（2）: 219 - 234.

〔2〕 阎云翔著，龚小夏译：《私人生活的变革：一个中国村庄里的爱情、家庭与亲密关系》，上海书店出版社2009年版，第16页。

了解人们的外在行动是远远不够的，对个人体验的了解将更有助于我们理解行动背后的文化意义，以及文化秩序对个人的影响。换句话说，即结构与能动性的互动。正如道格拉斯·霍兰指出，在个人中心的民族志研究里有三类研究方法：强调个人主观经验的叙述；就研究对象的行为及利害关系进行的参与观察；对深藏不露的生活体验所作的类似于将心比心式的诠释。这是因为，“无论我们对个人生活的经历了解到有多么详细，如果不问他们自己，我们永远也无法确切知道这个人是如何体验某个事件的。”[1]

然而，在开展调查研究和最后分析撰写书稿的过程中，笔者仍感到意犹未尽的缺憾。个人中心民族志方法不失是一种对私人生活了解的很好的方法，然而缺少了参与观察的情景补充说明，总让人觉得少了些对对象行动描述分析的客观性。

（四）“数字”、“类别”与“阐释”

在研究过程中，笔者对于多元传媒时代人们离婚原因的探讨采取了几种方法，其中一种是抽样调查法，通过调查统计，得出了离婚原因的类别以及各类别所占比例（见附表1－2）。笔者又通过深度访谈的方法，倾听个体离婚的经历和心理体验。后一种方法让笔者能够更精细地描述行动者的行为，进而能够很好地阐释其背后的社会文化制度和规范。在研究过程中，笔者深深地体会到了统计表格所反映出的原因和报道人的述说之间存在着相当大的差异，而这种差异恰恰让人看到研究调查过程中对调查对象的“深描”和“阐释”是多么的重要，这有助于对真实的了解。对这个问题的探讨似乎又回到了关于定量和定性的研究。本研究的定量方法只是看到了现象，而人类学所关心的社会文化制度、规范或者实践，以及这些制度是在什么样的原理支配下进行的，则需要通过深度访谈和对访谈文本的分析来实现。诚如格尔茨说的那样：“典型的人类学

---

〔1〕 Hollan, Douglas, “The Relevance of Person－centred Ethnography to Cross－cultural Psychiatry.” Transcultural Psychiatry 1997, 34 (2): 227.

方法，是通过极其广泛地了解鸡毛蒜皮的小事，来着手进行这种广泛的阐释和比较抽象的分析。”[1]格尔兹对社会和文化的区别看得都很清楚，虽然是对同一现象的不同抽象，但社会更强调功能逻辑，文化注重的是价值逻辑。对于文化人类学来说，它是告诉我们一个故事，向世人呈现另一种可能性。所以在一定程度上将人类学当作文化的批评，便是从自己文化中找“他性”，来发现陌生和反常，从而更好地理解我们所处的文化。

（五）个案的代表性

人类学想寻找的是通则，而它研究的又是个案，个案研究的代表性应该是人类学学科受到来自外部最大的挑战。一直以来，人类学家们都在探寻寻找人类文化通则的道路，发现普适性规律是人类学家们的学术抱负。然而在这个日益复杂的社会，个案研究将面临比以往任何时候都更为严重的质疑。如何处理特殊性与普遍性、微观与宏观之间的关系问题。独特的个案描述和分析到底能不能体现整个社会的性质？当其他的社会研究学科在广泛地运用定量方法的时候，学界不禁要问人类学到底是科学，还是艺术？笔者认为，人类学个案研究应该从两个层面来理解。

其一，类型的相似性。一个个案不具有代表性，那么是不是500个个案就具有足够的代表性了呢？如果仅仅是从数量层面上来衡量它的权威，那么无疑1敌不过500。就个案研究的意义而言，用维特根斯坦的“家族相似”来理解则更见其价值。在维特根斯坦后期哲学中的一个术语是“家族相似”或“家族”，这个术语与语言游戏的中心思想密切相连。在一个家族中，由于亲缘关系，各个成员之间有着这样或那样的相似之处，如骨骼、相貌、性情等等，而不论骨骼相像或相貌相像还是其它的相像之处都是部分相像和一点相像，即有时是大体相像，有时是细节相像。这就是维特根斯坦

〔1〕［美］克利福德·格尔兹著，纳日碧力戈等译：《文化的解释》，上海人民出版社1999年版，第24页。

所称的“家族相似”。从对“家族相似”的描绘当中可以看出，它包括以下三点：①在一个家族之中，一个成员总有与另一个成员相像之处；②一个家族成员与另一个家族成员的相像之处，未必也是它和第三个成员之间的相像之处；③这样那样、或多或少的相像之处是每个家族成员都有的，但没有一个相像之处是所有家族成员共同的〔1〕。从家族相似性来看，人类学的个案研究在于它有着超越个案的概括。对于任何一个人类学者来说，他们研究个案一定不是只研究个案，如果单单是为研究个案而做研究，这样的研究没有太大的意义。所有的人类学者研究的是个案，但都有超越个案的目的和追求。前辈的人类学家们一直都在为超越个案做努力。马林诺斯基对特洛布里恩德岛人的研究，一定不单是要向世人展示一个特洛布里恩德岛的文化而已，更多的是想把握土著人的观点，土著人与生活的关系，搞清土著人对他的世界的看法。〔2〕费孝通先生的《江村经济》，虽然写的江浙一带的一个普通农村——开弦弓村，但是却借对一个小村庄的研究对中国农民的生活进行了探讨，希望通过一个普通的农村了解展示整个中国农民的生活状况。

就本书而言，虽然研究对象是不同个体关于离婚的一些经验，但却旨在从这些个案的经验概括出普遍的影响人们离婚行为的文化制度。

其二，个案中的概括。格尔茨对个案研究有较多的阐述，他指出我们做研究不是越过个案进行概括，而是在个案中进行概括。他认为人类学家不研究乡村（部落、集镇、邻里……），他们在乡村里做研究，在个案中进行概括。〔3〕个案的代表性和个案特征的代表

〔1〕［英］路德维希·维特根斯坦著，陈嘉应译：《哲学研究》，上海人民出版社2005年版。

〔2〕［英］马林诺斯基著，梁永佳、李绍明译：《西太平洋的航海者》，华夏出版社2001年版，第166页。

〔3〕［美］克利福德·格尔兹著，纳日碧力戈等译：《文化的解释》，上海人民出版社1999年版，第24～25、29页。

性一直以来都被多数人混淆，因而导致对个案研究理解的偏差。个案可以是非常独特的，但是个案体现出的某些特征却具有重要的代表性。它是用一种潜在的比较意识，来看待整个特殊的个案，并对其重要方面做出描述和概括。这种概括之所以有意义，不在于这种概括本身，而在于它与其他相关理论的比较。格尔兹对巴厘国家的展示性本质：它是一个剧场国家、国王和王公们乃是主持人，祭司乃是导演，而农民则是支持表演的演员、跑龙套者和观众……这并非意味着他们要制造出什么政治结果：它们即是结果本身，它们就证实国家的目的……权利服务于夸示，而非夸示服务于权力。〔1〕这是一段出色的“个案中的概括”。格尔兹向读者揭示了巴厘国家的展示性性质、庆典和排场，而非权力的集中、专制。与我们习以为常的“国家”相比，透过这种比较，巴厘国家显然具有重要的“他者”意义，它向我们彰显了另一种可能。正是在整个意义上，巴厘国家具有无与伦比的重要意义。也正是在整个比较的基础上，“个案中的概括”才能成为从微观走向宏观的一种可行之道。〔2〕

格尔兹在个案中进行概括的人类学阐释理论无疑确定了本课题的研究意义和可行性。每个独立个体的经验对于人类学来说只是一个载体，本书所描述的那些个案特性便具有了普遍意义的概括。

〔1〕［美］克利福德·格尔兹著，赵丙祥译：《尼加拉：十九世纪巴厘剧场国家》，上海人民出版社1999年版，第12页。

〔2〕卢晖临、李雪：“如何走出个案—从个案研究到扩展个案研究”，载《中国社会科学》2007年第1期。

第二章　田野概述 ◎

第一节　北京的人文地理特点

一、北京的人文地理

因为北京是本论文研究对象的生活空间，所以本章中将重点对北京的社会文化、经济、政治的基本情况作简单介绍。

（一）北京的地貌气候

北京市有着其得天独厚的地理位置，雄踞华北大平原北端。北京的西、北和东北，群山环绕，东南是缓缓向渤海倾斜的大平原。北京平原的海拔高度在20～60米，山地一般海拔1000～1500米，与河北交界的东灵山海拔2303米，为北京市最高峰。境内贯穿五大河，主要是东部的潮白河、北运河，西部的永定河和拒马河。北京的地势是西北高、东南低。西部是太行山余脉的西山，北部是燕山山脉的军都山，两山在南口关沟相交，形成一个向东南展开的半圆形大山弯，人们称之为“北京弯”，它所围绕的小平原即为北京小平原。综观北京地形，依山襟海，形势雄伟。诚如古人所言：“幽州之地，左环沧海，右拥太行，北枕居庸，南襟河济，诚天府之国”。

作为天府之国的北京处在北纬40℃附近，按照生物学家的理解，这是最适宜人类居住的地区。北京的四季分明，各具特色，各有奇美之处。夏天热得干爽，冬天冷得透彻，春天来得热情，秋天走得仪态万方。行走在这座城里，不经意间就会碰到一处湖泊公园，顿生一丝清凉之意；漫步在绕城而清澈的玉泉河畔，清风扶柳，似乎有平伏情绪的功效；随意望远，是蓝天白云，那略带紫气的西山在照看着这座古城，随意而久远。人们生活在自然之美中，也生活在文化的丰富之中，北京全市面积 16410. 54 平方公里，其中市区面积为 1368. 32 平方。辖区之多，为中国城市之最，作为中央党政军领导机关的所在地，也是邦交国家使馆、国家组织驻华机构主要所在地，自然人才荟萃，实属地杰人灵。当然，这曾为北京人骄傲、为外地人艳羡的美景在近几年一点点地在消失，消失在沙尘暴中、也消失在雾霾里。

（二）北京的历史与交通

北京作为一座名副其实的古城。早在七十万年前，北京周口店地区就出现了华夏大地上较早的原始人群“北京人”。而作为城市出现，北京已经有三千多年的历史。公元前约 1027 年周封召公于燕，北京出现城池。辽会同元年（938 年）升幽州为南京，建为陪都，又称燕京，蓟城则称南京城或燕京城。金朝灭辽以后，海陵王天德三年（1151 年）在辽南京城的基础上，扩展其东、西、南三面，次年竣工。贞元元年（1153 年），改燕京为中都，迁都于中都城。元朝灭金以后，元三年开始在中都城东北建新城，元九年（1272 年）新城建成，命名为大都。从此，北京取代了长安、洛阳、汴梁等古都的地位，成为中国的政治中心，并延续到明、清 两代。民国时期，国家权力中心南迁，北京曾一度成为“北平”，但时间不长，1949 年中华人民共和国又重新定都北京。北京作为古城，历经辉煌与沧桑，兼具恢宏豪华的皇家之气与乡土民俗的浓郁之风，是历朝历代的深知生活之美的先人，汇集万美于此：历史、建筑、艺术，还有那民风民俗，无一不昭示这这座古城的精、气、神。

北京的交通四通八达，自古代秦汉到隋唐年间，北京地区与外界的联系，就存在着四条大道：沿太行山东麓南北一线高地的南北通道，即“太行山东麓大道”，直通南部平原腹地，北京西北方向通向太行山以西及内蒙古草原的“居庸关大道”；北京东北方向通向燕山腹地的“古北口大道”；北京东北方向经燕山南麓或山海关通向松辽平原的“燕山南麓或山海关大道”。除了上面的陆路交通外，三国时期开凿的平虏渠、泉州渠、辽西新河及隋代最终完成的南北大运河，成为北京更为重要的水路交通线，使得北京能统御而辐射中国，为北京城作为首都中心地位的稳固与发展起到了无可替代的重要作用。

到民国时期，北京只有环绕紫禁城的一环，随后有了二环、三环、四环、五环、六环。六环是连接北京第一圈卫星城的一条环形高速公路，2009 年 9 月 12 号随着六环路最后一段西六环的建成通车，全长 187.6 公里的北京六环路全线贯通。七环早有规划，现在仍在建设中。2010 年北京机动车突破 500 万辆，首都机场年吞吐量居亚洲第一，世界第三。北京是世界上地铁最发达的大都市，日均客流量超过 1000 万，2013 年初，北京地铁总长度超过 456 公里，全球第一。北京成为名副其实的洲际航空门户和国际航空枢纽，国家铁路、公路枢纽。

但北京交通的飞速发展仍然满足不了日益增长的庞大人口的出行需要，首都成为“首堵”，各个环路成为停车场。不通则痛，市民的出行成本越来越高，北京的交通近年来一直为人所诟病。

（三）北京的经济与文化

北京的教育文化资源为全国之首，北京是全球拥有世界文化遗产最多的城市，是全球首个拥有世界地质公园的首都城市，历史名胜多达 200 多处。北京同时还是全国教育资源最丰富的地区，北京市高校云集，截止 2012 年共有普通高校 91 所，是“211”与“985”等国家重点建设大学最多的城市，拥有全国最多的博物馆、展览馆和各类艺术中心，拥有全国最大的科学技术研究基地，如中国科学院、中国工程院等大型科研机构和若干个科技园区，多得数不清的文化、出版传播、电影、电视、广播机构汇集于此，是邦交国家使馆与国际组织驻华机构主要聚集地，也是国家最高层次对外交往活动的主要发生地，国际、国家大型文化和体育赛事等文化活动不时地在此举办。

所以，北京作为中国的政治、文化与国际交往中心，是综合性的文化产业城市。“首都经济”和“绿色北京”的概念已经深入人心。遵循着北京经济发展要立足北京、服务全国、面向世界的思路，北京经历着经济结构和布局的重新调整和经济增长方式的大转变。现在北京的第三产业，特别是文化创意产业已经作为支柱性产业来打造，其规模居中国大陆第一。

北京市统计局、国家统计局北京调查总队发布的数据显示，北京城市居民恩格尔系数呈逐渐下降趋势。截止到 2006 年，北京城市居民家庭恩格尔系数由 1978 年的 58.7% 下降到 30.8%，下降了 27.9 个百分点，已经达到了根据联合国粮农组织提出的“富裕”生活标准；2011 年北京地区生产总值初步核实结果为 16251.9 亿元，同比增长 8.1%；按常住人口计算，2011 年人均地区生产总值达到 12643 美元，依照 2010 年世界银行划分世界上不同国家和地区的贫富程度标准来看，12643 美元的人均 GDP 已经达到了中上等收入档的上限，说明北京社会生产力发展综合水平已经接近富裕国家。从国际一般经验看，人均 GDP 达到这个水平后，经济发展增速将呈现放缓趋势，经济结构也将出现调整，北京也将更加注重第三产业的发展，特别是信息产业和文化产业等。至此，显示生活富裕程度的基尼系数确实在下降，但显示贫富差距的基尼系数的变化如何？城镇居民基尼系数一直没有发布，因为难以获取高收入阶层收入的真实信息。这一数据一直不能查实和公布的现实却恰恰说明了北京存在着贫富差距拉大的问题严重性。此差距的存在增加了人们的焦虑情绪，为婚姻家庭和社会的稳定都埋下了隐患。

（四）北京的人口、民族与宗教

根据 2010 年的人口统计，北京常住人口突破 2200 万人，外来人口 465.1 万人，全市人口密度 1341 人/平方公里，仅次于澳门、香港、上海，位列中国省级行政区第四名。其中，市区人口 849.5 万人，户籍人口 1203 万。根据 2013 年 1 月 20 日北京市统计局、国家统计局北京调查总队联合发布的数据显示：2012 年年末北京常住人口2069.3万人，比2011年末增加50.7万人。其中，在京居住半年以上外来人口773.8万人，增加31.6万人。就人口增加速度而言，北京市的人口增加速度自2011年起有所放缓。北京的本地人口和外来及流动人口的比例是1∶16，是全国外来人口比例最高的城市。

北京市拥有全国56个民族群体，全市人口约95.69%为汉族，少数民族有满族（2%）、回族（2%）、蒙古族（0.3%），这三个少数民族的人口均超过万人。多民族的大杂居，为多元文化的形成和文化的包容性提供了有利条件。

北京地区居民宗教信仰者约50多万，约占全市人口的4%。信仰的宗教主要是佛教、道教、伊斯兰教、天主教和基督教，其中佛教、道教和伊斯兰教对北京的历史、文化、建筑、艺术产生的影响较大。北京现有宗教活动场所约100多处。在北京，那数不尽的宝塔、牌坊与楼阁，各具情态，连同那周而复始的暮鼓晨钟，一起述说着这座城市神秘、悠长而绵延不绝的历史文化，影响着这座城市市民的精神面貌。

（五）北京的特有“位格”

作为首都的古都北京，是全国的政治中心、文化中心，是世界著名的现代化的国际大城市。

每个城市都是有生命的，它的灵魂就是这个城市独特的文化。而这个城市的文化内涵则是由它的历史、它的价值、它的人共同来建构的。数百年前，北京是为了体现中华帝国的最高理想而建立的城市；今天，南北中轴线和东西严格对称的城区格局虽然已日渐模糊，但因为不同的城市功能又在逐渐形成这个城市新的格局。世界重要的金融中心和重要的商务区在北京已成遥相呼应之势。

有人说，用“大气”来形容北京市合适的。无论是天空街道、城市布局，还是皇家庭园、田野风光，无不透着坦荡博大之气。古朴而饱经沧桑的建筑、加上八方来聚的内外人士，让这个城市充满了活力，又具有特别的包容。确实，北京作为政治经济文化中心，是有着千年的历史、文化、古迹的城市。当我们身处其间，目睹长城，亲临故宫、拥抱白塔、畅游什刹海时，会产生很多特殊的感受，那就是厚重而博大的感觉扑面而来。但同时作为首善之区，北京的精英意识是免不了的，这在另一个方面又很容易泛滥成一种城市优越感。但是因为它的这种“大气”总是可以让外来的人在这里找到自己的同类，找到自己的机会。有人说北京不是最适合居住的城市，却是最适合思想，从古到今，北京一直是各种思想最重要的发源地之一，是可以承载理想、放飞理想的大都会，无数的年轻人从四面八方汇聚于此，成就理想。

北京又是市民化的北京，风俗味很浓的北京。走在大街小巷，时时入耳的是那男女老少平静闲适的京腔京韵，感受到的是北京人的宽容、温和与自足，当然也有意无意地夹杂着那么一点“天朝”公民的优越。也因为有了外来人的加入，南腔与北调，新建筑与旧景物，新文化与旧传统，融合纠结在一起。用老舍先生在《离婚》中的描写的话说：“北平的好处不在处处设备得完全，而在它处处有空儿，可以使人自由地喘气……”。

北京这种独特的历史文化景观涵养着生活在其中的北京人，北京人形成了自己特有的文化价值观念和行为模式，也有着别具特色的婚姻家庭状况。

二、改革开放后北京的离婚人口状况

2000 年第五次人口普查资料中显示，北京人的婚姻状况基本稳定。北京离婚人口的比例为 1.3%。与 1990 年的第四次人口普查相比，20 岁至 29 岁和 65 岁及以上年龄段离婚人口比例略有下降，其他年龄段的离婚人口比例均有不同程度的上升。其中，35 岁至 39 岁年龄段离婚比例最大，为 2.5%。2003 年，北京市离婚人口比例为 1.3%；北京市男性离婚人口比例为 1.2%；北京市女性离婚人口比例为 1.4%。北京人离婚主要年龄段集中在 35 岁至 39 岁。

经过统计和调查，从本市 5 个区的人民法院中随机选的 300 个

2006年法院作出判决的离婚案例，发现共有140对夫妻在结婚7年内走向了分手，比例达46%。而在这140对离婚的夫妻中，又有27对是结婚第三年离婚的，位居第一；结婚第七年离婚的有20对。另据市民政局婚姻管理处2006年离婚登记数据分析，全北京共有24952对夫妻办理了离婚登记，结婚7年内离婚的占40.2%，而这其中，结婚3年就分手的达2259对，排名第一；结婚7年离婚的有1100对，排名第六位。

自1980年至2009年，北京市离婚人数逐年上升，从1980年的0.66万人上升到2001年的6.29万人，20年增长了8倍以上。北京在80年代以前的离婚率并不高，1979年的粗离婚率为0.27‰，低于全国的平均水平，在30多个主要城市里排名20多位。80年代以后离婚事件不断增加，1999年当年有31207对夫妻离婚，粗离婚率为2.12‰，是全国平均数的2.2倍，在各省、市、自治区、直辖市中居第2位。2009年再升至4.9‰，是全国平均数的2.5倍，比20年前激增了20多倍，离婚率居各省市之首。[1]

2009年北京共有41299对夫妻离婚，粗离婚率为2.4‰，离婚率全国排第八，详情见下表：[2]

表2-1　2009全国粗离婚率排名

城市	粗离婚率（单位‰）
新疆	4.12
重庆	3.56
黑龙江	3.30
吉林	3.27
辽宁	3.05

〔1〕《北京青年报》2001.11.16，《联合晚报》2004.7.4。

〔2〕《法制晚报（北京）》2010.10.02，记者在徐安琪帮助指导下完成统计。

续表

城市	粗离婚率（单位‰）
上海	2.53
四川	2.45
北京	2.40
天津	2.29
内蒙	2.15

2012 年，婚姻心理专家总结中国各大城市离婚率排行榜情况，其中，北京、上海、深圳位列前三，北京高居榜首，但这种统计手法与 2009 年的人口学统计手法是有差异的。

第二节　北京多元媒介环境下的离婚潮

一、爱是一种无政府的力量

上文提到，北京作为世界性的大都市，有着不同于其他城市的特点。它的文化底蕴和包容性，吸引了来自国内外的不同领域的人，带来各种不同的生活方式和价值观念，互相交融，共同熏染着这块土地上的人们。而作为全国网民最多的城市，网络也改变着北京人生活的方方面面。

根据北京市经济和信息化委员会的统计资料，截至 2010 年底，目前北京地区网民规模约 1218 万人，互联网普及率达到 69.4%，比 2005 年分别增长 1.8 倍和 1.4 倍。另外，北京已设 3G 基站约 1.8 万个，无线网接入点约 5400 个；具备 20 兆宽带接入能力的用户超过 176 万户，3G 用户超过 254 万户，北京具有全国最好的、覆盖最广的信息网络和用户最多的高清交互式数字电视网络。到 2012 年底，北京的互联网普及率已经在七成左右，完全达到了北美国家、大部分西欧国家以及日本和韩国等高普及率国家的水平；不仅如此，北京报纸、杂志、电视台、广播电台数目及品牌排名在全国都位居前列。北京是一个各类媒介机构齐全、技术超前、共同交汇的国际化大都市。

确实，从上个世纪40年代电视问世到1995年互联网全球商业化运行的媒介诞生之初到如今的几十年的时间里，我们已经经历过了多个媒体的进化历程，且每个时代都有一种主流媒体作为传播的主要平台；随后，新媒体出现又代替了原来的主流媒体，新的媒介在科技、经济、社会等多种作用力的推动下突飞猛进，迅速渗透到生活的方方面面。且从一种新媒体的出现到其迅速普及并扩大其影响力的时限越来越短。如不同的媒体在达到5千万用户的时间跨度上，电台用了37年，电视用了15年，有线电视用了6年，而网络仅仅用了3年；同样是达到10亿美元的广告额，电台用了45年，电视用了10年，有线电视用了6年，网络仅仅用了3年。从整体消费者的接触度来看，电视趋于稳定，报纸、广播、杂志等传统平面媒体有所下降，而互联网用户近年来飞速增长。北京成了“悬挂在网上的城市”。

这独一无二的传媒技术手段让普通民众更容易地接触到新的信息、新的观念和新的生活方式。人们的价值观也随之变得越来越多元，自我意识空前膨胀，人们的选择也因此变得更多元，整个社会包容万象。

各种多元媒介成为社会大众文化的载体，在复制、创造、表现和传播的往复循环过程中，进行着信息和文化的传递，引导着社会适应，起着社会化的作用，为受众的业余生活提供着各种娱乐消遣；同时，也在持续不断地灌输着某些社会价值观念。就社会性别而言，媒介起着观念引导作用，具有性别建构的意义。

现代传媒网络在受众的感情联络交往方面体现出以往传统家庭网络中所没有的特性，如互联网延伸了人们的时空感，减少了面对面交流的压力，特别是网络的匿名性使网民（netizen）之间的交流更自由；同时，网络上人际互动的多样性，使人见识广博、思想独立，当然也不自觉地个性张扬。就婚姻家庭方面的影响而言，网络信息的传播方式为女性能更快更广泛地传播和接触到现代信息提供了便利条件，同时，势必打破电子技术传统上被男性垄断的现实。互联网中女性用户人数的不断攀升，在网络交流空间，特别是在传媒内容、交流对象及角色扮演方面女性主动选择性在加强，给人一种驾驭权力的感觉。这种驾驭感的获得会初步引发女性自我价值定位的困惑，而随后形成与男性平权的现代意识也会与传统的性别观念发生冲突。

在现代多元媒介网络的大背景下，人们的婚姻观也悄然发生着变化，有时婚姻似乎并不是爱的最终诉求，而对所谓“爱”和“激情”的追求成为婚姻幸福的最高标准，婚姻关系变得比以前脆弱。人们曾经恪守的婚姻规范变得越来越模糊，“爱”与“激情”成了部分人离婚最言之凿凿的理由。从笔者2010年对部分北京人离婚原因的田野调查中可以看到，以“爱”与“激情”为离婚缘由的人数占离婚总人数的百分比为42.07%〔1〕。笔者从对部分调查者的访谈中也深刻地感受到了这一点。

罗素曾在《婚姻革命》里说，“爱是一种无政府的力量，如果放任自流，它是不会安于法律和风俗所规定的范围的。”〔2〕这似乎表明，在爱这件事上所表露出的人性的自私和占有欲是法律和风俗难以规范的。同时，这似乎也表达了另外一层含义：因爱之名而产生的婚姻如果任由男女双方的喜好，即便有了法律和道德的约束也很难保证从一而终。随着社会的发展，在不同的阶段，我国对《婚姻法》进行了几次修改，目的都在于调整婚姻中男女之间的关系以及规范婚姻价值和行为。但是这种调整仅仅限于婚姻中男女的现实

〔1〕笔者把“出轨、感情不再、原本没有爱”等三类原因统称为因“爱”与“激情”。

〔2〕［英］罗素著，靳建国译：《婚姻革命》，东方出版社1988年版。

关系，比如财产、经济关系、人身权利、抚养孩子等，对人的情感喜好、爱情的长久与短暂则是无能为力的。《婚姻法》管不了夫妻的同床异梦，更不可能从精神上阻止丈夫或妻子爱上另一个人，而对于出轨行为的约束则更为乏力。结婚和离婚越来越变得“由我做主”。

北京是个生活节奏越来越快的大都市，随着商品房的开发，人们的居住方式也发生了变化。购买商品房的人来自于四面八方，人们互不相识，住邻居三年都不知道对方是谁；楼上吵架了，也不会去劝架，一是本着“多一事不如少一事”原则，尽量不给自己惹麻烦，二是唯恐侵犯了别人的隐私。在北京这个很大、很宽容、也很疏远的陌生人社会里，这种爱的无政府性更发挥得淋漓尽致。人们很少去管别人的生活，在新近开发的那些商品房小区里多是商业运作的物业管理人员在服务，热心的居委会大妈的身影越来越少了。当“街坊邻居”变成“业主”这一新的称呼时，同住一个社区的居民也成了感情上没有什么挂碍的陌生人了。谁还会谈论家长里短，结婚邻居不会来道喜，离婚更是无人能知晓，人们更不会为了害怕邻居的议论而不敢离婚。来自传统社区的感情联系越来越少，舆论监督几近于无。人们毕竟是群居动物，当现实生活中彼此越来越远时，网络通信的联络反而多起来了，由此形成了主题不同和诉求多元的虚拟社区。

二、“独一代”婚姻最“易碎”

作为中国的首都，北京的计划生育政策一直都执行得非常严格，而且有比其他城市更严格的控制，不少外地模糊允许的生育政策，在北京也严厉禁止。目前，北京已经形成较大的独生子女群体。2005 年，北京独生子女人口总数约 200 万，占同龄人口的三分之二。[1] 到 21 世纪初，这些“独一代”们逐渐开始进入婚姻的殿

〔1〕《北京统计年鉴》(2005)。

堂。他们婚姻的分分合合都带有其独特性。“独一代”的婚姻因为种种原因变得很“易碎”。近年来，80 后的离婚率逐渐增高，占离婚总人口的比例也在不断增加。2009 年北京崇文区法院民事二庭共受理离婚案件 360 件，其中“80 后”离婚案件为 90 件，占总数的 25%。而且从近几年情况看，“80 后”的离婚案件上升比例惊人，年均增长近 50%。“独一代”离婚的特点主要表现在以下几个方面：第一，父母参与程度大。在笔者接触的 80 后被访者中多数都面临房贷、生活消费支出等较大的经济压力，经济上严重依赖双方父母的支援；同时较多“80 后”受电视、网络影响下成长起来的一代人。电视对他们这一代人社会化过程所起的“涵化”影响巨大，特别是他们的青少年时期，是伴随着电视的普及出生和成长的一代人，成了所谓的“电视人”和“沙发豆”（couch potato）。在影像和音响的刺激环境中，他们是注重感觉的“感觉人”，整个行为方式是“跟着感觉走”，这与他们在传统平面印刷媒介环境中长大的父辈们偏理论性、重逻辑思维的行为方式形成鲜明对比。同时，他们在背靠沙发、面向荧屏的狭小、封闭的电视视听空间里，沉溺于一种“虚拟现实”，日复一日，这种成长环境使人容易形成孤独、内向、以自我为中心的性格，社会责任感较弱。“80 后”思想自由、个性鲜明、自我意识特强，但家务处理能力较低。这就需要某一方父母或者双方父母帮助打理，而父母与子女共同居住也会给日常生活带来诸多不便。“独一代”过分地以自我为中心，这又使得他们与共同生活的父母难以沟通、调和生活中的矛盾。更有甚者，独生子女都是父母的心肝宝贝，父母爱子心切，都怕自己的孩子吃亏，当矛盾发生时往往起着推波助澜的反作用，不但不利于关系的调解和矛盾的化解，有时反而会激化矛盾，扩大夫妻分歧。从统计数据中可以看出，父母参与“80 后”离婚案件的比例非常之高。[1]第二，婚龄短，离婚态度干脆。多数“独一代”离婚时的婚龄在1年到3年之间，由于共同生活的时间不长，离婚时没有太多经济和孩子抚养问题上的纠葛，所以离婚比较干脆，这与以往离婚夫妇为财产和孩子问题争执不下的情况完全不同。第三，“独一代”离婚原因趋于单一。离婚的原因也较之从前的感情或身体的出轨、不良嗜好、没有共同语言、性格不合以及经济问题等多元因素趋向单纯的“性格不合”。“独一代”不再将婚姻视为一成不变的人生安排，离或不离更多的是遵从内心感受，甚至可以没有任何理由，只因为“没感觉”了，就可以轻易地结束一段感情，终止一桩婚姻。相应的，与年龄较大的人群离婚原因不同，“80后”离婚较少因一方有第三者的原因导致，有更多“我的感情我做主”的色彩存在。

三、“凤凰男”和“孔雀女”的痛苦与彷徨

借用“百度文库”的解释，“凤凰男”指的是那些出身贫寒(特指出身农村，应该也包括出身于经济不发达的小城镇)，几经辛苦考上大学，毕业后留在城市工作生活的男子。农村生活的艰辛在他们的心灵上留下了深刻的烙印，使得他们普遍具有家境良好的人所不具有的吃苦耐劳精神和拼搏的狠劲，这给他们带来了事业上的发展。“凤凰男”是“鸡窝里飞出来的金凤凰”，虽然摆脱了“鸡窝”，但是仍然保留许多农村的观念和想法。“孔雀女”则是在大城市里长大，她们深受父母溺爱，从小没有受过什么苦，内心单纯，思想自由，衣来伸手，饭来张口，吃的穿的都是好的，能在不用讨好谁、不需恭维谁、不必使心眼的前提下就享受美好的生活。孔雀女往往被凤凰男的认真负责所吸引，婚后却开始抱怨“下辈子

〔1〕 2009年崇文法院民事二庭统计，因父母参与而导致离婚比例高达82起，占80后离婚总数的91.1%。

绝不嫁凤凰男”。[1]

北京市作为中华人民共和国的经济、政治和文化中心，城市建设和发展急需各种人才，加之，城乡差距的存在，受城市里更多的就业机会和高质量生活水平的吸引，大量的外来人口蜂拥北京，谋求发展。这引起了最近二三十年来北京市外来人口数量的迅速增加。到2010年底，北京市户籍人口1246万人，而北京市的实际居住人口突破了1972万人。这些外来人口留在北京工作，融入首都的生活，在此成家立业。他们中有相当一部分人跟本地的异性组成了家庭，然而在婚姻生活中由于双方观念上的差异导致冲突频发，以致走到离婚的境地。那些来到北京上大学才吃上雪糕的男生，肯定很难接受从小就吃麦当劳和肯德基女生的消费观念。近年，“凤凰男”和“孔雀女”，“凤凰女”和“孔雀男”之间婚姻问题在北京引起广泛关注。关于“凤凰”和“孔雀”的称谓，笔者虽并不完全赞同，只是借助这两个词来代表来自不同的地域和不同文化背景下来北京生活的人们。当来自农村或中小城市的他们选择了身边城市女子或男子，并与之携手走入婚姻殿堂，由于观念上的种种差异，家庭冲突不断，尤其是农村父母、亲戚和城市媳妇之间的矛盾更是突出，因为不能很好地协调婚姻双方以及双方亲戚之间的关系，更不能彻底改变自己或对方的观念，以致这种观念和行为上的差异严重影响到婚姻的质量，最后不得不以结束告终。

“凤凰男”与“孔雀女”的婚姻问题，是北京这样外来人口多的城市的一个典型社会现象。“凤凰孔雀”的争端，涉及到的不仅仅是钱，更是城乡文化背景和价值理念的巨大差异。

四、老年人的“黄昏散”

全国2000年60岁以上人口占总人口的10.6%，进入老年型人口国家，而北京市1990年就达到10.1%，提前10年进入老龄化城

---

〔1〕 http://baike.baidu.com/view/1217646.htm，2010年12月29日访问。

市。截至2009年底，北京市户籍老年人口已达226.6万人，占户籍人口的18.2%，北京已进入中度老龄化社会。北京市老年人口呈现以下特征。第一，整体素质较高，老年人中平均受教育年限高于全国平均水平（北京市为3.03年，全国为平均2.00年）；高文化水平的比重大，大学及以上文化程度者占6.24%，为全国之冠；老年人中的高科技人才比重也大，专业技术人员、机关事业单位负责干部的比重列全国之首（北京分别是12.90%和9.91%，上海分别是11.19%和4.90%）。第二，北京市老年人的生活供养状况特点是离退休人员数量大，收入水平相对较高，老年户中无子女比例大。北京老年人口的这些特点，也对北京市老人的离婚状况产生了影响。

进入21世纪以来，北京市50岁以上的中老年人离婚人口也逐渐增多，占总离婚人口的比例逐渐增大。海淀法院民事二庭对1980年、2001年和2003年的600余起离婚案件进行了抽样调查和统计，50岁以上者1980年占9%，2001年占12%，2003年占14.7%，近年这一比例仍在上升。海淀法院的调查结果显示，1980年，因“性格不合”而要求离婚的中老年人为0，2001年增长到13.7%，2003年增至37%。据统计，2004年海淀法院共收离婚案件2914件，其中60岁以上老人提起离婚的案件100件，占3.4%；2005年受理离婚案件2680件，老年人提起的达121件，占4.5%，比2004年增长了21%，其中女性提起离婚诉讼40件，双方或一方为再婚后离婚的案件是50件。老年的离婚率增高是受多种因素影响的。

对于北京的老年人而言，婚姻观念的改变是其离婚率上升的主要原因。北京老年人普遍的受教育水平较高，处在信息咨询发达的多元媒介环境下，为他们接触新的观念奠定了基础。在社会转型时期，各种媒体狂轰滥炸之下，老年人接触新信息、新观念的机会相对于过去任何一个年代也多得多，他们在经受了离婚观念巨大转变的过程之后，对婚姻质量的要求也提高了。尤其是当孩子都抚养成人，逐渐独立生活，一部分老人开始考虑自身的幸福。多数老人在经济独立的情况下，把追求幸福生活放在了首位，曾经搭帮过日子时需要迁就、容忍的事，现在不想再委屈自己。他们渴望自由、希望能给自己一个重新选择的机会，不愿再像上一辈人一样，在不幸的婚姻中“凑合”一生。越来越多的老人对婚姻质量的要求在提高，感情被看作是维系婚姻的重要纽带。老人对没有感情依然要厮守终身的传统观念逐渐难以接受。所以，在两人相处不好，沟通不畅的情况下，经常会发生冲突 ，当冲突积累到一定程度，这些老人会选择结束婚姻。此外，随着老年人线上与线下社交范围的扩大，老年人接触异性机会增多，社会道德约束力减弱，老年人出现婚外情的几率呈上升趋势，婚外情正成为威胁老年人婚姻稳定的重要因素。近年来，北京 50 岁以上离婚人口增多，跟老年再婚失败率高也有直接关系。老年人再婚如今已被社会承认和接受，但随之而来由于再婚准备不充分而仓促离婚的事件也日益增多。老年人再婚涉及问题较多，如子女是否接受，怎样分担养老责任，家庭收入如何划分，遗产继承如何分配，长期形成的生活习惯难以改变等，有的老人再婚后才逐渐发现分歧和矛盾无法解决，于是又匆匆离婚。这种种原因导致北京 50 岁以上中老年人离婚率持续上升。

五、网络让婚姻更易碎

北京作为一个政治、经济、文化、传媒咨询都十分发达的国际化大都市，其居民的异质性很强，是名副其实的陌生人社会。相比之前以地缘和血缘为基础自然形成的传统社区，在这个陌生人的社会，人际关系相对生疏，彼此感情疏离。北京生活节奏越来越快，人们工作压力大，不少人在紧张忙碌之中不自觉步入了大龄青年的行列。他们不堪家庭与社会的压力，找对象的愿望很迫切。然而，大多数人的生活圈子都很小，身边的适婚人员并不多，在这样的情况下，年轻人找对象并不是件轻松的事。在没有网络之前，适婚青年相互认识要么通过熟人介绍，要么通过报纸、杂志、电视和婚介公司征婚。而网络的出现，尤其是数字网络通讯技术的发展，为年轻人找对象提供了更快、更广的渠道。人们可以通过网络上的交友社区、QQ、MSN、微信等聊天工具很容易地就相互认识，并利用这些便利方式来沟通和了解。这些聊天工具的语音功能和视频功能也为双方了解提供了方便，可以足不出户就能感受到对方的音容笑貌。但是，这正是这种“便利”让很多年轻人用网络谈恋爱部分地代替了现实中面对面的谈恋爱。

虽然网络交友方式省事了，但也很难让彼此的了解变得更客观。每个人在虚拟的世界中都会掩护、拼装自己，都会利用现代技术手段拼装展示理想中的优秀男人和女人的品质，形成并享受“间接环境”——“象征性现实”，甚至可以在同一时间与不同的人网恋。但生活的现实是一个无可逃脱的直接环境，容不得演戏。往往是网络上展示自己美好一面越彻底的人，彼此结合生活在一起，互相了解越透彻，毛病显露越多，以往的美好随之破灭，因而面临很多现实问题，时间长了，忍无可忍，离婚就是结局。另一种情况是，很多年轻人在面对婚姻出现问题时缺乏理智，无法或是没有足够的耐心走出“磨合期”，反而想到通过网络找到对象很容易，网上有的是人可以搭讪，于是往往因一些小事就赌气，甚至分道扬镳。最终，成也网络，败也网络。

还有一部分已婚的家庭，因为某一方沉迷于网恋，通过网络与异性聊天，陷入虚拟的“爱情”之中不能自拔，进而发展到视频、通电话、实地约会，严重影响了夫妻感情，从而引起家庭不和，甚至引发家庭暴力，最后导致家庭破裂。另有一部分家庭是因为某一家庭成员沉湎于网络游戏，玩物丧志，不但荒废了事业，业余时间也全部交给了网络，不做家务、不管孩子，甚至还引得孩子也跟着沉迷于网络。这些都让家庭的矛盾升级，成为让婚姻走向结束的重要因素。

第三节 小结

北京作为中华人民共和国的首都，在政治、经济、文化交流等方面都有得天独厚的优势。进入21世纪，随着全球化的加剧，北京作为全国发展最快的城市之一，人们的思想观念也因此发生着巨大的变化。这些变化影响着人们的婚恋观，也影响着人们对两性性别角色的看待，进而影响到人们婚姻的分分合合。

在前章的方法论中提到，本研究的田野虽然是空间上定位在北京，但是却并不刻意描写北京的地方性，更不是把北京作为社区来研究。对北京的概况和北京的人文特点的介绍，旨在描述离婚现象发生的社会大背景，说明北京的经济、政治、地理和人文特点的特殊性，会对人们的行为产生一定影响。然而，本论文将要聚焦的还是在中国的传统文化和现代转型时期产生的新观念，是如何影响到离婚行为的。

虽然所有的访谈对象都生活在北京，但是他们的离婚原因所反映的特点，并不仅仅在于其所具有的北京地方性，而在于它所体现传统文化的浸润和新文化对传统文化的解构和重构。这些解构和建构将表现在哪些方面，本研究将在后几章中陆续展开。而在接下来的一章中将回顾我国不同历史阶段的离婚文化和离婚制度，意在寻找当代离婚行为的历史阴影。过去与现在的对比，将有助于我们对当前的离婚问题有更好的理解。

第三章　离婚往事 ◎

本课题的研究缘起在于近年来全国离婚率的持续攀升这一社会问题。那为什么现在离婚的人这么多？要回答这个问题，首先必须回答其中包含的另一个问题，以前离婚的人为什么这么少？这就需要回溯过去的婚姻机制和社会文化影响。一个社会的政治、经济结构、文化规范、离婚律法、公众对于离婚和离婚男女的态度等都会对离婚行为有显著的影响，若是对这些演变过程不了解就很难对现在离婚率极具变化的问题得出恰当的理解。[1]如本书的前言所描述的，本课题重点讨论中国历史上的社会结构和文化规范对离婚的影响，其中暗含的是对两性关系模式的叙述。在本章中将回顾我国不同历史时期的离婚状况，以时间为线索，总分为三个大时间跨度：古代封建社会、民国时期、新中国成立后一直到20世纪末。

第一节　离婚传统——只有男人的游戏

一、古代婚姻缔结的礼法制度

根据《礼记·昏义》，“昏礼者，将合二姓之好，上以事宗庙，而下以继后世者也，故君子重之。”这是中国古代婚姻缔结的目的。

---

〔1〕 Roderick Phillips, *Untying the knot: a short history of divorce*, Cambridge University Press, 1991, preface.

婚姻在古代中国社会中担负着繁衍后代和稳定家庭、国家以及发展经济的责任，所以结婚和离婚都不是两个人的“小事”，是关系到家庭、国家的“大事”。婚姻缔结的质量至关重要，因而中国传统文化在此方面做了许多规定。

首先，古代婚姻讲究“父母之命，媒妁之言”。这样的规定源于西周、春秋时期。听父母之命是由于西周统治者强调礼治，即要求君臣上下父子兄弟都要按照“礼”的秩序去生活。而“礼”的核心，在于“亲亲”和“尊尊”。“亲亲父为首”，在家庭、家族关系中，应该承认并维护家长的地位和权威，以父家长为家庭和家族的中心，所以子女婚姻大事只能由父母做主，当事人是没有选择余地的。这在很大程度上反映了宗法制下父母尊长对子女卑幼的支配权，对儿女婚姻权利的支配就是一种人身支配权。

其次，“同姓不婚”是我国古代婚姻的基本戒律。西周起开始实行“同姓不婚”的原则。古代禁止同姓结婚是为避免近亲繁殖带来的不利因素。《左传·僖公二十年》记载：“男女同姓，其生不蕃。”另一方面，对异姓之邦则联以婚姻，来维系与异姓群落之间的经济、政治、军事联盟，加强对异姓的统治。《礼记·郊特牲》对异性婚姻解释说，“娶于异姓，所以附远厚别也”。实行异姓通婚，则可以把两姓间的嫡庶、长幼、亲疏相对应，而又不损及本姓内的嫡庶、长幼、亲疏秩序，并且异姓通婚结成两姓间的姻缘关系后，两姓间还可以借此友好相处，互相支持、互相依靠。同姓不婚的目的在于定名分、别男女和防淫佚。《礼记·大传》认为同姓不婚是最根本的礼法，它可以起到维系人伦的作用。

最后，古代婚姻讲究“门当户对”与“良贱不婚”。周代实行严格的等级制度，其核心是“序尊卑、别贵贱”。统治阶级为了保证血统的“正统和高贵”，严格限制通婚范围。天子家庭只能与诸侯国王族通婚，诸侯国王族也只能彼此通婚。秦汉两代时，宗法礼制中已经有良贱不婚的要求。东汉之时，等级婚和门阀婚也开始盛行。等级婚注重的是双方在社会、政治与经济地位上的相近，而门阀婚则是世代显贵之家的通婚。魏晋南北朝因为士族隆盛，门阀制度盛极一时，门当户对与良贱不婚的婚姻条件则更受重视，如有与卑门低户联姻的，会被看作对身份的侮辱而受到排斥。门阀婚的界限极严，有的庶族即使家道殷实、政治地位显赫，也不可能与士族通婚。自北魏起，良贱不婚已由礼制上的约束上升为国家法律的公开禁止，自此以后贱民与良民通婚被视为犯罪行为。唐朝以后，良贱禁婚的法令更加完备，目的是维护封建尊卑的等级制度。《唐律疏议》解释说："人各有偶，色类须同，良贱既殊，何宜配合"。自唐以后，历朝都对良贱禁婚有严格的规定，并有相应的处罚。

二、从属于"礼"与"法"的离婚制度

中国古代的礼法制度长期以来深刻地影响着古代社会的秩序，也对社会秩序产生了非常强的整合力，同时还深深地影响着社会生活的各个层面，也不例外地塑造了婚姻和家庭秩序。礼法制度的目的在于维护社会秩序，为此延伸出许多伦理纲常规范。就婚姻而言，一经父母之命和媒妁之言而缔结后，则只要没有违反礼教纲常，就会一直存续下去。古代婚姻讲究的是所谓"夫妇之道，不可不久也"。但是古代的婚姻也不是个个都能善始善终的，也有离婚现象发生。至于古代人们"离婚之原因，依礼与法，其要有三，曰违律为婚，曰义绝，曰七出。……"[1]且这些离婚的制度，也都是围绕着巩固结婚礼法制度而进行规定的。

第一，"违律为婚"。中国古代在制度上对于"违律为婚"者有规定，只是各朝各代在此方面的规定或简或繁。早在周代就已经提出了一些禁止结婚的要求，诸如前面所提到的"同姓不婚"和"良贱不婚"等。唐代时，在这方面的规定多达十二条，这在《唐律疏议卷·第十四 ·户婚》有逐条规定和解释。中国古代"违律不婚"的这些规定除了有对人口质量的考虑外，更重要的是为了维

〔1〕 陈鹏:《中国婚姻史稿》，中华书局2005年版，第606页。

护既有的社会等级秩序和伦常规范，也是为了进一步稳定家天下和巩固宗法制度。总之，在婚姻方面，唐律进一步巩固、确认家长与子女、丈夫与妻子、良人与贱民之间的不平等，用以维护有利于封建统治阶级的社会秩序，所以古代法律对于违律为婚者都有严格的惩罚。

第二，“七出”。“违律为婚”是国家法律层面对那些本不该结婚而结婚的情况作出的规定，这类婚姻的解体需要通过官方机构判决。而中国古代离婚制度还赋予了民间家长或丈夫出妻的权力，“七出”便是允许丈夫休妻的七个条件。这些规定则涉及宗法观念和纲常伦理。《大戴礼记·本命篇》记载，“妇有七去，不顺父母去，无子去，淫去，妒去，有恶疾去，多言去，窃盗去。”这类离婚理由多是由于妻子的行为影响到了夫家的伦常秩序。古时的媳妇们必须唯公婆之命是从，不顺公婆的媳妇，被认为扰乱了家庭的尊卑秩序。孟子说“不孝有三，无后为大”。娶妻就是为了生育后代，而按照父系传承的继嗣原则，只有儿子才延续香火。在古代医学不发达的情况下，不能生儿子都成了妇女的错，便会因此被休。而“淫佚”是因为其乱族，中国古代家族强调血缘的纯正和亲疏远近之别，以此来决定家族内部的等级以及由此推衍出社会的等级。“礼”对妇女的言辞方面也有规定，认为能言善辩和多言的女人会扰乱家族甚至国家。其他几条出妻理由也都是因为妻子影响了家族秩序，比如“嫉妒乱家”认为妻子的凶悍忌妒会造成家庭不和，并且扰乱“夫为妻纲”的夫妻关系；“恶疾弃，不可与共粢盛也”，指有重病的妻子无法准备祭品，妨碍祭祀。而如果妻子有盗窃夫家或别家财物的行为，则被认为是违反常理。在古代妻子只要违反任何一条都有可能被“出”。

除了以上两种离婚形式外，我国古代还有“义绝”和“和离”的离婚形式。古时候人们认为，因血缘关系联系在一起的父子兄弟是“天合”，因“义”连接的夫妻则是“人合”。夫妻间的“义”可以理解为夫妻基于基本的人伦而对对方及对方家族所应承担的道德上的义务。因此，那些悖逆人伦、废绝纲常、破坏两个家族关系的不义行为，会导致二姓之间恩断义绝，无法继续“合二姓之好”，夫妻双方“义”已绝，则应当离婚。否则，与仇人家族共同生活这是极不人道的，且有悖伦常的。而“和离”则是指按照以和为贵的原则双方不发生冲突，夫妻双方和议后离婚，而不单纯是丈夫的一纸休妻，所以也叫作“两愿离婚”。

三、离婚制度下的两性关系模式

（一）离婚制度——倾斜向男人的天平

中国古代的离婚制度是国家统治秩序的反映，也是两性关系模式的反映。在周公所确立的礼制体系中，等级观念贯穿始末，其核心内容是按“尊尊”与“亲亲”的原则来正名分、分等级，从而调整家庭和社会关系，维持社会稳定的统治秩序。“尊尊”和“亲亲”本是宗法制度的原则，它要求人们根据血缘、宗法关系的亲疏远近，确定各人在社会和家庭中身份的高下尊卑，并要“尊其尊者，亲其亲者”。并且，它通过各种具体和抽象的形式来刻意造就全社会尊卑有序、贵贱有别、亲疏有分、高低不等的等级阶级。这种等级的确立便使得社会秩序呈现出清楚整齐的有序系统。这些礼制渗透到中国古代社会的方方面面，古代的离婚制度也深受此影响，这些制度中关于离婚的条件和惩罚都是对礼制体系的响应和对社会秩序的维护。

中国传统的两性关系模式完全受到礼法制度的影响，“夫为妻纲”的教条让中国古代的两性关系呈现一种男性对女性的统治关系模式。就离婚制度而言，对离婚条件的规定处处可见传统礼法制度的烙印，也无不映射着两性之间的统治关系模式。两性之间的不平等和一方对另一方的压迫充斥在社会对离婚的各种规定之中。中国古代的离婚制度实际上是男尊女卑社会秩序的维护，也是两性统治关系模式的维护。

（二）“人生莫作妇人身，百年苦乐由他人。”

白居易在《太行路》中的这两句诗很好地描述出了古代妇女在离婚事项上的被动。在婚姻解除上，妇女始终处于被动地位。妻子触犯了“七出”，丈夫便可以提出离婚。相反，这七种情况却不能成为妻妾“休夫”的理由。可见妇女没有单方面解除婚姻的权利。从这里就可以看出妇女在婚姻中没有自主权、没有追求婚姻自由的权利，只能顺从于自己的丈夫承受婚姻离合的命运。而且所谓的“七出”条件也是很容易满足的，这样就为男性满足个人欲望而出妻打开了方便之门。即使是个别女性不满婚姻，希望按自己的意志生活，但是这种行为也是被礼法所压制的。唐律明确规定：妻妾“背夫擅行，有还他志”，处徒二年；“因擅去而即改嫁者，徒三年”。从中可以看出封建妇女在古代婚姻中是被动的受害者。为了保护部分女子，也为了使部分没德行的男子不乱休妻，提出了“三不去”的规定：根据《孔子家语》，“三不去者，谓妻无所归；与共更三年之丧；先贫后富贵。”这以上三种情况下丈夫不能出妻。然而，这些出于女方考虑的离婚制度更主要是因为这些情况违背了伦理纲常。

在古代离婚时，男子拥有特权，而女子则要承担单方面的义务。这其中所表现出的男性对女性的统治关系是中国传统礼法制度的必然结果。父权制对传统离婚制度中的性别不平等有着非常深刻的影响。离婚是男人的特权，这是父权制的最集中体现。离婚制度的不平等只不过是婚姻家庭制度中性别角色地位的一种体现，也是整个社会性别地位不平等的具体反映。传统的礼法制度具体规范了家庭和社会的性别角色及地位关系，是离婚制度中性别不平等的最广泛和最深刻的根源，它体现了中国古代两性关系中的压迫和不平等。

第二节　新思想初露曙光

一、新文化传播与新思想

中国古代的婚姻关系解除体现的是男权对女权的统治。随着大清国门的打开，西学东渐。清末民初，新的婚姻思想在一片热闹沸腾中借助杂志与广播传播开来。1918 年作为新思想摇篮的《新青年》设“易卜生专号”，刊登胡适等翻译的《玩偶之家》，并由此在社会上产生一股“易卜生热”。《玩偶之家》剧中的主人公娜拉觉醒过来，认识到自己婚前不过是父亲的玩偶，婚后不过是丈夫的玩偶，从来就没有独立的人格。于是，她毅然决然抛弃丈夫和孩子，从囚笼似的家庭出走了。娜拉的故事在广大进步青年中引起了强烈的反响，在娜拉的身上他们似乎看到了一直在寻找的中国女子解放的出路。新文化运动的激进干将鲁迅在《娜拉走后怎样》的著名讲演中讲到妇女解放必须先取得经济权；同时，在他现代题材小说《离婚》中对封建父权、夫权对女子权利的压抑揭露得相当淋漓尽致，如爱姑离婚争辩时说自己“一礼不缺”，而作为中人“七大人”的有句话是这样表述的，“公婆说‘走’就得走”，不管你是否“一礼不缺”。封建主义的夫权、族权固然表现在相关的条文里，而它的精神却不为那些条文所限，乃是夫权、族权具有至高无上的权威，在这一权威面前妇女只能俯首帖耳，不受任何法律条款的保护；再是，同样在婚姻中没有独立的经济地位是这位离婚女子的致命伤，于是只能成为别人算账时的一个筹码。与此同时，这一时期的一些报纸、杂志纷纷开辟有关婚姻问题专栏，讨论妇女与家庭问题、妇女解放问题、婚姻问题、节制生育问题、性道德问题、离婚问题等，婚姻家庭问题由此成为当时报刊报道与讨论的热门话题。在 20 世纪的二三十年代出现了一批刊物，如《东方杂志》、《觉悟》、《社会学界》、《民国日报》、《劳动与妇女》、《新妇女》、《妇女评论》、《解放画报》、《妇女声》等报刊发表和翻译介绍了大量关于妇女解放和婚姻自由的文章，大力宣传妇女解放和人格独立。在这些进步报刊引导下，不少激进人士从民主和自由观点出发，对中国传统婚姻观念进行了深刻批判。五四时期这些新思想、新观念的传播深受西方自由、平权文化思想的影响，这在当时的中国引发了社会生活和思想观念的重要变化。

伴随着辛亥革命、五四新文化运动的蓬勃兴起，大批进步知识分子展开了对旧时婚姻陋俗的大批判，并提出了新的婚姻主张。他们对“父母主婚之弊”、“媒妁之弊”、“男女不相见之弊”与“礼法婚姻之弊”等提出批评，主张婚姻自由、主张商定婚姻和革除买卖婚姻。在新婚姻观的引导下，部分进步人士开始对传统的婚姻制度提出挑战，用离婚来改变现状。在离婚这件事上终于看到了现代文明与自由的曙光。

在中国古代的“违律不婚”、“七出”、“义绝”、“和离”这四种离婚模式中，以丈夫单方解除婚姻关系的“七出”为最常见的离婚情形。从上文论述中可以看到在传统男权社会中，女性基本上没有离婚的权利，只能作为被离的对象。南京国民政府的离婚法律制度在法律上消除了双重标准，赋予女子与男子同等的离婚权利，体现了新的法律理念和对自由平等、个人价值的追求。南京国民政府的离婚制度从男女平等的原则出发，一改以往离婚制度的族权、夫权、男权倾向，彰显了夫妻双方人格独立与平等的理念。民法总则立法理由第三点说明，“惟重男轻女，由来已久，积重难返，苟不以革命之手段，彻底改革，则仍难达平等之目的。”[1]亲属编立法理由第二点则称：“确立男女平等，为民法一贯之精神，其于此编尤为显著。如：①第一次草案认妻为限制行为能力人，此编则否；②旧律及历次草案关于离婚条件，均宽于男而严于女，此编则否；

〔1〕 谢振民：《中华民国立法史（下册）》，中国政法大学出版社 2000 年版，第 756 页。

③历次草案关于亲权之行使，均以父为先，必父不能行使亲权时，始由母行使之，此编则以共同行使为原则；④历次草案于一定之制度内，仍承认夫权之存在，此编则无夫权之明文。”〔1〕离婚立法凸显如下内涵：离婚行为的法制化；离婚主体的平等化；离婚效力的公平化；离婚观念的个体化；女性不仅在离婚程序中，而且在财产分割、损害赔偿等实体问题上享有了与男性平等的权利。

二、新婚姻法的确立——统治关系的打破

在 1915 年，民国政府制定的民法草案正式规定：“有配偶的，不得重婚；夫妻不相和谐，两愿离婚的，得离婚。”〔2〕与古代离婚制度相比，这一法律的出现，无疑赋予了女性在离婚问题上相当的自主权力，当时部分女性很快就将之付诸实际。那时的离婚案体现出下列特点。

第一，由女性提出的离婚诉讼已占相当的比重。曾经一度是“夫有再娶之义，妇无二适之文”，这在婚姻的解除上体现的是男权至上。中华民国后，这种情况发生变化。北洋政府时期大理院的离婚判例档案反映了这种变化：主动离婚者不限于男方，女方主动者已占半数。〔3〕在一些大型城市则更高，吴至信对当时北平离婚案的调查得知，1927 年，北平共有 927 起离婚案，由女性主动提出的离婚诉讼占总数的 75.5%。我们可以从表 3-1 和表 3-2 中了解那时北平的离婚状况和北平人离婚的原因分类。

---

〔1〕 谢振民：《中华民国立法史（下册）》，中国政法大学出版社 2000 年版，第 794 页。

〔2〕 王奇生：《民国时期离婚问题初探》，成都出版社 1993 年版，第 169 页。

〔3〕 王奇生：《民国时期离婚问题初探》，成都出版社 1993 年版，第 170 页。

表 3－1　家庭失睦之主因（由夫之观点析）（吴至信）

主因分类	件数	所占百分比
妻不睦亲属或与妻家不和	77	33.92%
妻性情不良	73	32.10%
妻非处女	22	9.69%
妻有疾病	15	6.61%
久不同居	12	5.30%
性生活不协	8	3.52%
妻有不良嗜好或品行不端	7	3.08%
不生育	3	1.32%
其他	10	4.41%
总计	227	100%

表 3－2　家庭失睦之主因（由妻之观点析）（吴至信）

主因分类	件数	所占百分比
夫无正业生活困难	227	32.43%
不睦亲属或与夫家不和	179	25.57%
夫性情不良	107	15.28%
夫原有妻（骗婚）	58	8.29%
久不同居	39	5.57%
性生活不协	27	3.86%
夫有不良嗜好或品行不端	26	3.71%
夫有疾病	22	3.14%
其他	15	2.14%
总计	700	100%

以上离婚事实表明，男子对离婚权的垄断已被打破，男性对女

性的统治关系在逐渐瓦解。广大妇女再也不只处在“被出”的地位。民国4年制定的民法草案无疑在政治上和法律上为女性的离婚主动权提供了保障，该法规定，有配偶者，不得重婚；夫妻不相和谐、两愿离婚的可以离婚；重婚、妻子与人通奸、夫妇一方生死不明超过二年以上、夫妻一方恶意遗弃对方或受虐待、受重大侮辱，即可提出离婚讼诉。[1]

第二，男方问题的存在成为离婚的理由。古代是“夫有出妻之理”，而“妻无弃夫之条”，而民国时期妇女开始因为男方的问题提出离婚。在吴至信的研究中可以看到一些女性提出的离婚理由：“夫无正业生活困难”、“不睦亲属”、“夫性情不良”、“夫原有妻”、“久不同居”、“性生活不协”、“夫有不良嗜好或品行不端”与“夫有疾病”等。这些原因不但表明女性在婚姻问题上获得了一定主动权，还让人看到那时的人们已经开始注重婚姻生活的质量。

1924年1月，《中国国民党第一次全国代表大会宣言》提出：“于法律上、经济上、教育上、社会上确立男女平等之原则，助进女权之发展。”[2]这是中国历史上第一次以文字形式对男女平等原则做出纲领性宣言。1926年1月，国民党第二次全国代表大会又通过《妇女运动决议案》，其具体规定有：①制定男女平等的法律，实行男女教育平等、职业平等、工资平等。②规定女子有财产权和继承权。③严禁买卖人口，保护妇女和儿童。④反对多妻制和童养媳。⑤根据结婚、离婚绝对自由的原则，制定婚姻法，保护被压迫而逃婚的妇女，对再婚的妇女不得蔑视，反对司法机关对于男女不平等的判决。⑥根据同工同酬，保护女性及儿童的原则，制定妇女劳动法。[3]事实上，这一时期女性的法律意识已有明显进步，并开

---

〔1〕 赵清主编：《社会问题的历史考察》，成都出版社1992年版，第169页。

〔2〕 戴伟：《中国婚姻性爱史稿》，东方出版社1992年版，第380页。

〔3〕 孟昭华、王明寰、吴建英：《中国婚姻与婚姻管理史》，中国社会出版社1992年版，第238页。

始运用法律手段维护自己合法权益。1927年4月，南京国民政府成立后，即把改革现行法律制度，重建新的政治制度和新的价值信仰体系作为重要的任务。1930年12月26日，民法“亲属编”和“继承编”颁布，次年5月施行。《中华民国民法亲属编》赋予妇女离婚权利，明文规定：“夫妻两愿离婚者，得自行离婚。但未成年人应得法定代理人之同意。两愿离婚，应以书面为之，并应有两人以上证人之签名。离婚后，关于子女之监护，由夫任之。但另有约定者，从其约定。”“夫妻之一方有下列情形之一者可向法院请求离婚：①重婚者；②妻与人通奸者；③夫妻之一方受他方不堪同居之虐待者；④妻对于夫之直系尊亲属为虐待，或受夫之直系尊亲属之虐待，致不堪为共同生活者；⑤夫妻之一方，以恶意遗弃他方在继续状态中者；⑥夫妻之一方，意图杀害他方者；⑦有不治之恶疾者；⑧有重大不治之精神病者；⑨生死不明者；⑩被判处三年以上之徒刑，或犯不名誉之罪，致处徒刑者。”《中华民国民法亲属编》则规定夫妻双方地位平等，女子拥有继承权；肯定一夫一妻制，禁止重婚，不准纳妾；承认男女双方婚姻自主权，婚姻应由当事人订立和解除，体现了婚姻自由精神。[1]

尽管国民政府的法律仍具有相当的局限性，但较之以前已有很大改进，且为许多难以为继的婚姻提供了解除的法律依据。离婚制度规定在亲属编婚姻章，对离婚条件、财产分配、离婚损害赔偿等问题做了详细的规定，对传统离婚制度进行了较为深刻的变革。

三、女性离婚的困局——统治关系的持续

尽管在思想上和法律上女性都获得了平等的离婚权，但是在旧中国的婚姻家庭制度，古代礼法制度的产物。它的最后表现形式，由国民党政府1931年5月开始施行的民法亲属篇确立下来。它确

〔1〕邓伟志：《近代中国家庭的变革》，上海人民出版社1994年版，第128～129页。

立的婚姻家庭制度，一方面受西方资本主义国家影响，吸收了一些先进的理念，但仍然继承了两千多年来的封建婚姻家庭制度。所以，国民党政府民法亲属篇，一方面规定了“男女平等”和“一夫一妻”的原则，另一方面又变相地承认了封建婚姻家庭制度，实际上否定了男女平等和一夫一妻的原则。国民党政府民法虽然规定婚姻得双方当事人同意，但又规定“未成年人”订婚与结婚，须“得法定代理人之同意”。旧中国流行早婚习俗，这实际上肯定了包办婚姻的合法性。为了防止子女不尊“父母之命，媒妁之言”自由相爱，规定“结婚应有公开之仪式及二人以上之证人”，不具备这种形式的，婚姻无效。规定“因奸经判决离婚或受刑之宣告着，不得与相奸者结婚”，导致有情人终身不得为伴侣。

因为国家对夫权统治的维护，在家庭中妻子处于从属地位，男女不平等。妻子依附丈夫，姓要冠以夫姓。妻子对丈夫绝对负有同居之义务，妻以夫之住所为住所。丈夫对夫妻共同财产有管理权，对妻子的个人财产也有“使用、收益之权”，如为管理上所必要时，还有处理权。旧中国的婚姻家庭，确认了蓄婢纳妾的合法性。1931年“司法院”第六百四十七号解释例明确规定：“娶妾并非婚姻，自无所谓重婚”，明确将娶妾排除在法律禁止的重婚行为之外。

由于国家维护父权的离婚制度，民国时期女性在诉讼离婚有诸多障碍。比如在起诉男方虐待和重婚时，举证很困难。当时不少离婚案都因女方举证不足而被“无事实为佐证殊难采信”驳回。此外女方提出的诉讼离婚中还会遇到子女抚养和生活费用等方面的困扰。女方因男方财产权与其父无明显划分，而丧失分割共同财产的权利。对于孩子的抚养权，民国法律规定只有当孩子年幼不能离母时才能获得。当孩子较大时，为了延续男方的香火，国家法律更支持男方对孩子的抚养权，如规定：“子女如已达五岁，便由父去管；

不到五岁，皆由母去管。”[1]即使女方获得了抚养权，但由于经济独立能力较弱，很多时候又被迫把孩子送还夫家。事实上，这种种规定实际上限制了女性的离婚权。

第三节　从传统主宰向个性回归

从1949年后到20世纪末，中国大陆的离婚经历了三次变化，每一次变化都伴随着社会历史文化条件的变化和思想观念的变革。

一、第一次离婚浪潮

建国初期由于新婚姻法的颁布和婚姻自由思想的深入人心，离婚问题在社会上引起了不少的波澜。当时离婚的主角来自两方面。

第一，对统治关系的反抗——来自女性的力量。1950年5月，共和国第一部法律《婚姻法》颁布实施。《婚姻法》的第一条就开宗明义地宣告：“废除包办强迫、男尊女卑、漠视子女利益的封建主义婚姻制度。实行男女婚姻自由、一夫一妻、男女权利平等、保护妇女和子女合法利益的新民主主义婚姻制度。”《婚姻法》对于离婚有这样的规定：“男女双方自愿离婚的，准予离婚。男女一方坚决要求离婚的，经区人民政府和司法机关调解无效时，亦准予离婚。”在正式颁发前，各方对《婚姻法》条文又进行了数次争论，争论的焦点是离婚自由问题。多数人认为，离婚自由会触动部分农民的切身利益，不利于社会稳定；邓颖超等少数人则坚持：妇女在中国社会受压迫、在婚姻问题上痛苦最多，为了保障妇女的利益，一定要在《婚姻法》里写上“一方坚持离婚可以离婚”。

最后中央法制委员会提出了意见：“中国社会中还有离婚结婚不自由的现象存在，这只能证明婚姻条例须有彻底解放的性质，才

[1] 中国法规刊行社编审委员会编：《六法全书·民法亲属篇》，上海书店1991版，第93~94页。

能冲破根深蒂固的旧社会枷锁，才能创造合乎新的生产关系新的社会制度的家庭关系，而不是相反。”于是，“男女双方自愿离婚的，准予离婚”的规定写进了《婚姻法》。正是因为新婚姻法有了这条规定，才使得众多的妇女，从不幸的婚姻家庭中摆脱出来。

当时的离婚制度主要是针对旧式的婚姻的弊端，即取消旧社会的父母包办婚姻、童养媳婚姻、盲婚等。广大妇女为摆脱不幸的传统婚姻，争取婚姻自由，主动提出离婚。北京市人民法院自 1949 年 3 月到 1950 年 3 月，受理了约 1000 余件婚姻案，其中 90% 都是离婚案，而且三分之二是女性提出的。[1] 1950 年 5 月至 1951 年 4 月，中南六省全部离婚案 90425 件，其中妇女主动提出的约 70000 件[2]

新《婚姻法》推出后，受到了来自各方的阻力，产生了严重的社会问题。据 1953 年 2 月 3 日上海《青年报》报道，因离婚问题，妇女被杀和自杀的现象十分严重。据各地不完全统计，浙江省 57 个县市在 1952 年 1 月到 7 月，被杀、自杀的达 438 人。在死亡的女性中，因为对原有的婚姻不满而提出离婚，结果，有的被丈夫杀害，有的被公婆、家族或恶劣的干部所杀害，有的也因不堪虐待和争取婚姻自由被干涉而被迫自杀。其虐杀的手段极为野蛮残酷，骇人听闻。

第二，志同道合，还是喜新厌旧？建国初期的另一个离婚主角是进城的干部，他们纷纷主动跟农村的妻子离婚。一方面是丈夫进城后感到自己的身份和地位不同了，于是抛弃发妻，另觅新欢；一方面是农村妻子确实适应不了城市新生活，只好分手。另外，由于丈夫南征北战，夫妻长期分居，感情淡漠，况且他们的婚姻要么是战争特定条件下的产物，要么是由父母包办的。当时政府部门也多

---

〔1〕 柏生：“北京一年来的离婚案”，载《新华月报》1950 年第 5 期。

〔2〕 中南民主妇女联合会筹备委员会：“一年来执行婚姻法的初步检查和今后进一步贯彻执行的意见”，载《新华月报》1951 年第 10 期。

少推波助澜了这一离婚浪潮。有些地方还发过公函，允许干部在城里找一个志同道合的革命伴侣，并规定凡三年没有与原配妻子通信的，就算自动离婚。特别是有些做外事工作的功臣，在许多外交场合都需要有夫人陪同处理一些事务，而他们的妻子又都是农村妇人，没有什么文化，根本不能完成这样的任务，这个时候甚至出现组织上开始动员一些干部与妻子离婚。于是，在这一类离婚案中，离婚大都由男性提出，女性十分被动，传统的伦理道德观念仍占据着她们的内心，无论和丈夫有没有感情，大都不愿离异。即使被迫无奈甚至糊里糊涂地离了，她们也很少再婚，而固守“从一而终”的古训，而形成了“离婚不离宅”的特有现象。

新中国成立前后，由于经过革命战争、土地改革、生产运动，以及其他各种民主运动，广大妇女的政治觉悟与经济和社会地位大大提高。她们在推翻了国民党政权统治与封建土地制度之后，迫切要求男女平等与婚姻自由。

二、第二次离婚浪潮

中国离婚的第二次大变动出现在六七十年代。这一时期的离婚潮尤其特殊，它是政治的催产物，是一场政治对婚姻的离间。

（一）离婚即政治

迫于国家政治运动的形式，上世纪 60 年代中期的离婚是畸形的，那是一个政治挂帅的年代，一切都要为政治服务。结婚证上的毛主席语录是：“我们应该谦虚、谨慎、戒骄、戒躁、全心全意地为人民服务。”离婚证书上还有：“政策和策略是党的生命，各级领导同志务必充分注意，是人生大事，比结婚还重要。”离婚就是一种政策与策略，与阶级敌人的配偶划清界限，以证明自己是优秀的革命者，这样的离婚便是一种光荣；也有的人为了自身的生存，更为了子女的前途命运，丈夫动员恩爱的妻子与自己离异，这一现象也普遍；当然，离婚者中也有少数人落井下石，去寻找新的依靠；还有一部分确实死亡了的婚姻，政治运动恰好提供了最有效的藉口。

不过，在国家的政治大事面前，个人的婚姻只是小事。那时在公社离婚办公室里有这样的经典对话，女说：“下定决心，我要离婚。”男的说：“排除万难，再过几年。”公社干部接着说：“抓革命，促生产，个人闲事没空管。回去吧！”

那个年代的离婚理由，除了划清界限这样的革命理由外，其他诸如没有感情之类的个人的离婚理由都是被唾弃的，且这类理由一旦公开提出，立即就会被戴上“资产阶级腐朽思想”的标签，且会在一定程度上影响孩子的前途。人们只得以放弃撞开离婚大门为代价，来认同、来维护“阶级和阶级斗争”。

图 3－1　文革时期的离婚者

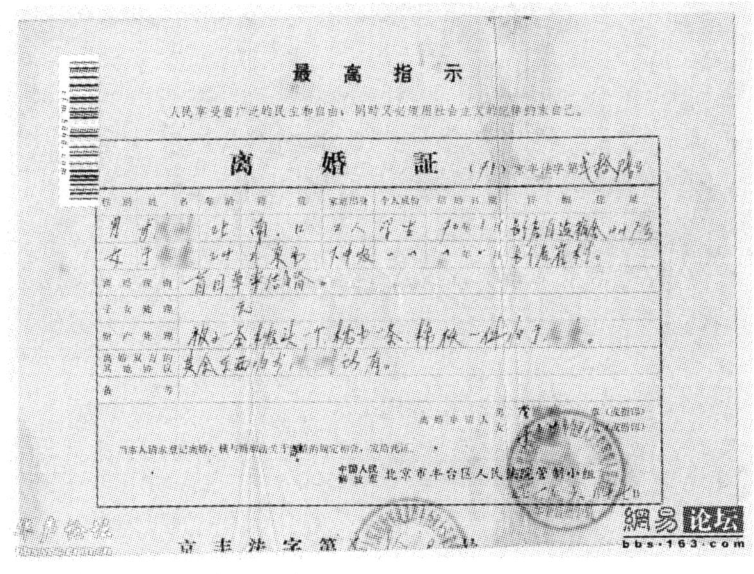

最高指示

离婚証

網易论坛
bbs·163·com

（二）为返城而离婚

知青回城中出现的离婚现象，是第二次离婚浪潮后期的热点。为了响应知识青年上山下乡的号召，几百万的城市青年去了农村，也改变了成千上万个家庭的命运。正值青春年华，很多知青既有与一同前去的知青结婚，也有为显示要扎根农村的决心跟当地的农村姑娘或小伙子结婚的。后来政策允许知青返城后，大多数已婚知青把农村姑娘或小伙子抛弃了；很多在农村结婚生了孩子的知青夫妻，无法把配偶及子女的户口落到城市，只好采取离婚的办法以求回城。此次浪潮遗留下许多问题：政府部门千头万绪的安置调解工作、个人恩怨剪不断理还乱的纠葛、理智和情感的冲突、重组家庭的困扰等等。根据此社会文化背景而拍摄的电视剧《孽债》曾在大陆一度热播：知青们返回上海了，他们离弃的孩子——几个少年相伴从云南千里迢迢奔赴上海寻找亲生父母，却失望而归。

三、第三次离婚浪潮

1978 年以后，政治权力与传统伦理共同构建的社会监管体系逐渐松动，社会生活的变化之剧烈，令置身其中的人们应接不暇。少了过度的政治负担，人们的婚姻重归朴实的爱情。1981 年，新《婚姻法》颁行，将“感情破裂”规定为离婚条件，由此，中国人似乎开始意识到，爱情也是婚姻中颇为重要的东西。

（一）先富起来，先离婚

第三次离婚浪潮是在第二部《婚姻法》颁布后兴起的。进入 90 年代以来，商品经济已全方位占领社会各个领域。中国经济改革和对外开放带来了社会发展和思想变化。20 世纪 90 年代初期提出致富光荣后，中国的离婚率开始攀升，让一部分人先富裕起来，可是，先富裕起来的那部分人却先离婚。西方学者认为，经济发展状况与离婚率成正比，经济萎缩时离婚率下降，经济繁荣时离婚率上升，中国的情况证实了这一点，在中国，正是先富起来的那批人，成为中国离婚大潮的领潮人。从 20 世纪 80 年代开始，中国的离婚率急速上升，其特点是中年、老年的离婚率高于任何其他年龄段的人。离婚最集中的三个年龄段依次是：40 岁 ~44 岁、50 岁 ~54 岁、60 岁以上，这是因为 20 世纪 80 年代以来，这三个年龄段的人的经济地位变动最明显。到 90 年代，夫妻的年龄差距也开始拉大，90 年代中期丈夫比妻子大 10 岁的比例，比 1987 年有所增加，这种“大男小女”的婚配状况，一般都是男子富裕以后，与原配偶离婚后再婚而形成的。

（二）女性地位真正提高

上世纪 80 年代以后，一个明显的事实是，妇女经济地位、社会地位和自身素质的提高，导致了高收入、高知识结构层的女性离异者增多。据统计，1992 年提出离婚的有 70% 是女性（不包括协议离婚）。与此对照的是男性世界性格角色发展的相对停滞和男性固有心理优势的缩小，甚至消解。这时期离异原因大致为：婚外恋、双方经济收入悬殊、性生活不和谐、家庭亲缘关系处理不善及其他原因。随着经济地位的变化，人们的婚姻观也发生了变化，对婚姻的质量的要求也随之提高。“共同语言”成为人们感情结合的基础，大部分夫妻认为，“共同语言”是维护婚姻所必需的元素，“缺乏共同语言”成为终结婚姻最理直气壮的理由，也是最常用的借口。

20 世纪 50 年代和文化大革命期间的离婚案大都是由政治巨变引起的，而这个阶段的离婚高潮则是因个人变化引起。不管是离婚还是结婚都被视为双方之间的私事，理应由自己决定。

第四节 小结

自进入父系社会后，男尊女卑似乎成了天经地义。《易传·系辞上》记载：“天尊地卑，乾坤定矣；卑高以陈，贵贱位矣”和“乾道成男，坤道成女”。这些虽然是卦辞，但却深深地影响着后来中国人的两性角色定位。“三纲五常”是传统的社会、家庭制度的抽象概括，“三从四德”是妇女家庭地位的基本准则，“男尊女卑”从此被等同于自然法则，不可违背。中国的两性关系也自此形成了统治式的关系模式。在离婚这件事上的种种制度和规定让人非常明显地看到了社会规定对男人的偏袒，对“男尊女卑”的统治关系或秩序的维护。

“出妻”制度中的七个离婚条件全部是针对女人的，这些规定反映了封建夫妻关系上的不平等，也是“夫为妻纲”这一儒家纲常原则在法律上的体现。“夫为妻纲”的规范决定了两性关系模式的基调。统治、压迫和痛苦是其根本特征。在漫长的古代封建社会，尽管人们怀着琴瑟和谐的理想，但是夫妻间的伙伴关系只能是个传说。双栖双飞、婉转和鸣的爱情也难逃离婚结局。刘兰芝和焦仲卿、陆游和唐婉的爱情故事给后人留下的是凄美的爱情结局。在那个时代婚姻的最高目的只是“上以事宗庙，下以继后世”，一切个人的情感都必须服从于这个总的目的，并隐匿起来。维护社会的秩序是最重要的，个人的幸福只能放在一边。

随着国民革命、新文化运动的兴起，特别是新中国成立后，妇女解放运动和新婚姻法的颁布，解放了妇女的思想，她们为婚姻幸福而努力，她们的抗争和成功，极大地动摇了中国传统文化两性统治关系的模式，但是也受到来自传统势力的抵制。为了维护统治的等级秩序，虐待和暴力便成了工具。几千年的传统有它的惯性，但新思想定会让这一看似天经地义的悲剧有所改变。

文革时期的政治婚姻代替了个人感情，个人再次被隐匿。但上上世纪 80 年代的改革开放后先富起来的人们和有知识、有经济地位的女性开始改变传统。婚姻的传宗接代功能让位于情感审美体验。这个时期表面上的统治关系几乎不存在了，但是要实现真正意义上的男女伙伴关系还依然需要时间。

当结婚和离婚都变成个人私事时，它就不能再由家长或国家决定，它就必须由自己决定。为了适应这种变化。中国分别在 2001 年和 2003 年修改了《婚姻法》和婚姻注册规定。按照以前的条款，要求离婚的夫妻必须持有工作单位的批准介绍信。如今，何时结婚或离婚由自己决定，与他人或政府无关。无疑，新的法规使离婚变得更加容易，这也成为近年来离婚案增加的一个原因。虽然离婚率的飙升违背了中国传统的婚姻和家庭价值观，但它应该被视为一种进步。选择或摆脱配偶是一项基本人权。从人权和自由的角度来看，离婚是一种进步，因为它给了不和睦的夫妻自行决定是否继续共同生活的自由。

当时间进入21世纪，世界和中国也发生了巨大的变化。现代性带来了进步，也让人性异化。新的信息网络技术给了人们空前接触外界的机会，也让这个时代的规范日渐模糊。此时的婚姻有着非常鲜明的个性色彩。无子的“丁克”、无性的“丁斯”、“周末夫妻”、不婚主义、闪婚、闪离等等纷纷出现。在中国，一些人的爱情开始以“无政府”的方式蔓延，正如罗素说的那样，“爱是一种无政府的力量，如果放任自流，它是不会安于法律和风俗所规定的范围的。”同时，在这个物欲与自由主义膨胀的时代，婚姻开始掺杂着更多无关爱情的考量，“小三”和“二奶”改变了正常的婚姻序列。

从21世纪初开始，第四次离婚浪潮席卷中国。这些婚姻的基础与前几次离婚高潮发生时婚姻的基础是大不相同的。如果说前几次离婚高潮的主要原因是没有爱情的话，那么，这一次却是爱情死了。这次离婚的人大都是自由恋爱而结婚的，应该说，这种婚姻在我们先前的观念中最牢靠、最自由、最文化了，可为什么还是不堪一击？离婚是关系到公民生活质量的问题。现在，探索这个阶段人们离婚的原因变得很有意义。

笔者通过2010年对北京离婚个案的田野调查，对现阶段的离婚问题进行了探究。采用了问卷调查和深度访谈的形式。从实际收回的271份问卷中，我们可以对离婚原因的类别有所了解（分类统计详情见表3-3）。单从问卷的统计结果来看，现阶段北京人离婚的原因主要有以下几个方面：出轨、性格不合、感情不在、父母干预、性生活不和谐、经济因素、价值观的差异等等。但是当我循着问卷统计的结果进行深度访谈的时候，发现在这些表面的原因背后又有着更多的深层原因。

表 3-3　部分北京个案离婚原因分类表（2010 年 12 月）

类别	件数	所占百分比
出轨	61	22.51%
感情不在	38	14.02%
与对方家人相处不好	24	8.86%
不满对方不能承担家庭责任	23	8.49%
性格不合	22	8.11%
彼此原本没有爱情	15	5.54%
性生活不和谐	14	5.17%
不懂如何相爱	10	3.69%
一方不能生育	9	3.32%
价值观不同	8	2.95%
缺少共同语言	7	2.58%
两地分居	6	2.21%
一方有不良嗜好	5	1.85%
不满老婆太能干、强势	5	1.85%
家庭暴力	4	1.48%
一方有病	3	1.10%
一方畸恋	3	1.10%
冲动离婚	2	0.74%
不满人身控制	2	0.74%
其他原因	10	3.69%

通过深度的访谈，笔者发现问卷统计所反映的原因既不具体也不全面。比如出轨的原因有多种，有因网恋而出轨，有其他方式出轨。很多出轨行为背后是性生活不和谐。部分离婚者问卷上写明的

理由是：冲动离婚、感情不在、性格不合等，但是深度访谈获得的资料是他们基本上没有鲜明的离婚理由，或者自己也说不出什么理由，常常以性格不合，没感情这样的托词来替代。在此称之为“无理由离婚”。

根据个人深度访谈的资料，笔者认为对于新世纪的离婚原因可以从两个层面：社会文化的大背景和私人领域的两性关系来探讨。在本研究的第四章和第五章将具体展开。在第一章中提到，本论文的研究对象在对人们自身经历的述说，那么下面两章的写作主题，也聚焦在个人的经历和心理体验，而非传统意义的民族志写作。

第四章 谁让劳燕分飞
——离婚的外部原因◎

虽然现在人们的离婚已经越来越变得是个人的行为了，但它仍然受到社会经济、政治、文化、大众传媒等因素的影响。要想考察人们离婚的原因就必然需要关注社会的大背景，正像菲利普斯在《分道扬镳》中指出的那样："离婚也被看作是一种社会病变。因此对婚姻和家庭所产生的影响的任何一种社会和经济变化，也越来越会引起人们的兴趣，如工业化、城市化、宗教意识淡漠、道德观的改变、婚姻法和离婚法的变迁等。人们尤其关注的是妇女和离婚之间的联系。离婚率也常常被说成是妇女普遍解放，尤其是妇女就业率提高带来的后果。"[1]本章主要讨论现代人离婚的社会文化背景，即从法律、价值观及多元媒介环境对人际互动方式所引发的影响等方面来考察。

第一节 离婚政策从"紧缩"到"松弛"

一、古代严苛的离婚政策

如前章所述，我国古代的离婚制度是与宗法礼制相适应的，而礼法制度对女子的要求是"从一而终"，因而古代的离婚制度实行

〔1〕［加］菲利普斯著，李公昭译：《分道扬镳：离婚简史》，中国对外翻译出版社1998年版，第293页。

的是男子专权制。男尊女卑、男性对女性的统治是其基本的特征。

（一）“七出”的限制条件

古代主要的离婚方式是“七出”（不顺父母、无子、淫、妒、恶疾、多言、盗窃），这七个的条件看起来很多，但是在古代礼教严苛的情况下，违背人伦的事情是不能做的，因为这些情况也并不是常常发生的，更何况对于出妻规定又加上了限制条件，即“三不去”（“妇有三不去：有所受无所归，不去；与更三年丧，不去；前贫贱后富贵，不去”）；即使具备“七出”的任何一条，但是只要女方具有“三不去”任何一项条件，男方也不得有出妻之行为。已出者的行为不但无效，还须受到相应的惩罚。如唐律规定：“诸妻无七出及义绝之状而出之者，徒一年半；虽犯七出、有三不去而出之者，杖一百，追还合；若犯恶疾及奸者不用此律。”清律则规定：“凡妻无应出……之状而出之者，杖八十；虽犯七出，有三不去而出之者减二等，追还完聚。”辑注云：“七出，于礼应出，三不去，于礼应留；义绝必离，姑息不可；七出于礼可出，未必即谓之应出，与义绝不同。”

清末法学家薛允升说：“七出者，义之不得不去；三不去者，情之不得不留，总以全夫妇之伦也。”“三不去”所设是基于宗法的伦理常情的要求，也是对男子任意出妻行为的一种限制。

（二）“和离”的实质

从前面的论述我们已经知道“和离”是一种类似“两愿离婚”的古代离婚形式，与今天的协议离婚类似，但是又不等同。唐律规定：“若夫妻不相安谐而和离者，不坐。”《唐律·疏议》：“若夫妻不相安谐，谓彼此情不相得，两愿离者。”虽然法律给予了没有感情的夫妻一些自主离婚的权力，但是中国古代社会自然经济长期占据主导地位的情况下，家庭作为一个经济合作体对劳动协作的要求，制约了实际的离婚自由。在宗法家制度下，夫妻感情必须服从于家族的利益，充其量也只能是婚姻的附属物，而不可能成为婚姻的基础，更不能成为决定存废的主要因素。

（三）“义绝”的强制性

“义绝”是我国古代社会的一种由官府强制离婚的制度。假如夫妻之间、夫妻一方和他方是特定亲属间、双方特定亲属间发生了法律所指明的所谓“情义断绝”之事，双方就必须离异，否则当事人将受到法律制裁。这是宗法礼制在离婚领域的渗透。中国古代离婚制度关于“义绝”的规定，在很大程度上是为了对宗法礼制的伦理纲常的维护，是出于巩固宗法家族制度的需要。因此，它对男女双方的规定是不平等的。大部分关于“义绝”离婚的条律都反映了重责于妻、轻责于夫的立法思想。“义绝”与出妻的不同之处是：当妻有七出的情况发生时，若夫不离婚，则官府不予强制，即离与不离的决定权操于丈夫之手。“义绝”则不同，只要有“义绝”的事由存在，则必须离弃，权在官府。但是在“合二姓之好”而非“结二姓之怨”的婚姻大前提下，“义绝”中所界定的那些行为也并不多见，尤其该法律本身的严厉已经在很大程度上制约人们触犯这些规定。总的来说，我国古代的离婚制度虽然形式比较多样，但是出于对宗法礼制的维护、社会秩序的稳定以及人口数量的考虑，离婚是不被提倡的，古代关于离婚的法律背负着社会秩序巩固和社会稳定的重任，因而对离婚行为也有诸多限制。

二、由“松”到“紧”——《中华苏维埃共和国婚姻条例》

1931 年制定的《中华苏维埃共和国婚姻条例》是模仿苏联 1926 年激进的《婚姻与离婚、家庭与监护权法》而出台的，其中明确规定“确定离婚自由。凡男女双方同意离婚的，即行离婚。男女一方坚决要求离婚的，亦即行离婚”。这便是所谓“无过错离婚”。这样的离婚规定在 1930 年代的中国一出现，无疑是十分激进的。条例的颁布引起了广泛的社会反应——一片反对之声。对于广大的农民而言，结婚娶媳妇是一件非常不容易的事，基本上要花费掉整个家庭全部的积蓄，如果小夫妇闹点意见就可以说随随便便离婚的话，那么对于农民的精神和经济上的重负将是难以承受的。后来，中国共产党在政策上很快就在此关键环节做出了修订。在1934年的《中华苏维埃共和国婚姻法》中又加上了一条："红军战士之妻要求离婚，须得其夫同意"。在抗日战争时期，晋察冀和晋冀鲁豫边区规定一名军人的配偶在其配偶"生死不明逾四年后"才能提出离婚请求。陕甘宁边区则规定要"至少五年以上不得其夫音信者"才能离。边区政府根据法律实行后的反馈和现实情况，又参照当时国民党政府的离婚制度，规定了准予离婚的几种条件，如重婚、通奸、虐待、遗弃、不能人道和不能治愈的疾病等，完全放弃了苏维埃时期基于双方任何一方的请求便即准予离婚的规定。新的离婚政策加强了对离婚行为的约束。

三、以"调解"为宗旨——新中国离婚规定

1950年婚姻法中的离婚制度规定了行政离婚与诉讼离婚两种方式。规定"男女双方自愿离婚的，准予离婚。男女一方坚决要求离婚的，经区人民政府和司法机关调解无效时，亦准予离婚。""男女一方坚决要求离婚的，得由区人民政府进行调解；如调解无效时，应即转报县或市人民法院处理；区人民政府并不得阻止或妨碍男女任何一方向县或市人民法院申诉。县或市人民法院对离婚案件，也应首先进行调解；如调解无效时，即行判决。"除此之外，还提出了限制离婚的两项特殊规定："女方怀孕期间，男方不得提出离婚；男方要求离婚，须于女方分娩一年后，始得提出。但女方提出离婚的，不在此限。"以及"现役革命军人与家庭有通讯关系的，其配偶提出离婚，须得革命军人的同意。"这两条加强了对妇女、儿童的保护，以及对现役军人婚姻的保护。最后，该婚姻法还确立了离婚经济帮助制度的规定："离婚后，一方如未再行结婚而生活困难，他方应帮助维持其生活；帮助的办法及期限，由双方协议；协议不成时，由人民法院判决"。

1950年婚姻法的指导思路是要减少广大农民大众与婚姻法之间的矛盾，这是在广大民众反对草率离婚的情况下提出的。该法尽

管规定一方坚决要求离婚的可以准予离婚，但前提是要经过政府机关调解和人民法院调解，当调解无效时才准予离婚。当时的法庭调解有比较复杂的程序，比如要求法官们深入村庄社区，通过对当事人周围的居民、党组织、街道委员会等进行访问，调查了解情况，掌握当事人结婚前前后后的情况，剖析该婚姻所存在的矛盾以及矛盾的根源，然后想尽办法，使用各种手段——包括政治教育、组织压力、物质刺激等等进行帮助和调解。总之，就是要尽一切可能挽回婚姻。对政府机关和人民法院调解工作要求是“调解和好”绝大多数由单方提出离婚要求的婚姻。在这样的背景下，除了那些双方自愿离婚的，不少单方要求离婚的婚姻在经过调解后都放弃了离婚的打算。此外，该婚姻法对妇女、儿童及军人的保护条款以及离婚后对生活困难方的扶助也在一定程度上限制了草率离婚。当时人们的收入相对较低，比较难以保障的是在自己家庭生活开支之余还能扶助另一方。

四、伸缩自如的离婚原则——1980 年《婚姻法》

1980 年《婚姻法》使中国的离婚制度得到进一步完善，它首次确立了中国准予离婚的法定条件，实行了感情破裂原则，并将过错原则与破裂离婚原则有机地结合起来。离婚制度继续采取两种办法，一方要求离婚的，走诉讼离婚的道路；双方自愿离婚的，采取离婚登记的方式。该法的第 24 条规定：“男女双方自愿离婚的，准予离婚。双方须到婚姻登记机关申请离婚。婚姻登记机关查明双方确实是自愿并对子女和财产问题已有适当处理时，应即发给离婚证。”这一规定既明确了判决离婚的法定理由——“感情确已破裂，调解无效”，又坚持了离婚自由原则，同时，也赋予了法官自由裁量权。因为“感情”从来都是一个难以界定、模糊的词语，同时，“感情”是个跨度很广、又不容易精确定义的概念，这样便给予法院很大的灵活度，可以按照需要、政策来处理每一起婚姻案件，适当根据不同情况来尽量减少婚姻法和民众之间的可能冲突。基于

"感情确已破裂"的，法官获得的自由裁量权可以在保障弱势一方利益的情况下减少离婚。

五、离婚限制的减少——2001 年《婚姻法》修正案

2001 年《婚姻法》修正案在"夫妻感情确已破裂"的概括性离婚原则基础上又增加了例示性的规定，使法律条款更具可操作性。如"军人一方有重大过错"时，不再适用特殊保护；离婚损害赔偿、离婚财产补偿和家务劳动补偿等制度规定，完善了离婚时经济补偿的规定。2001 年"婚姻法"修正案一方面规定，"夫妻间应相互忠实"，希望藉此维护婚姻的稳定；另一方面又进一步体现了对个人自由与自治的尊重。21 世纪以后，关于婚姻强制性的规定在婚姻法中越来越少。现行《婚姻法》对夫妻相互忠诚的规定是倡导性规定，而不是义务性或强制性规定。倡导性规定是希望人们最好如何去做，但如果不这样做法律也不会惩罚。2003 年的《婚姻登记条例》简化了离婚手续，进一步减少了对结婚、离婚的行政干预，比如取消了公民在办理婚姻登记时须提交单位介绍信的规定，缩短了结婚、离婚的登记批准时间等。事实上为想离婚的人实施离婚提供了便利。减少了婚姻限制条件，登记制度也逐渐简化，一定程度上也催化了"闪婚"、"闪离"。从古至今，我国的离婚制度发生了很大变化。因为处在不同历史阶段，婚姻对于国家和个人的意义是不同的。一方面，结婚和离婚深刻地受到国家的政治、经济结构的影响。而另一方面，随着社会生产力的发展，以及人们观念的变化，法律制度也会与之相适应。

六、婚内婚外新波动的引发——2011 年《婚姻法》的新解释

最高人民法院 2011 年 8 月 12 日召开新闻发布会发布了《最高人民法院关于适用〈中华人民共和国婚姻法〉若干问题的解释（三）》。根据新出台的《婚姻法解释（三）》，夫妻离婚，房产根据出资人不同有不同的分割方法。特别是对婚前财产分割的规定在婚

姻内引发了很大的波动，同时，也改变要进入婚姻的人对婚姻的认知。《婚姻法解释（三）》颁布后，在房产登记场所，房产本加名的业务量徒增。前来加名的大多数是年轻的夫妻。有的适婚女性在经济条件允许的条件下，开始独资购房，对她们来说，婚姻是无形的，但房产是实实在在的；同时，这一解释也触动了还处在学习阶段的女生。有的女大学生曾表示，如果以前对“学得好不如嫁得好”这样的观点还有点认同的话，现在已经完全没有了；一想到婚姻法的新解释，学习的动力倍增。

同样，这次婚姻法的司法解释也促使那些本来婚姻岌岌可危但顾忌财产分割的人选择了离婚。婚前财产的分割规定，无疑会干扰已婚但没有婚前财产的女性安心于相夫教子的家庭角色的进程，也影响着拥有婚前财产的人在婚姻中的感觉，即拥有婚前财产的人在选择婚姻的去留上有更大的掌控权。

原本有部分婚姻就处于“亚健康”状态，最大的症结是不健全的婚姻动机，男性变成了股票市场的一只股票，女性选老公的心理就是要有眼光和运气找到一只绩优股，至少也是一只潜力股。基于这样的动机，对男人的考量重心就停留在投机和回报上，情感的功利色彩太浓。

《婚姻法解释（三）》出台后女人再想把自己一生的宝押在婚姻上就不那么靠谱了，钓个有房有车金龟婿的美梦可能也不那么现实了，婚姻变得越来越不确定、越来越娱乐化、越来越感情用事。“闪婚”与“闪离”不鲜见；婚姻的“七年之痒”正在变为“一年之痒”；半年婚姻、一月婚姻与一周婚姻也不少见；“无理由离婚”成了一些年轻人离婚的理由。而“好就在一起，不好就分开，没有谁是谁这辈子的唯一”的当代青年思潮其实也折射出一种社会现实：没有多少年轻人还愿意为婚姻和恋爱承担更多的责任和压力；家庭容易因情感而建立，也容易因情感而解体；爱不爱随心而定，无论离合都有准备。

第二节　变化了的婚姻价值观

一、从“丁克”到“丁斯”——婚姻与生育渐行渐远

“丁克”（Double Income no Kids）和“丁斯”（Double Income no Sex）是现代社会才出现的新的家庭类型。“丁克”家庭的特征是只有夫妻两个人，选择不生育。“丁斯”家庭的特征则是夫妻之间长期没有性（有较少部分曾经有性，生育过，但是后来无性）。在这两类新型家庭中，生育的功能已经不再重要。传统的“我们仨”这样的标准家庭形象受到了冲击。然而比起那些由孩子和父母组成的家庭来说，这两类家庭少了一份稳定性。从笔者的访谈情况看，“丁克”和“丁斯”家庭离婚的原因有以下两种情况：

（一）“白丁”〔1〕与“铁丁”〔2〕的冲突瓦解婚姻

兰兰是接受我访谈最痛快的一位，她结婚六年了，跟我见面时他们刚离婚半年。从言谈中感觉，她现在稍微有点后悔，心中很困惑，特别想找人聊。

她说：“去年向老公提出离婚之前，很长一段时间我都辗转难眠。谈恋爱的时候就说好了，要做丁克，绝不反悔。他当时答应得挺好，婚后六年也没什么改变。”

我：“你觉得你们的二人世界幸福吗？”

兰兰：“特别好，这些年我跟老公非常相爱。我们都喜欢运动，经常一起去旅行、爬山、游泳、写生、露营。在别人看来，我们就是神仙伴侣；我们自己也感到很美满。老公很爱我，疼我！我觉得自己很受宠。我们总是形影不离，除了工作，业余时间都尽可能地

---

〔1〕 白丁：曾经立志要做丁克；但过了一定年龄之后反悔了，想生孩子。这种人通常被称为“伪丁克”，或者是“白丁”，意思就是“白白地丁克了一回”。

〔2〕 斩钉截铁的丁克，始终如一的铁了心的丁克。

在一起。我们的朋友很多，基本上聚会都是两个人一块儿参加。”

我：“两个人在一起时间长了，有没有厌倦的时候呢?”

兰兰：“没有啊。我们都觉得因为彼此都是对方唯一最亲密的人，所以要特别珍惜，要加倍的相爱。”

我：“既然爱得这么深，为什么要离婚呀?”

兰兰：“我是铁丁，老公要做白丁。从去年起，他突然说想要个孩子。他说随着年龄的增长，自己做爸爸的欲望越来越强烈。觉得房子越来越空旷，车子的后座没有人，生活有些不正常，时常感觉落寞。反正他告诉了我一大堆理由，但总之一句话就是：他要白丁了!”

我：“你们感情那么好，孩子是爱情的结晶，说不定更能增加你们的感情呢!”

兰兰：“你不是丁克，你不懂，我是很铁的铁丁。”

我：“要孩子有什么不好呢? 老公那么爱你，为什么不能满足他的愿望呢?”

兰兰：“我不愿意让一个孩子来打破我们的二人世界。生孩子是一件很可怕的事。生下孩子要对他负很多责任，每天都要管他吃、喝、拉、撒、睡，根本就顾不过来。一想起为了孩子要占用我的工作和娱乐时间，都觉得头大。现在上幼儿园、上学都那么困难，我不想为孩子操那么多心，也不想活那么累。而且想到怀孕那么麻烦，我说不定产前都会得抑郁症，更别说产后了。”

我：“就因为这些，所以你不愿答应老公的要求，把幸福婚姻亲手毁掉吗?”

兰兰：“你为什么说是我毁掉婚姻呢? 我们在婚前就说好不要孩子的呀，是他反悔了，不是我的错! 他为什么不能顾顾我的感受?”

我：“你觉得为了孩子的问题而牺牲幸福的婚姻值得吗?”

兰兰：“呵呵，这个也是我问我老公的问题。我们结婚六年都很少争吵的，但是这次为了孩子的问题吵得很凶。我觉得这是人生观和幸福观的问题，也是一个家庭内部无法调和的矛盾。”

我：“就因为要不要孩子的分歧，你就觉得你们的人生观和幸福观不同吗？”

兰兰：“是啊，作丁克是我的生活方式，他要孩子就把我的生活方式改了，想到有了孩子我就再也不能跟他一块去游山玩水，马上就很泄气。要孩子对我来说，牺牲太大了，代价太大了，我不干！”

我：“你不要孩子，失去老公，失去幸福损失不大吗？”

兰兰：“我也想过这个问题，想了很多天，寝食难安，但是权衡利弊，还是做了决定：为了丁克，只有离婚。”

我：“离婚这半年过得好吗？”

兰兰：“一个人了，以前总是跟老公出双入对的，现在很多活动都是一个人，有点寂寞。不过我相信这都是惯性的影响，还是要自强自立自爱的生活。”

我：“你们感情那么好，你觉得还能碰到这么好的老公吗？”

兰兰：“唉，这也是我最心疼的地方，老公确实对我特别好，太好了，真舍不得！”

我：“那就复婚吧！”

兰兰摇了摇头：“应该不会的，我的决定是经过理性思考的，我要丁克！”

在笔者看来，兰兰婚离得很可惜，这么好的一段婚姻为什么一定要因为坚持某种“主义”就放弃呢？笔者访谈过的另一个丁克先生也跟兰兰有类似的经历。崔先生今年40岁，跟妻子结婚十年了，这些年一直都没有要孩子的打算。去年妻子背着她停了避孕药，怀孕了，还把孩子生了下来。他认为孩子打破了他的丁克梦，所以跟老婆离了婚。现在一个人过，给孩子不菲的抚养费。从与崔先生的聊天中也能感到，他们曾经感情很好，令人不明白的是孩子的出现为什么对他们的婚姻有那么大的杀伤力？“子非鱼，焉知鱼之乐？”，就像兰兰说的那样，不是丁克人，不懂。

（二）没有波澜的“丁斯”生活

在大城市，高学历、高收入家庭呈上升趋势，然而“丁斯”家庭的数量也在逐渐增加，究其原因，主要是来自于工作和生活的压力。刘女士的亲身经历让我们能够更多地了解“丁斯”家庭的婚姻危机。

我：“你结婚几年了？”

刘女士：“8 年。”

我：“对你原来的婚姻有哪些方面不满意呢？”

刘女士：“我们的婚姻是无性婚姻。”

我：“一直都是这样吗？”

刘女士：“不是，谈恋爱的时候、刚结婚的时候都有的。他比我大 14 岁，今年他 44 了，不知是因我们年龄差得太多还是他工作压力大，婚后第二年就没有了夫妻生活。”

我：“你没跟他交流过吗？”

刘女士：“我也问过他，他只说工作压力大，没精力。我知道他工作很忙，我挣钱也不太多，他们家经济负担比较重，父母都在农村，没有退休金，现在年纪大了，生活基本都靠他跟我们大姑子负担。他要负担多点。所以他工作很努力，不想失去工作。”

我：“他做什么工作的？”

刘女士：“在公司工作，是个部门经理，平时工作很忙。”

我：“没想过帮他缓解下压力吗？比如带他去看看心理医生什么的？”

刘女士：“没让他去看心理医生，倒是劝他去看了中医，不过也没什么好转。”

我：“这种情况就一直没改变吗？”

刘女士：“后来的几年都这样，每天吃过饭后，不是看电视，就是在电脑前坐着，从不张罗睡觉。偶尔他先上床也是看会儿书就很快睡着了。”

我：“你们感情好吗？”

刘女士：“很好，生活中比较体贴我，外面的事基本不用我操心，家里的事，有时间也帮我做。挺照顾我的，我也很依赖他。”

我：“对这样的生活满足吗？”

刘女士：“我觉得也很好，感觉他就像亲人。但是我这么年轻，我想要孩子，我不甘心一辈子就这么过，毕竟这也是正常人的生理需要啊！”

我：“你们平常交流多吗？”

刘女士：“不多。他性格比较内向，只会默默地做事，默默地照顾我，不太爱说话。再说，我们俩兴趣点也不一样，所以平常也没那么多话。”

我：“你觉得这种缺乏交流的生活质量高吗？”

刘女士：“也没什么，我知道他对我好就行了。”

我：“他不想改变这种生活吗？”

刘女士：“他说这都是累的，累得不想动。时间长了，我看不到他的改变，就跟他说想离婚。”

我：“他就这么同意了？”

刘女士：“没有，他不同意。他说我不知足，他一天这么拼命地工作挣钱，又那么照顾我，还对他要求这么高。他说就是因为我的工作太轻松了，不理解他的累，才会整天要求那么多，让我看看别人没房住、没钱花的生活，对比一下，就不胡思乱想了。”

我：“你后来为什么坚持离了呢？”

刘女士：“的确，我在生活中、经济上还是很依赖他的，可就这样过一辈子我真的不甘心呀！”

“丁斯家庭”是现代紧张生活派生出的一种家庭现象，它所触及的生活本质，要比“丁克家庭”更能消磨丈夫和妻子对婚姻生活的兴趣和激情。从丁克到丁斯都表明，在一些人的观念中，婚姻的生育功能已经不再那么重要了。这应该是一种进步，个人在婚姻价值上的选择更多元了。然而就像费孝通先生指出的，“父母子是社会结构中的基本三角，‘夫妇只是三角形的一边’，孩子的出世才完成了正常的夫妇关系，稳定和充实了他们全面合作的生活。”现实生活中，虽然不是一定有孩子的家庭才稳定，但是有孩子联系起来的三角确实增加了家庭的稳定性。

二、从“闪结”到“闪离”——聚散都是“快餐面”

2006年北京有24952对夫妻办理离婚登记，其中有五分之一婚姻关系维持不到3年；三分之一在结婚5年内离婚；结婚不到1年就离婚的有970对，有52对离婚的夫妻结婚还不到1个月。

非常令笔者惊异的是，在这次田野中很碰巧地认识了一位相识九天就闪婚的“80后”，听着发生在他身上的事情，感觉那真的叫“故事”。小马28岁，他媳妇夏夏26岁。

当听到小马结婚的消息时，所有认识小马的朋友，都认为他疯了，因为他们从认识到结婚的速度实在是太快了。即使在跟笔者聊天的时候，小马也没觉得在认识九天之后就向夏夏求婚是意气用事。但在外人眼中，小马和夏夏这么草率地结婚完全是拿婚姻当儿戏。小马说，他们两个是在朋友的聚会上认识的，彼此很聊得来，便开始紧锣密鼓的交往，天天都要见面，每天分手后，各自回到家还要煲电话粥。小马说她和夏夏都认为两个相处不在时间的长短，而在相处的质量；他们都认为在认识的这几天中都毫不保留地把自己完全展示给了对方。没有征得双方父母的同意，他们便把自己的终身大事定了下来，他们希望在领了结婚证后给父母一个惊喜。他们认识的第八天，小马下班以后去给夏夏买了一个铂金钻戒。他说虽然钻比较小，但是很漂亮，晚上求婚的时候给夏夏，她特别高兴。答应了他的求婚，第九天上午，他们就去登了记。登记完后，他们找了个餐厅一块吃饭庆贺。小马觉得自己很幸福，他觉得那么短的时间就让自己找到了理想中的爱人，真是很幸运！晚上，小马和夏夏一同到了夏夏的父母那里，把结婚的消息告诉了他们，他们很吃惊，但也没有当面责备他们。后来他们打电话告诉了小马远在外地的父母。小马的父母虽然也觉得儿子之前都没什么信，这突然结婚，让他们感到不知所措，他们从来都没见过这个儿媳妇，儿子居然不经过他们同意就擅自做主结了婚。尽管有些不满，但是想到儿子一个人在北京，找了个北京姑娘，从此有了家，便也没表示反对。

结婚两个月的时候，小马和夏夏一同回到小马的家乡办了结婚仪式。小马的父母见儿媳妇这么漂亮，心里十分高兴。在得知儿媳妇挣钱不少的时候，就更替儿子高兴了。离开小马家的头天晚上，小马的妈妈把小两口叫到一块儿，叮嘱他们早点要个孩子。从老家回来，小家的事情也忙得差不多了，小马觉得终于可以好好地享受二人世界了。小马单位离家比较近，每天回来都赶紧把饭做好，等着媳妇回家吃现成的。有时候夏夏回来比较晚，小马总会等着她回来一块儿吃。

夏夏在工作上很要强，工作非常努力，希望有机会升职，所以很多时候都在公司加班。时间一长，小马便觉得不舒服了，认为夏夏是工作狂，比起他来说，她更爱工作。而夏夏也觉得小马不够长进，每天做完自己那点工作就了事，没什么追求。两个人的生活逐渐稳定下来，小马觉得自己和夏夏的年龄也不算小了，应该早点要孩子，可是夏夏根本就不理会他。夏夏觉得趁着两人年轻，必须做到比较高的职位，多有些积蓄才能要孩子。两个人在孩子的问题上产生了重大的分歧。后来的日子里，吵架的时候越来越多，集中在两个问题上。一个是孩子，一个是工作，分歧越来越大。甚至后来夏夏对小马不上进的态度到了蔑视的地步。经常用言语挖苦、讽刺他没出息。

有一天，小马觉得这样的日子过下去没什么意思，他冷静地反思他们认识的过程和婚后的生活，还是觉得两人的性格和价值观差距都很大。于是他找了个时间，非常认真地跟夏夏长谈了一次。平静下来之后，夏夏也觉得他们两个人在一起不合适，他们的结婚是一个错误。在两人结婚快到五个月的时候选择了离婚。跟笔者聊的时候，小马一直都觉得他当初如此神速地跟夏夏结婚并不是意气用事，而是因为自己把婚姻想得太简单。

面对如此多的“剩男”与“剩女”，各种速配网站或其他婚介机构如雨后春笋般地出现。再加上各种便捷即时的社交聊天工具：QQ、MSN、微信等等，都为人们提供了更多获取信息的渠道和交际手段，让青年男女有了更多彼此认识、交往的机会。在这个快节奏的时代，整个社会流行“快餐病”和“娱乐病”，结婚和离婚也随之“扮快”和“扮酷”。但是因为不了解而草率结婚的大多是以离婚而告终。

也许“闪婚”并不一定就预示着“闪离”，但是两个陌生的人，从前生活在各自的天地里，要想在一块生活，总需要时间了解和磨合。传统的婚姻是两个家庭甚至家族的结合，在“合二姓之好”之前，彼此会对双方家庭的很多方面进行全面的考察、比较和衡量，极其讲究门当户对。现代婚姻的缔结决定越来越趋于变成两个人的事，这种姻亲关系也变得比以前相对简单。而且有些人认为结婚并不一定要像古代那样一定建立终身关系。确实，传统的婚姻观更多注重家族传承、稳固等责任，而现在婚姻中人们更看重自我感情。大家感觉好了，便希望很快在一起；感觉不好了，便分开。聚和散都不需要考虑太多。

婚前，双方缺乏深厚的感情基础和相互了解，双方未能对对方的性格、兴趣、人生观、价值观有充分认识而急于走进婚姻；婚后，在平淡的生活中会慢慢发现对方的缺点和不足，面对快节奏的生活和柴米油盐的琐碎，双方不能用一颗宽容的心对待对方。这样夫妻双方极易为一些琐事反复吵闹，引发矛盾，加之双方感情基础不牢，未能建立起彼此信任的夫妻关系，很容易草率离婚。所以，有些一见钟情的“情绪冲动型”婚姻，很难维持长久。

三、“AA”制——便利与伤害并存

随着社会经济的快速发展，特别是信息技术的普及带来的女性广泛就业和女性收入的逐渐提高，人们对于夫妻共同财产的看法也发生了变化。对于共同财产的拥有和支配观念大不同于以往，越来越多的小夫妻婚前婚后都实行经济上的AA制。所谓AA制夫妻，是指在婚前公证后，夫妻签订的内部协议，家庭支出中采用个人独立核算，共同投资的夫妻经济制度。大致有两种形式：一种是每月各交一部分钱作为“家庭公款”，以支付房租水电费等共同家庭支出，其余各自料理；另一种是请客、购物、打车等费用都自理，只在买房、投资之类大项目上平均负担，或约定出资比例，财产署夫妻两个人的名字。夫妻间不知道彼此的详细收入，拥有各自的银行存款，分得清每一件家产。AA制对婚姻也有两种影响：一是因为夫妻各自掌握自己的劳动所得，财产权属清晰，在离婚的时候财产分割不再是问题，根本不会出现像过去那样夫妻为了争夺财产权打到法院仍不能解决的情况，有相当一部分人因为财产问题得不到解决而迟迟离不成婚。而实行AA制的夫妻离婚的时候一般没有财产分割的障碍，要离的时候离得更快。另一个影响是，一部分实行AA制的家庭，把AA制从经济领域泛化到了其他领域，当所有的家庭生活都要求AA的时候，便产生了很多矛盾，最终导致婚姻的解体。

笔者访谈过的部分离婚人士，他们既没有孩子，经济上又实行AA制，一旦两人过不到一块儿时，离起来很快！在田野调查访谈到一个因AA制给一方造成伤害而离婚的个案。

姗姗是一个很有个性、很有独立精神的女孩，结婚前就跟男朋友说，以后要在家庭财政上实行AA制，男朋友刚开始不置可否，后来还是同意了这种家庭经济制。结婚后，就正儿八经地实行起了AA制。两人在月初的时候各自拿出1000元钱作为公共基金，以备支付家庭的日常开销；并约定有其他家庭的非日常开销时，各人负担一半。姗姗跟丈夫约好，公共开销每月轮流记账，属于私人的花费则互不干涉。常常是老公需要买衣服、鞋袜的时候，由她陪同当参谋去购买，但是付账的时候则由老公自己出马。老公出国，姗姗要买什么化妆品会列个清单，买回来的时候如实把钱付给老公。这样生活了一段时间双方都觉得很好，便也相安无事。只是后来的一件事打破了原来的平衡。

姗姗的父亲因为生病住院需要做手术，父亲没有公费医疗，姗姗是家里的独生女，所以大部分手术费都要由姗姗支付，因为手术费比较高，姗姗拿出了全部积蓄凑齐了手术费之后，手里已经没什么钱了。而这段时间因为请假照顾父亲，工资只能领很少的一部分，根本不够开支。于是姗姗就向老公借钱，老公当时没有犹豫地给了她。但是等父亲病好之后，老公有一天跟他说，他最近有事需要用钱，让姗姗把以前借的钱还给他，姗姗当时心里非常不舒服，但一想，AA 制也是当初自己提出来的，可是后来一想，给父亲治病是不是也应算作家庭公共开销呢？孝顺父母应该是双方责任啊。就这事姗姗跟老公沟通，结果老公说上次他父亲住院也没让姗姗掏一分钱，两人就这事没有达成共识。后来姗姗告诉老公平时家务主要都由她来做，既然是 AA 制，大家就彻底 AA 制，家务也要由两人各自承担一半。但是因为她老公工作比较忙，经常回家比较晚，有时候周末也加班，所以家务不可能承担一半，这样大部分家务还是落在了姗姗身上。姗姗因此心里越来越不平衡了，她想，凭什么自己要替对方承担更多的家务呢？在自己困难的时候，对方并没有替自己分担呀。结果两人的矛盾逐渐加深，最终走了离婚路。

夫妻财产实行 AA 制，无疑是现代婚姻的新观念。越来越多的人认为“财产独立”很重要。一方面避免纠纷，另一方面也让人觉得即使结了婚也是独立的人，有自己的财产与生活。两人搭伙过日子，节约生活成本，体验共同生活、互相扶持的快乐，但同时也不丧失自己的经济独立性。这大概也是现代人更“独立”的一个表现。财产与生活，都要独立，即便婚姻也不能带来完全的改变与妥协。今天越来越多的夫妻乐于采用这种家庭财务制度，AA 制虽然有它的方便之处，但若处理不好便会成为伤害夫妻感情的利器。

四、“过我想要的生活”——离婚观的变化

过去人们受传统文化的影响，对于婚姻一般持“从一而终”或“嫁鸡随鸡，嫁狗随狗”的观念。尽管不少人对婚姻不满意，但却只有很少的人去主动改变它。离婚曾一度被人看作一件很丢人的事，会把当事人弄得很自卑。社会对离婚人普遍看法是，离婚的人是失败的人或是不好的人，因为他们会被认为是作风不好，性格不好或者处理不好家庭关系。对于多数离婚者来说，都很怕这些负面的评价。因为这些顾虑和压力，使得有些离婚的人许多年抬不起头来，个人前途也受影响。随着社会的发展和经济文化水平的提高，人们的价值理念变得多元和宽容，越来越多的人开始思考自己的婚姻质量，开始渴望理想中的好婚姻。有些人在对婚姻改变无望的情况下，不再采取逃避和被动接受，而是主动去改变，把离婚当作不幸婚姻的结束，重新追求理想中的婚姻生活。尤其是到了 21 世纪，更多的人认为如果在一起没有了感觉，过得很痛苦，离婚反而是一种解放和幸福。为了“琴瑟和谐”的美满婚姻理想，选择离婚，然后找个志趣相投的人“执子之手，与子偕老”。

苏眉女士今年 48 岁，采访那天她看起来有点憔悴，她说每到月底她这个会计都会特别忙。非常感谢她能在百忙之中接受访谈。

苏眉在一家发展还算不错的私企做财务主管，月薪差不多有 6000 元，她的前夫是一家小公司的老板，年收入也有三四十万，他们有一个儿子，17 岁，明年 6 月份准备高考。按说这是一个幸福的三口之家了，但不知道这夫妻俩为什么会离婚。见她之前，很八卦地猜测她是不是因为老公的外遇而离婚，因为在一般人的印象里，这个年龄的人离婚多半都是为了第三者。

我："听起来觉得你的家庭挺不错的呀，怎么会离婚呢?"

苏眉："生活很枯燥，各忙各的，没事儿谁也不搭理谁。"

我："结婚这么多年一直都是这样吗?"

苏眉："也不是，结婚头几年还挺好，就是他开始自己做公司后就变了，很好强，总是想把公司做好，特别投入，整天扑在工作上，说他披星戴月一点都不夸张。每天晚上回来，我们娘俩基本都睡了，整天见不到个人影。"

我："他这么玩命不也是为了让你们过得更好吗?"

苏眉："我可没指望他挣多少钱。以前他在机关的时候，挣五六千，我就挺知足，没让他去开公司。再说我挣得也还可以，家里除了养孩子，也没什么别的负担。有地儿住，够吃够喝就行了。干嘛把自己搞得这么累?"

我："男人总是想成就一番事业。"

苏眉："成就事业的路有很多啊，为啥一定要自己开公司呀?把自己搞得这么累，还连累家人。"

我："怎么连累家人呢?"

苏眉："主要是连累我。他整天地出差、应酬，面都见不着，就像机器。我们有时甚至好几天见不上面，家里的家务和孩子的教育大多由我一个人扛了下来。加上我本身工作也挺忙，又要工作又要顾家，我自己也快变成机器了。"

我："你们经济条件那么好完全可以请个人来帮忙嘛。"

苏眉："也请小时工的，但是人家也不是什么都能替你做的，家里还有很多别的事需要操心。他是啥事儿也不管。"

我："你没跟他沟通过这些吗?"

苏眉："哪能没有啊，以前说过很多次，每次他都说，在等我几年，我把咱们养老的钱挣够了，我就来好好陪你。说话从来都不算话，他没够的，永远他的钱都挣不完。"

我："你没跟他来点狠的，比如跟他提出离婚什么的?"

苏眉："说了，没用。他没当真。在他眼里，他这么顾家，挣的钱都拿回来，也没什么不良嗜好，我应该知足了。他说我是在耍小性子，胡闹!”

我：“你老公好像除了工作狂、不顾家，也没什么不好唉。”

苏眉：“我以前也这么想，觉得摊上这样有经济能力的老公应该知足了。他在外面多挣钱，我在家里多忙家务，衣食无忧，应该也挺好了。”

我：“是啊，这不是也很好吗？生活没有那么完美的!”

苏眉：“这我也知道，但是时间一长，还是不能开导自己。心情很烦，脾气变得越来越坏。平常见不着面，想他回来多关心关心我，但是见着面，就莫名其妙地生他的气，冲他发火，两人要么不见面，要么见面就吵架。他说我更年期，居然躲着我，跟我分床睡。”

我：“你觉得是更年期的事吗?”

苏眉：“我没觉得，我很正常，我在单位很少发脾气。”

我：“你觉得你们的问题在哪呢?”

苏眉：“我们想要的不同!”

我：“怎么不同?”

苏眉：“他更看重钱，而我只想过普通老百姓的小日子，跟老公知冷知热。”

我：“什么时候想到离婚的?”

苏眉：“挺早了，应该有七八年了。”

我：“为什么一直都下不了决心呢?”

苏眉：“舍不得孩子，怕他受影响，也舍不得他，其实他人不坏。”

我：“你没想过，女人到了快五十的年龄，离婚后不好找吗?”

苏眉：“想过，其实一直在挣扎，一直在琢磨别人会怎么看一个离婚的女人。”

我：“不是那谁说：‘走自己的路，让别人说去吧’。”

苏眉：“现在想开了，但是原来可不是。以前我一个同事离婚了，男的，单位人都猜测他是不是作风有问题。现在想起来，很荒唐。那是人家的私事，管别人什么事呢？”

我：“想开了，就离了？”

苏眉：“嗯，可不是吗？现在谁还管谁啊！我搬到楼房都七八年了，我们家楼上楼下住的谁我们不知道。其实现在大家都过自己的日子，没人管那么多闲事。就是自己心虚，老以为别人会盯着自己。”

我：“原来家庭经济条件这么好，现在要自己负担，压力很大吧？”

苏眉：“还行，离婚的时候儿子跟我，他把这套房子给了我们。每月还给孩子不少生活费。这方面他做得挺好的。”

我：“是不是总想起他的好来了？”

苏眉：“咱也得客观点，好归好，但是那种没有沟通、没有交流的枯燥生活我到现在还是不愿意过。”

苏眉是个活得很明白的人，她知道自己要什么。现在媒体如此地发达，人们接触到的价值观也越来越多元，更多的人开始反思自己的婚姻、自己的真正需求，他们对婚姻、对生活品质的看法都在改变，笔者在访谈中听到不少关于这方面的看法：

“在前半生，虽然婚姻并不幸福，可是我们为了孩子而生活在一起，后半辈子，我们得为自己的幸福活着。”

“我自己的感觉是，离婚只是两个人在一起已经没有了激情，彼此都觉得不再合适了，我的观点就是好聚好散。”

“合不来就离婚。”

“不在一起又死不了人，对于一个已经不爱你的人来说，你就是付出再多也是没用的，只能用一个字形容——傻；聪明的人要面对现实，重要的不是过去，而是让以后的生活有其意义。”

“对于不幸的婚姻来说，离婚就是一种灵魂的解脱。”

“爱如果不在了，挽回是徒劳的，也没有意义，不如离了重新再来。”

“离婚没有那么可怕，其实也不需要什么理由，人的感情是会变的，如果两个人在一起不快乐，还要继续去生活在一起，这不是更大的痛苦吗？现在生活中有多少人是在快乐中去面对生活中的伴侣呢？时间在推移，岁月在变迁，而我们的情感也在岁月的磨砺中改变。所以没有对与错，只有让自己快乐是最重要的。”

第三节 “婚姻改变命运，网络改变婚姻”

“速配网站”（match. com）是世界上最大的一座“网上鹊桥”，去年仅其在欧洲各国的业务就盈利880万欧元，预计到2009年还会激增至3.52亿美元。每年情人节前后，网站盈利都大幅增加。“速配网站”法国区经理德贝卢瓦说：“回到家已筋疲力尽，又实在不想再盛装打扮一番出去，网络随时向你开放。”最近调查显示，欧洲平均每月有350万人上网寻找自己的真命天子或梦中情人；美国2011年结婚的8对夫妻中，就有一对是通过网络认识的。

这是曾经看到的一则报道。自互联网诞生以来，它一直在改变着人们的生活。它的出现为人们的婚恋交往提供了一个完全有别于传统的认识、交往、交流的形式。传统婚姻媒介是他人介绍或自由恋爱，都是通过人体媒介来认识对方；网恋的特殊性在于它是通过电子媒介来认识，它最大的一个好处就是极大地扩大了交往范围，增加了鉴别和比较的数量，这是网络交友和征婚的优势。但同时，由于网络的虚拟性，往往留给人们的也只有如“水中花、镜中月”的模糊认识，恰如因网络而发展的感情。目前，因网络的虚拟性而导致的年轻人离婚案件也逐年增加。因“网恋”导致离婚的原因主要有两个：一是对于未婚的男女，双方通过网络聊天相识，缺乏足够的直接环境了解，在短时间内匆匆“闪婚”，双方未能建立真正的感情基础，婚后发现各自的问题，矛盾一旦不可调和就会导致离婚。二是对于已婚的男女，婚后由于夫妻之间激情的逐步退却，以及其他方面的原因，男女一方或双方经常上网，通过网络聊天、玩游戏，甚至在网上建立了“虚拟家庭”打发时间或寄托感情，时间久了，就越来越偏离现实家庭，进而激发家庭矛盾，导致离婚。

一、网恋如何到白头?

传统“父母之命，媒妁之言”的婚恋观早就被自由恋爱所代替，只是本世纪开始，自由恋爱又有了它的新方式——网恋。随着一代从小接触网络，深受网络世界“濡化”的年轻人迈向生活，接近成年，他们已经习惯于在网上进行交流和工作，他们越来越依赖在电脑和移动通信工具上完成“鸿雁传书”，互诉衷肠。基于这样的市场需求，各类以交友和婚介为目的的网站应运而生，它们成了为年轻人牵线的“网上月老”和“电子鹊桥”。类似 QQ、MSN 和微信这样的聊天工具也自然成了追求爱情者的鹊桥。然而，有相当一部分通过“电子鹊桥”很快走到一起的爱人却不久又各奔东西。

那天去参加羽毛球俱乐部的活动，认识了小王，会长知道我要搜集网恋的材料，所以特意把他介绍给了我。小王今年 28 岁，算是北漂吧，大学毕业后来的北京。他跟老婆（其实应该算前妻，只是小王在跟我聊天的时候总习惯这么说，我也就随着他也这么写了）都是 80 后，老婆小他 3 岁。

小王很健谈，见我面还没等我开口就先说话了：“狐狸（羽毛球俱乐部的会长）说你要写论文搜集素材。”

我：“呵呵，是啊，跟你聊聊可以吧?”

小王：“嘿嘿，你算找对人了。”

我：“你怎么知道我找对人了?”

小王：“狐狸说你专找网恋的人。”

我：“呵，他还什么都告诉你了，这回好办了，我也不用那么多废话了，打完球，我请你吃饭，咱俩单聊。”

打完球，我请他去了人大西门对面的那个新疆饭馆，因为还不是饭点，没什么人。

我："你跟你老婆怎么认识的？"

小王："群里。聊得还行。上班都挂 Q，有事没事的都聊两句。"

我："什么时候见着面的？"

小王："大概也就认识一星期吧，周末打球的时候见的。"

我："以后经常见吗？"

小王："也没有，我公司在上地，她公司在总部基地[1]，平时基本上没时间见，一般都是周末见。

我："每周末都能见吗？"

小王："不，我们俩的公司都挺忙，也不是每周都能见面。"

我："什么时候开始恋爱的？"

小王："我也说不好，谁也没特意说要处男女朋友，总在网上聊，自然而然就……"

我："听说你们是闪的？"

小王："也不算闪了，我们认识三个月才结的婚。"

我："哈哈，在我看来已经够闪了。"

小王："哈哈，还是闪不过那些认识只三天的。"

我："谁先提出要结婚的？"

小王："算我吧。从外地来北京，一个人还是挺孤单的。开销也很大。两个人一起会省很多。"

我："就为了省钱？"

小王："也不是啦，主要是觉得老婆挺不错的，是温柔型的。"

我："那她喜欢你什么呢？"

小王："我老婆喜欢我两点：体贴，会说话。"

（后来我跟小王的老婆也通了电话，按她的话说："在网上跟他

---

〔1〕 在丰台区西南四环，离上地大概两小时车程。

聊天感觉特别好，很会说，也特别关心我，觉得他就是我一直想要找的人，特别想和他能够天天相守”。她说本来想先同居的，但是后来小王说应该先领证，这是对她负责，这一点又让她感动了好一阵子。于是认识三个月后他们结婚了。）

我：“你们的父母都支持吗？”

小王：“她父母不太同意。”

我：“那你们就不顾父母的意见吗？”

小王：“嗨，其实她父母就是嫌我在北京买不起房子。父母的意见参考一下就可以了，日子还是我们俩自己过。”

结婚后，为了两个人能天天在一起，小王的老婆换了一份工作，两人可以离得近些。

我：“婚后还挺幸福的吧？”

小王：“怎么说呢？刚开始几天大家都挺新鲜，也都尽量照顾对方的感受。后来时间长了才发现很多地方合不来。”

我：“性格不合适？”

小王：“不完全是，唉！我们常为一些小事吵架。”

我：“什么样的小事，比如……”

小王：“比如我加班比较多，想她能给做做饭，我回来能吃现成的。但她不愿意，说她也很累，这时候我们就吵架。”

我：“你嫌她不够勤快是吗？”

小王：“我觉得她不够体贴，不像我那么体贴她。”

我：“当初谈恋爱的时候一点都没发觉吗？”

小王：“没有，那时候我们在一起的机会其实不多，偶然她来我这，都是我做饭，她给我打下手，我也觉得挺好的。”

我：“她不体贴是你离婚的原因吗？”

小王：“也不全是。我们其实差异挺大的，有很多地方不同。谁也说服不了谁，总吵。觉得这样生活不痛快。”

我：“那你老婆对你满意吗？”

小王：“她说我不像恋爱的时候那么爱她，体贴她。不过她不是很想跟我离。”

我：“你们什么时候决定离婚的？”

小王：“去年10月份。”

我：“两个人好了多长时间呢？”

小王：“算上恋爱差不多一年。”

我：“现在想起来，有没有觉得当时结得太快了？”

小王：“是！其实结婚前我们根本就不了解对方，大家都是很理想化地在想象对方。”

后来小王告诉我，本来以为离了就可以轻松了，但是却一点也轻松不起来。

网恋真是很奇妙，隔着电脑屏幕给了人太多想象的空间。如果说小王和“老婆”年轻不谙世事，但是已经35岁，又离过婚的Sophie，是不是能够理性地面对网缘和网恋呢？Sophie的访谈是请做咨询师的朋友代为进行的，听起来很浪漫，但是结局让人很无语。

Sophie今年35岁，是一家外企的HR，曾经结过一次婚。平常为了丰富专业知识，总喜欢去一个“HR社区”。四年前就是在这个社区，认识了她的前夫——网名叫“迈阿密阳光”的一个男人。

“迈阿密阳光”是论坛里的红人，发了很多帖子，专业能力很强，对于做了多年HR的Sophie来说都有望尘莫及的感觉。她已经被“迈阿密阳光”的才华征服了，一直以来她都非常喜欢那种有才华的男人，他名字“迈阿密阳光”又给人一种浪漫的感觉，这些都深深地吸引着Sophie。她想说不定这就是她一直要找的“Mr. Right”。于是抱着试试的心情给他发了封邮件，跟他讨论关于工作中遇到的一些问题，没想到很快就收到了回信。从信中得知这个“迈阿密阳光”身在成都。从此以后两人就开始了在MSN上的畅聊。聊得很投机，有相见恨晚的感觉。有时候，他们能聊上五六个小时不知疲倦。

有一天，Sophie接到“迈阿密阳光”打来的电话，说让她去西站接他的一个朋友，他说请朋友给她带了点礼物过来。等Sophie到的时候，令她万般惊讶的是，她见到的竟是“迈阿密阳光”本人。当时激动得都流泪了，没想到他这么温文尔雅，比照片上还有气质。两人见面的感觉比在网上聊得还好。泡在一起两天的成果就是，“迈阿密阳光”辞掉工作来北京发展，这自网恋开始刚好二十天。

“迈阿密阳光”来北京一个月后他们领取了结婚证。一年后他们有了一个漂亮的女儿。但是今年离婚了，他们的婚姻维持了四年。

他们离婚的原因很多，其中最重要的是当年虚拟世界中的“迈阿密阳光”很豪爽，而现实生活中他是个很仔细、很敏感的男人。另外，Sophie觉得自己活得很憋屈，家里的财政大权是男人掌握，生了孩子之后对孩子还好，可是对她这个老婆却似乎可有可无。

其实，网恋最可怕的就是很难一时认清真正的对方。每个人在虚拟的世界中都会掩护自己，都会展示理想中优秀男人和女人的品质，但是生活是现实的，家庭也不是秀场。通过网恋结合而又离婚的人，婚姻历程大致有以下特点：第一，主要通过各大相亲网站、各高校BBS征婚、网络聊天工具如QQ、MSN、SKYPE或微信等相识、交流。随着网络时代的到来，许多年轻人忙于学业或者工作，交友圈子相对狭小，网络交友成了其与外界交流沟通的重要途径。第二，“以网为媒”的人，大多介于25岁至45岁之间，且学历层次较高。从传统观念上看已经达到“适婚”年龄。他们能熟练掌握电脑使用技术，经常使用网络，希望通过网络找到心仪的另一半。第三，从结婚时间上看，相识后1年左右结婚者居多。或受“大龄”社会压力，或受“一见钟情”的情绪驱使，抑或受父母催促影响，“以网为媒”婚姻的当事人大多相识后不久便步入婚姻的殿堂。第四，结婚后3年内感情易产生问题。由于当初结婚的“草率”，多数人在日常的婚姻生活中，逐渐发现对方有诸多令自己不能忍受的问题，因为先前缺乏牢固的感情基础和必要的磨合，由此争吵不断，走上离婚之路。

二、恋上网上 TA[1]——因网恋离婚

社交网站和一些聊天群的流行已经成为这几年离婚发生的催化剂，在这些网络平台上人们很容易找到所谓的知音，或者能理解自己的人，让人移情别恋，抛弃原来的婚姻。在田野调查中，笔者曾采访到这类故事。

张先生今年42岁，很老牌的计算机专业毕业生，在一家大型国企做网络部的工程师。妻子比他小五岁，是一家央企的行政人员。两人结婚10年，女儿在上小学。因为工作的性质，张先生经常要上夜班，老婆一直希望他换个岗位。前年，张先生的单位竞聘管理人员，老婆希望他报名试试。但张先生考虑再三，还是没报名：“我觉得自己不适合当领导者，我的专业就是网络维护，现在的工作很适合我，而且这个技术工作，我的位置很难被别人代替的。”一听说丈夫没去报名，老婆就说张先生没用，缺乏上进心，认为自己嫁了他这个没出息的男人，真是后悔。

老婆的这些话深深地刺激了他，张先生晚上翻来覆去睡不着，便到书房打开了电脑，打开平时经常去的一个论坛，把自己的苦闷都倒了上去。不到5分钟，张先生就看到在自己的帖子下面有了回复。一个名为“落霞与孤鹜齐飞”的网友对他的处境深表同情，还鼓励他一定要在自己的岗位上做出成绩给老婆看。从此，张先生单位里遇到什么事，都到网上找其诉说。不管自己告诉这个网友什么，她都没有谴责过他一句，从来没有说过像他老婆那样的难听的

[1] TA：特指网络上虚拟的某个人。因为不知道对方的姓名、长相、性别以及更多其他情况，所以网民们用“TA”来代替。

话，他觉得很舒服。这跟自己的老婆完全不一样，有好消息告诉老婆的时候，老婆从来都不鼓励他，觉得这是他应该的；而要告诉她不好的事，一般都会受到老婆的责骂。但“落霞与孤鹜齐飞”从来没有说过一句难听的话，她的鼓励，让张先生感觉到了自己的价值。

后来，张先生跟这个叫“落霞与孤鹜齐飞”的网友见面了。因为有了前面的网络交往的铺垫，彼此都觉得对方很好，于是关系越来越暧昧。再后来张先生的老婆无意中看见了张先生的聊天记录，见到丈夫与一个网友聊天的态度非常暧昧，当天晚上，两人发生了激烈的争吵。张先生一气之下，离家出走。张先生的老婆一向好强，发生了这样的事，对她来说简直无法容忍，再加上本来就不是很满意张先生，于是毅然决然地跟张先生离了婚。

张先生对我说：“我妻子是个很好强的人，她对我的要求也一直很高，其实我很累，而且在她面前，似乎我总是不如她。这些事，我又不能和单位的同事说，幸亏我在网上找到了倾诉的对象。我老婆想离就离吧，我们不可能再和好了。”

网络除了可以在夫妻不和睦的时候提供一个倾诉、交流的平台，而且还可以给或平淡、或空虚的婚姻生活增添一些新的刺激。但一旦处理不好，却也因此破坏夫妻之间的关系平衡。

刘先生与妻子都是中学老师，1995 年经人介绍结婚，婚后有一个儿子。结婚前几年，夫妻恩爱，家庭和睦。但因为刘先生在学校是骨干，平时工作较忙，在家的时间少，没时间陪妻子，怕她感到空虚，于是在 2002 年时，买了台电脑，让妻子学习上网，这样自己工作忙的时候，妻子就不会觉得闷了。妻子学会上网后才发现原来网络世界是如此丰富，她可以向网友尽情倾诉和交流，可以尽早了解时尚，紧跟潮流。慢慢地，她迷恋上了网络，为了上网家务不做，孩子不顾或送到父母家中，对丈夫也不管不问，刘先生非常不满妻子的做法，难免为妻子上网不顾家而发生争吵；又因妻子的手机经常接到网友发来的暧昧短信，刘先生怀疑妻子有外遇，便经常偷着查看妻子的邮箱和短信息。刘先生看到了他不想看到的东西，跟妻子大吵了一架。刘先生非常后悔把电脑买回家，以后争吵升级，再后来就是根本不说话，虽然在同一个屋檐下，但是各管各人。最终刘先生的妻子以没有共同语言向法院提出离婚。

三、虚拟婚姻挑战现实婚姻——精神出轨

自从有了网络，似乎现实中的什么东西都可以虚拟了。连婚姻也可以有网络婚姻。网络婚姻，是指男女双方用虚拟身份借助网络这个互动平台，在虚拟的图文环境里体验两情相悦、男婚女嫁、家务操持，甚至“生儿育女”。它避开了交织着锅碗瓢盆、柴米油盐等各种焦虑的现实婚姻生活，投靠上以网络图标和象征符号为架构的虚拟现实，追求情感寄托，不说是游戏人生，也是游戏婚姻[1]。当网络婚姻逐渐多起来的时候，便成了某些现实婚姻解体的诱因。

明珠和小辉都是80后，在各自的家里都是独苗一棵。明珠父母从小就对女儿百般宠爱；而小辉则生活在一个单亲家庭里。3年前，两人在朋友圈中认识，开始谈恋爱。明珠觉得小辉不浪漫，恋爱时有些小争吵，不太满意小辉。不过明珠父母都觉得小伙子做事踏实，劝女儿应该务实些。恋爱半年多，小辉带明珠回家见老妈，小辉妈对这个准儿媳很满意，告诉明珠说，因为小辉从小生活在单亲家庭里，性格比较自卑内向，让明珠多开导他。明珠对和蔼的婆婆也很有好感，去年年初，两人结婚了。

小辉是一家公司的程序员，收入不错。婚后，小两口贷款买了新房，家里配置了两台电脑，夫妻俩各用各的。明珠发现小辉没有表现出新婚的喜悦，自己跟他说话，但老公也只是应一声“哦”，心里很着急，明珠被气急了难听的话就出来了。明珠总觉得生活中的事都是她“剃头挑子一头热”。有一次，明珠还被气哭了，而小

---

〔1〕 http://baike.baidu.com/view/1007163.htm，2011年5月2日访问。

辉觉得老婆简直是无理取闹，自己按时回家，把工资都交给老婆，也尽量做好家务，已经表现很好了，本来自己就不爱说话，干嘛要和明珠一样整天说个没完呢？明珠也和婆婆抱怨过，但婆婆告诉她儿子一直都这样。

有一天，明珠发现小辉回家后一进门就扔了鞋子直奔书房上网，她以为是老公工作太多带回家做，也没放心上。晚上吃饭的时候，小辉也显得有点焦虑，时不时掏出手机看时间。明珠感到奇怪，询问小辉是不是有急事，小辉随口回答说，有重要的事要上网。明珠联想到小辉近期的做法，觉得很不对劲。趁着小辉不在家，明珠打开小辉的电脑，查看上网记录，她发现小辉每天都要访问一个虚拟社区好几次。她没想到小辉居然设的是自动登录，她一登上去，便马上有一个对话框弹出来，上面写着："老公，今天怎么这么早下班?"这可把明珠吓了一跳，明珠定了定神，与对方聊起来，并查看历史记录，这才知道老公每天急匆匆回家上网，是因为在虚拟社区里安了一个"家"，不久前找了个"老婆"还登记"结婚"了。最让明珠生气的是，小辉平时很沉默，在网络上却能甜言蜜语不断，气得她差点没背过气去。那天小辉一下班，明珠便让他解释怎么回事，小辉说只是闹着玩的，没当真。明珠要求小辉跟那个"老婆"离婚，但是小辉仍然背着他跟网络"老婆"保持联系。明珠动用亲朋好友来相劝，都无济于事。明珠觉得小辉这样整天沉迷在网络婚姻中，心思都没放在自己身上，觉得这样的婚姻很没意思。于是提出了离婚。

沉溺于网络虚拟世界的人越来越多，"网络婚姻"，更是颠覆了人们传统的婚姻观念，受到某些人的追捧。一些人不满足于现实、直接情景中的生活，而是希望在虚拟、简单的世界中去寻找一种解脱、一种快乐或一种寄托。网络婚姻，不过是一场游戏一场梦，梦醒时分，现实跌落。

第四节　小结

对于离婚原因的理解必须放在社会文化的大背景中来讨论，而本书的重点放在了法律、婚姻价值观或者离婚理念以及多元媒介对此的影响上。聚焦在这些方面，并不是说社会的其他因素对离婚率的变化没有影响，而是笔者认为这几个方面是近期离婚率攀升的主要外部因素。

就离婚法律而言，从古至今经历了不少变迁。在中国古代和近代，家庭的稳定对社会的稳定有着特别的意义，个人的行为不仅仅关系到个人，更关系到家庭、家族乃至国家，因而国家的法律对于公民的离婚行为采取的是限制政策。今天，随着社会的发展，离婚制度更强调对个人自由和自治的尊重，离婚也越来越变成了个人行为，因而相关法律中强制性的规定也越来越少。离婚法律的规定性的松弛，一方面充分尊重了公民的离婚自由，但另一方面也增加了草率离婚。

现代人普遍向往自由的生活方式，较早地独立于原来的家庭，所以在婚姻的选择上也拥有了更多的自由，而婚姻自由的弊端则是婚姻往往不稳定。年轻人更愿意接受新的生活方式，更注重自己的感情，将生活重心从纵向的“亲子关系”转向横向的“夫妻关系”。丁克家庭人员普遍“三高”，即高学历、高收入、高消费。这在一定程度上他们更注重个人提升和他们生活的丰富。生活忙碌而又充实，他们更趋向将注意力从孩子身上转移到自身上。这种观念的改变，本质上是传统婚姻家庭观的颠覆。婚姻结合的指向已经不再是“上事宗庙、下继后世”了，而是为了两人感情的相悦和夫妻美好生活的充分享受。当孩子的问题已经不再是结婚的主要目的和夫妻生活的中心时，婚姻也就少了一份因共同养育孩子的磨合和乐趣，也少了一份养育儿女过程中而带来的彼此成长的过程与欢欣，更少了一个指向未来的共同生活目标，家庭关系便愈发不稳固了。而在传统社会，生育子女不仅是家庭生活的一个结果，更是维持家庭关系稳定的一个重要基础。

互联网的出现实实在在地改变了生活、改变了婚恋趋势。2008年1月，中国红娘网和中国社会工作协会婚介行业委员会联合进行的中国网民婚恋调查显示，在参与调查的154386位网民中，通过互联网结识异性的人占32.6%，比例远大于亲友介绍（13%）和征婚（0.4%）等传统方式。而且此次调查中，高达45.5%的网民使用过婚恋交友网站。这些数据表明，相对于最初的QQ聊天室、父女恋、网络同居、一夜情等，当今的网络婚恋已不可同日而语，有了跨越式发展。[1]

网恋对离婚率上升的影响看起来是直接的，但它对人们观念的影响才是最关键的问题。各种媒介的发展和社会经济的发展是交织在一起的，它们的发展带来人们婚姻观念的变化，出现了新的结婚观、离婚观和新的家庭类型，而这种变化似乎预示着一种文化的转型。这恐怕才是离婚率上升的最主要原因。人们观念的更新，使得他们对婚姻品质的期望值远远高于上一辈，对爱情要求更高更多，因此离婚的可能性越大。离婚率趋高的另一个不可忽视的原因是，现代人的交际范围也较前人大大扩大，使他们接触“知音”的机会不断增加。而互联网和各种移动传媒的出现，使这种范围变得更大了，人们一刻不停地悬挂在网上与人互动着，当然也会使一些人的“恋爱”机会增加。另一方面互联网和各种移动传媒的存在也让更多的人有机会了解到不同的思想，引发价值观念的变化。

虽然各类婚恋交友网站作为一种新的婚恋交往工具，在某种程度上对青年人而言确实增加了择偶的机会，也提供了更多相互了解的渠道。但从目前大多数通过网络而结合的婚姻来看，多数还存在婚前婚后的认识落差。此外，网络恋爱中虚幻的美好，更容易让人忽略了现实生活中柴米油盐的琐碎。当婚后要面对这些活生生的现

[1] 昝玉林：“网络婚恋的发展”，载《中国青年研究》2010年第2期。

实问题时，双方的矛盾就来了。而这类婚姻的解体也主要是因为恋爱时对双方各方面的情况缺乏真实了解，耐压考验有限。这种婚恋经历的负面影响是不容忽视的。首先，从青年婚恋交往要求来看，青年网络婚恋的自由性和宽泛消解了现实婚恋中情感专一的婚恋要求，威胁到现实婚恋中的信任感与责任感。在现代社会，人们孜孜以求地改造着婚姻制度，目的是使婚姻更幸福更完美。现实社会中的现代婚姻本质上是建立在双方当事人相互爱慕、自愿结合的基础之上。它的基本道德要求是爱情与责任的统一，即婚姻家庭生活是以爱情为基础的权利和义务的辩证统一。对婚姻负责是随着爱的权利而产生的一种约束力。这种约束力的存在，一方面使得“由于义务的存在，爱情变的具体化、现实化了，义务比爱情更稳定，当爱情减弱或消失的时候，义务推动着爱情不断向前发展，使爱情更加深化”；另一方面，义务是对爱情一种负责任的表现，也是对自由选择后果的负责，对婚恋慎重选择的约束力正是这种义务的责任。如果分离了责任，只剩下爱的自由权利，就会失去对婚姻中两性生活的约束力，容易导致婚恋关系的混乱，增加了婚姻的不稳定性，严重影响了两性关系的健康发展。〔1〕

本书关于现阶段离婚原因的探讨，就离婚的外部宏观原因而言，从田野材料所得出的结论与张德强和徐安琪的研究结论趋于一致。张德强提出了下列原因：向往并注重浪漫爱情，女性地位提高、家庭功能的改变，社会生活的变迁、法律对离婚条件的放宽以及享乐思想的腐蚀等〔2〕。而徐安琪则指出离婚的宏观原因复杂，有司法制度、经济社会结构、人口结构、社会聚合、政治因素、家庭结构等影响因素，这些影响因素可以程度不同地用来解释不同阶

〔1〕 万希平：“论网络婚恋及其对当代青年现实婚恋的负面影响”，载《青年探索》2007年第2期。

〔2〕 张德强：《嬗变中的婚姻家庭》，兰州大学出版社1993年版。

段的离婚现象[1][2]。我们的研究分别聚焦在中国不同的历史时期，但是却得出了大体相似的结论。这让人感受到一些关于离婚原因规律性的东西。社会的政治、经济结构及法律因素都是影响离婚的主要方面。而不同时期的具体原因又稍有不同。比如20世纪80年代，对浪漫爱情的注重和女性地位的提高是那个阶段离婚潮的显著特点。而20世纪90年代，人口结构、家庭结构和社会聚合也对离婚有着重大影响。时至21世纪初，新媒体技术的发展普及应用而引发的传媒环境的巨大变化以及婚恋观念的新变化，则较大地影响到了人们的离婚行为。

通过以上分析，可以清楚地显示各种社会外部因素的存在都会不同程度上影响到人们婚姻的选择或解体，但是真正导致离婚的主因还在家庭内部，归根到底还在于夫妻两人的相处模式。在下一章，将就此展开讨论。

---

〔1〕 徐安琪：《中国婚姻研究报告》，中国社会科学出版社2002年版。

〔2〕 徐安琪、叶文振："中国离婚率的地区差异分析"，载《人口研究》2002年第4期。

第五章　破碎的二人世界
——离婚的内部原因

上一章集中分析了各种社会外部因素的存在对人们婚姻的选择或解体造成的影响，这一章将集中分析导致离婚的家庭内部因素——夫妻关系模式。不可否认，由于现阶段女性在经济、文化、社会与家庭生活中地位的提高，传统上“男尊女卑”的社会性别秩序受到了挑战。在家庭中，男人和女人的角色定位也在逐渐发生变化，特别是深受大众传媒影响的“80后”，他们的家庭角度意识更是不同于以往任何年代的人。在这种社会、文化的极度转型过程中，有些夫妻无法调适自己的观念和行为，而导致家庭矛盾激化、婚姻解体。

第一节　到底还是为了钱——家家难念的“钱经”

虽然社会发展了，但现代的大多数家庭仍然是经济生活的单元之一。婚姻使两个人、两个家的经济重新组合，搭成了新的经济体，这个经济体要满足夫妻二人的生活和家庭必要开支的需求，还要承担抚养孩子和赡养老人的职能。家庭中的经济问题在生活中处处都可能存在，一旦处理不好，便是产生矛盾的根源，酿成家庭危机，甚至导致婚姻的解体。

一、贫贱夫妻百事哀

爱，永远与经济条件无关；但婚姻，却绝对需要经济基础。谈

恋爱的时候，坐在自行车后座上也可以笑得很灿烂，以天为被，把地当床，也可以感到很满意。结婚后，才知道婚姻最终要落到柴米油盐上。

小惠今年30岁，中专毕业，在一家物美超市做收银员，经常要上连班，每个月收入一般都在2000元上下。前夫是门头沟的村民，农业户口，家里有几间平房出租，因为位置离市区比较远，一个月租金只有1200元。前夫基本不工作，一心等着房子拆迁，获得补偿。一共3000出头的收入需要支付整个家庭开销：生活费、孩子的各种花费、小惠在城里跟人合租的一个床位。

我问小惠离婚原因时，她告诉我：

“我离开他不是性格不合，也不是感情不好，只是我觉得好累！”

我追问：“是因为上班离家太远累吗？”

小惠：“不是，我在单位旁边租了一个床位，不是每天回家。”

我：“那为什么呢？”

小惠：“家里的经济压力太大。没生小孩之前我觉得再苦再累都能忍受。因为我想：只要二个人都能努力就能生存。所以，我怀孕8个月还去上班，因为我至少可以赚点生活费。孩子出生之后，我太知道很多事都需要钱，可他是一个自尊心很强的男人，他不愿意打工，总想自己当老板。可事实不允许，因为他是一个一穷二白的人，又没什么文化。”

我：“家里人没劝劝他，先打工，等攒下点钱再去当老板啊？”

小惠：“我没办法说服他，他说给人打工挣钱太慢，想等着拆迁后拿到几十万再说。没办法，我只能做我力所能及的事。生小孩两个月后我胃出血，去了医院。花了近一万。”

我：“不少啊，是走的医保吗？”

小惠：“那时候我没上医保，大部分的钱都是借来的。可我不怕，我知道我们能慢慢还，只要他和我都能努力。所以我那时特别希望他能出去打工，工资少没关系，至少可以贴补点，以后再考虑做老板，可怎么说他都不愿意。”

我：“唉，家庭开销这么大，你一个人真不容易。”

小惠：“累啊，又要管孩子，又要挣钱，我快受不了了。”

我：“你们感情怎么样？”

小惠：“刚开始特别好，凭良心说，他现在也挺疼我的，家务基本都是他做。”

我：“一个大男人呆在家里不出去挣钱，让老婆一个人在外打拼，这也叫疼吗？”

小惠：“我有时候能理解他，他是想找机会挣大钱。他说他有一天能挣大钱，让我们娘俩享福。”

我：“也许某一天他能挣大钱，但现在日子也得过啊。”

小惠：“是啊，全部都要钱，愁啊！”

我：“你们吵吗？”

小惠：“日子长了也就有矛盾了。没人帮我带小孩，我只能一边工作一边带小孩，还要照顾这个家的一切。”

我：“后来怎么就离了呢？”

小惠：“我实在受不了了，我自己带着孩子过应该比跟他一块儿生活过得好。……现在我一个月的工资，加上他给的600抚养费，我妈帮我看孩子……虽然也苦，但是不累心了。……我现在也不想结婚了，所有的一切都让我对婚姻有了戒心。说真的，我现在害怕婚姻了。”

当家庭的经济基础不牢固时，它足以摧毁一个人对爱情的信念，现实要比理想残酷得多。

二、不同的金钱观和被剥夺的经济支配权

对于有的家庭来说，经济条件还不错，但是因为夫妻双方不同的金钱观，在“花多少钱”和“怎么花”的问题上产生的分歧成

了家庭矛盾的根源，甚至成为离婚的导火索。

“结婚3个月，老公说过不下去了。我25岁，刚刚毕业就和相恋了五年的男朋友结婚了，可是仅仅两个多月，他就说不能过下去了，还给我的父母打电话，说我喜欢乱花钱，这样下去没法过。……我是个老师，平时在家里没有什么不好，一个月工资3500元，一个月还有几百块钱的代课费。可是就因为我买了一件200元的羽绒服，在网上图便宜买的，还说我乱花钱。结婚时，我妈给了我2000元要我买一件羽绒服，说是娘家的陪嫁，我一直没有买，觉得没必要买那么贵的，就存了起来。我用自己的工资买了一件，他就说跟我没法过下去了。结婚两个月来，我什么也没有添置；他是银行的，工资福利都很高，但就是特抠门，一点都舍不得花钱。其实他要不提出离婚，我也早想离了。谈恋爱的时候，每次为买衣服都吵架，现在都很少去逛街，否则就是吵架。他的原则就是，他为我花的钱都是应该的，除了他认为我应该买的衣服，我自己再买就是浪费，多余。……自己还年轻，觉得这样过下去很累，我是自己挣工资的人，我也有权花我自己的钱啊，再说我也没乱花。婚礼时所有的礼金都归他管了，我的工资也交给他，他还觉得过不下去。……我也看透了，跟他过下去不会有好结果的。”

家庭花钱的观念可以不同，只要协调得好也不一定就会有矛盾，但是如果这种矛盾是来自某方经济支配权的被剥夺，那么如果不改观，就必然激起为争取支配权利的反抗。当矛盾加剧，婚姻的解体就不可避免。

我已经和老婆已经结婚快一年了。我们没有办婚礼，这对我来讲都不重要，只要我们能够互相尊重，互相珍惜，就足够了。我和她都是独生子女，我从小就由我的奶奶带大的，虽然父母都在，但我更早地学会了如何独立思考和生活。

她不同于我，在父母周围长大，娇生惯养，什么事情都由她做主，在家就是一个小霸王，高兴的时候怎么都好，只要是稍微有那么一点不顺她的心情，她就会大呼小叫。

我们相处了两年，结婚的时候贷款买了房，双方家长给我出的首付，我们两个还挺高兴，小日子过得还滋润。紧接着，过年的时候发生了几件事情让我对她又有了重新的认识。

我的家人在外地，每年过年的时候都会回去，多多少少给双亲买些礼物什么的。去年年底，我的单位发了几百块钱的购物券和几千块钱的奖金。我想，既然我们已经是夫妻了，两边都应该表示一下，但我得先回家。我最初的想法是各给1000块钱，把我和她的购物券用于买礼品，毕竟这也需要个平衡吧！

平时我身上很少带钱，只带驾驶证和银行卡。筹备婚礼的时候，我就把我的工资卡交给她管理，是我主动交的，不是上缴，因为我知道我们前期的费用已经超了，买戒指、项链花了一万五，房子按照她的意图进行的装修费用也超了，订了一套床上用品七千，礼服，其他的我就不说了。我这个人有时候挺懒，尤其是在对待财务这个问题上，既然她愿意管理，那我也无所谓。但，我这看似信任的方式彻底毁了我给她的信任。

回家前，我说我过年需要钱回家，让她给我拿1000，她说什么也没给我拿钱。因为我家在外地，带东西太麻烦，所以想拿点现金回家，而她家在北京，就给她家多买东西，把购物券什么的都留给她的家人花。说实话，我是很公平的人，而且很传统，尤其在对待老人的问题上，两边都一样重要。她这个时候也没有给一个明确的答复。马上就要过年了，当我在她家跟她说，我要回家，我需要钱的时候，她居然瞪着双眼大声地告诉我："哪有钱呢？有钱还得还房贷呢！"我以为她在开玩笑，我就说别闹了，可她却一本正经的告诉我："没钱！"啪的一声关上了房门。

可又过了几天，她走过来，把本应是我的购物券摔到了我面前说："过年回家给你爸妈买点东西吧！"我怒了，那本来就是我的，怎么好像是我在乞求你的怜悯一样！她也没犹豫，转身就走开，回房间了。我真怒了，拿起那几张券走进她房间摔在她的梳妆台上。我不明白，法律上讲，她的父母是我的父母，我的父母也是她的父母啊！我对我的眼光第一次犹豫了，我开始对我自己选择怀疑了。过年回家看望父母本来是天经地义的事情，难道仅仅是因为我们要还房贷就不孝敬父母了，再说首付还是父母给的呢。还是因为现在你的家庭条件要优于我家，你家不需要你物质上的支持，而我就要看你的脸色行事？

平时我很少过问家里的花销，我怕问多了显得我对她不信任。钱多钱少，都任由她去支配，即便很多可以省的钱她都花了，我也不在乎，包括购置家具，购置婚礼用品，甚至是房子，都由她定。不是我不负责，我既然信任她，我就让她去管理。花超了我也没有一句怨言。钱嘛，不就是挣来花的吗！我不在乎。

当时我很难形容自己的心情，也无心再去跟她争论什么。我沉默了。后来我一个人回家了。但是不幸的是，奶奶因病去世了。第二天，我从我爸那拿了100块才够买了一个花圈！我没有钱！我给她打电话，说了一下我这儿的情况，我特意嘱咐她给我带两样东西，一个是电话充电器，一个是2000元现金。这个时候我需要钱。第二天，她来了，她找了一个没有人的房间，从包里拿出充电器，给了我一个白纸包，说到："先给你500！"我忍着，忍着，没有做声。过了几天，家人对我的指责声顿起，包括过年我对父母和对我奶奶的这件事情上很多方面。起初，我不想解释，但后来我必须要说了，我把过年我所经历的一切跟家人讲了，也讲了很多。他们震惊了！又过了几天，我和她谈。我说，过年的几件事情你的做法让我很难接受。

回到北京我谈了很多，她一直不讲什么。到最后，她终于开口了，说给对方一个月时间，看看我们是否合适在一起。这一个月，对我来说那纯粹是一种折磨。我和她沟通很费劲，一个这么霸道的女人应该是什么状况我想我也不用多说。恋爱的时候，她过生日，我用省吃俭用的钱送她一双运动鞋，当交到她手里的时候，居然哼的一声说：才400多呀！太便宜了！

一个月，思前想后的……算了，我决定离开……我输得体无完肤！

结婚过日子，夫妻双方在花钱上肯定是有不同的意见，但是有时候人们不是在为钱较劲儿，而是在为权抗争。

择偶观念，尤其是女性择偶观念的变化，与婚姻稳定性的关系十分密切。许多婚姻问题都源于最初的择偶观不当，择偶的标准出了问题。中国的市场经济已经实行三十来年了，中国的择偶观念也随着钱在人们生活中地位的变化而发生改变。虽然择偶观看起来只是在最初选择伴侣上发生作用，但事实上它却影响到整个婚姻的全过程，它影响到婚姻中一方对另一方的诉求和认同。古时候人们结婚看中的是德行，后来人们又开始转向政治的联姻转变，如今经济条件却似乎成为未婚人士，尤其是某些女性择偶时最内心深处的要求和愿望。物质和金钱条件成为把握婚恋天平的重要筹码。北京最近的一次调查显示，近三分之一的女性希望男方有高收入。这种拜金不拜人或重经济实力轻感情基础的择偶价值标准很难为日后的婚姻生活注入情感的活力。

第二节　“内外”与“男女”的新关系

一、“老婆大人”的嬗变——从小媳妇到女强人

随着社会经济的发展，女性受教育程度的提高，越来越多的女性在单位承担着重要的责任，同男人一样创造着价值，甚至有时候比男人做得更好。在笔者访谈的几个离婚家庭中，发现有一个共同点就是：女方都是在事业上经营得很好，收入也比男方高，她们是那种离了男人也能生活得很好的女性。

秀竹39岁，离异。以往每次别人说起她时，都满是羡慕："看人家秀竹，又有钱，老公又好。"现在大家谈到她时，会略带同情地说："女人有钱有啥用？到头来还不是离婚了！"

十几年前，秀竹有老公，而且老公比她强，是国家公务员，还是中央机关的，福利待遇好。秀竹就是个小职员，还不是在编的。几年后，秀竹的老公荣升为处长，据说还是要往司长培养的那种。这些年除了有点儿发福、脱发和爱唠叨，基本没什么变化。而秀竹原来那家企业效益不好，后来她下海自己经商，拥有一家小有规模的汽车内饰公司，自任总经理。也许是天生经商的材料，没两年，公司就做大了，除了做汽车内饰，还开始做某品牌汽车的代理，收入节节攀升。也许是做惯了一把手，习惯了做决定的秀竹，对老公、孩子的态度也改不过来。结婚十周年纪念日那天，两人去饭馆吃西餐。老公说要吃猪排，秀竹马上说："你本来就胖，别吃这个，还是吃牛排吧！"老公很郁闷，敢情儿自个儿连吃什么都不能做主了？可秀竹说了，这是为他好。老公只能闭嘴。

其实秀竹在家的时间并不多，但她的确关心家里的事情，儿子的教育、婆婆的生日、老公的升迁、保姆的请辞，她都要过问。而且，她一定要第一个发表意见，等到别人发表意见时，她会听，但从不采纳不同的意见。要是老公反对，她会一直说一直说，直到说到老公同意她的意见为止。秀竹说的最多的一句话就是："听我的，错不了，我走南闯北这么多年，比你们懂得多！"渐渐地，老公不跟她争执了，可也不怎么跟她说话了。秀竹明显感觉到老公对自己冷淡了，可她心里很委屈。秀竹觉得自己够对得起老公了。请了保姆，老公不用做家务；她挣钱多，老公经济也没压力；她把一切都安排好了，老公也不用操心。你说，上哪儿找她这样的老婆？真不知道老公还有啥不满意的。但，秀竹的老公的确不满意了，而且不满意得想离婚。说起来，都是那台咖啡机惹的祸。那次，秀竹去了一趟意大利，带回家一个手磨咖啡机。老公摆弄不明白，饶有兴趣地尝试组装。秀竹不满地推开他，来了一句："你不懂你可以问我，但别乱动!”那语气就像教训一个鲁莽的下属。当时，保姆就在旁边，秀竹的老公很尴尬，也很愤怒。这样的事不是第一次发生，秀竹在家“当老师”已经当习惯了，没觉得有什么不妥。但第二天，老公就给她发短信要离婚。秀竹还觉得老公开玩笑呢，人家已经把离婚协议书都给拟好了。秀竹问老公为什么，老公只说了一句话：“我配不上你。”秀竹简直崩溃了：就因为我事业做得好，我比你强，你就要和我离婚？那我挣这么多钱干吗!

这类的故事我们经常会听到。很多女性把工作单位的角色带回到家里，转换不过来，在老公孩子面前也总扮演“领导”的角色，这让男人的自尊很受伤害。男人本来就该顶天立地的，特别是在家里。

二、“上得厅堂、下得厨房”——统治关系的实质

妇女节前，不少女性都收到了这样一条手机短信：“现代女性新标准，上得了厅堂，下得了厨房，杀得了木马，翻得了围墙，开得起好车，买得起好房，斗得过小三，打得过流氓。祝广大的女同胞们节日快乐!”这看似一条简单的短信，但是却让人感慨万千：短信很逗乐，其实字里行间流露出的是现代男人对女人的完美理想；也表达了现阶段女性在多重角色转换上的困惑和压力。

Tina 是北京一所著名的外国语大学毕业的，从小就是学习尖子，大学的时候也没浪费一点时间，外语学了三门。但是在感情上 Tina 是个单纯的人，更是个理想主义者。上中学的时候就喜欢上了一位化学老师。这个老师长得很帅，也是学校里的骨干，是那种含蓄的人，这是 Tina 很欣赏的类型。从中学到大学一直到工作，Tina 都很倾慕他，面对各种诱惑都从不改变。大学毕业后，Tina 找到一份很不错的工作，在一家外企做首席代表助理。刚开始的工资就已经超过老师了。工作没多久 Tina 和这位老师结婚了。婚后夫妻的感

情确实很好，家务事两个人抢着做，Tina很贤惠，做得一手好菜。一年后，Tina怀孕了，为了不想放弃这份好的工作，怀孕一直都在上班。后来生了一个女儿，产后不到两月就把女儿交给姥姥和姥爷看了，Tina很快回到了工作岗位。看到老婆这么拼命，老师一心想努力赚钱，觉得挣钱少了对不起漂亮老婆和孩子，心里压力很大。但是老师兼职所挣的钱也是有限的。

Tina工作能力很强，一个特别的机会她被派到澳大利亚总部去工作，一去就是一年，这一年也没白去，收获多多。Tina回国以后代替了原来的首代，年收入跟老公这边不可同日而语，当然这也是需要时间和精力上的付出。事情总是不可能那么完美，工作的时间多了，用在家里的时间肯定就少了。老师虽然挣得不多，但也一直是学校的骨干，工作也是相当的忙，也希望回家能有口热饭吃，但是老婆这整天的不着家，当然对这样的日子老公不能满意了，于是吵架就开始了。老师希望Tina换一个轻松点的工作，能顾顾家。而Tina则认为自己是家里的经济主力，让老师调整一下自己的工作。可是老师觉得自己虽然挣得不多，但是花得也很少，再说了，自己的工作能让自己实现价值，对社会有意义，所以他绝不会放弃自己的事业。两个自我感觉都很好的人，就这样通过一次一次的吵架，开始走向了离婚道路。

离婚后Tina去了澳大利亚，后来又回到了北京，不过这次回来国籍不同了。

西蒙·波娃对中国女强人的状况是否早有预见，她的“第二性”似乎能为中国女强人的遭遇做很好的诠释。作为女人的“第二性”是相对于男人的“第一性”而存在的。在这里，无论是女人被后天培养，还是“第二性”这个概念，都等于把女人对于男人的这种依赖性和被动性表露无遗。体现在恋爱中，女人就是置身在男人百般呵护之下的“小鸟依人 ”；体现在婚姻和家庭中，女人就是按照传统标准塑造出来的“贤妻良母”。所谓女性的娇媚可人、温柔体贴，既是女人的天性使然，也同样符合千百年来国人一以贯之的审美情趣。当女人变成女强人的时候，它打破了千百年来固有的两性性别气质的看待，冲突便由此而生。

三、家庭“煮夫”的快乐与忧愁——被挑战的男性气质

桃子31岁，是北京服装学院毕业的，毕业不久在父母的支持下自己开了一家服装店，专门给为外企白领做衣服，月收入不菲。她的店非常有特色，很多饰品都是她出去旅游的时候在各地淘来的。她相亲过许多次，都以失败告终，不是对方嫌弃她不够漂亮，就是她嫌弃对方不如自己有钱。她说，到了28岁后心态开始改变，想通了一件事：假如对方比自己有钱，又何必放着20出头的女孩不选，非要来选我？

观念转变后，桃花运就来了。去贵州旅游的时候，桃子遇到了一个搞摄影的人，叫李建。两人一见如故。后来桃子建议李建到北京来发展，她认为自己房车都有，可以给李建一个安稳的家，李建也可以发展自己的专业，而不为钱太发愁。李建搞的是比较纯的艺术，经济效益并不是很好。他要坚持自己的理想，实现自己的艺术梦，北京无疑是一个合适的地方，而且自己时间自由，在家给老婆做做饭也不是什么难事。于是，李建来到北京，跟桃子结了婚。开始了一个摄影师的家庭煮夫生活。白天李建背着照相行头出去，下午四五点的时候去菜市场买菜回家，一般七点晚饭就做好了。桃子每天回来都能吃上还算可口的饭菜，而且吃完饭，李建心疼她，还不用她刷碗。我跟李建说：“你真够贴心的。”李建回答我：“桃子是家里的经济主力，大部分钱都靠她，我还不勤快点啊？”

然而好景不长，生活总是在发生着变化。结婚两年之后，桃子怀孕了，因为孕期反应特别大，持续的时间也比较长，所以自打怀孕以后就基本没有时间打理店里的事情。而作为店里的主力设计师的缺席，对生意影响特别大。生完孩子以后，主要精力都放在照顾孩子身上，店里的生意便一直下滑。原来有些积蓄，但是怀孕之后

各种用度猛增；因为之前经济条件比较好，桃子花钱比较大手大脚。但是快两年的时间不工作，收入锐减；手里的钱越来越少，孩子和家庭都要开支。桃子便劝李建去做商业摄影，但是李建不愿意，他也认为自己做不好商业摄影，没那脑子。没办法，家庭需要支出，在这种情况下，桃子带着孩子搬到娘家住了，留李建一个人在家。桃子经常跟亲朋好友们诉苦，结果周围的人都说她当初的婚姻决定太理想化。劝她离婚找个有经济实力的，否则年龄再大了更不好找。

“女主外男主内”的模式看起来也没什么不好，但是有中国传统文化男尊女卑、男强女弱的观念垫底，这恐怕在现阶段的家庭中不好协调。尽管大多数人说起来，都觉得只要男人能照顾好家，夫妻间转换下角色分工也没什么不好。可一旦男人真的回家，女人便会感到来自经济和来自舆论的压力，而最终发生动摇。

在核心家庭里，“女主外男主内”的家庭关系处理相对要好一些，如果是三室同堂时，问题要相对更复杂一些。以下是另外一个“煮夫”的故事：

小郭，土生土长的北京人，1972 年生人，早年做投影仪销售工作。他的妻子是东北人，比他小 7 岁，貌美，身材极好，从事美容服务业。有一女儿，上小学。他早年做销售工作，时间自由，但收入不是很稳定，故结婚也较晚。婚后，小夫妻俩与父母挤住在东北三环边上 50 多平的两室里。现在，在自己名下也有一套安置房，在南四环以外，生活不方便，也一直没有去住。

孩子刚出生后，妻子便辞职在家，带了两年多的孩子，孩子上幼儿园了，才出去工作，与丈夫共同应付不断增长的家庭花销。但丈夫的业务量越来越少，收入极其不固定；而妻子的业务能力颇好，收入高且稳定，但工作时间卡得很紧，没有办法接送孩子，特别是当上了一个美容连锁店的店长后时间更是紧张，而当时家里老人的身体也不好，还要经常跑医院。这时候，必须有人留在家里照顾老人、送孩子、做家务等。但请保姆，花费高，且住宿问题也解决不了，这时收入不稳定的丈夫留在家里是比较好的选择。从此，小郭就成了“煮夫”。

他作为“煮夫”的生活很单调，特别是老父亲病逝后，现在家里只有老母亲一个老人，但老人生活基本能自理，行动尚且自如，不用很费心。他每天的工作就是准备早饭、送孩子上学、买菜、打扫卫生、做午饭、接孩子、超市购物等，周而复始。但男人打理家务，很难让老人事事满意，如卫生的洁净程度、饭菜的花样、购物的经济与否等，所以最常在家里的母子之间也难免磕磕碰碰的；同样，在女儿眼中，他的权威性远不如妻子，孩子也不是很受他的管教。生活中，他与其他人产生交集的可能性越来越少，也没有什么社交圈子；他就喜欢上网，特别是在夜深人静的晚上，是他在网络空间里驰骋的时候，再是他有吸烟的习惯，原来他的电脑桌在两室中间的客厅里，但烟味散不出去，影响两边两个卧室的人休息。

前不久，他把电脑桌移到搭建起来的阳台上，那本来是女儿学习睡觉的地方。他同女儿换位置了，让女儿与妻子睡一卧室，他自己睡在阳台上，啥时睡，随便，且通风效果好，吸烟不是很影响其他家人。

问题是这种夫妻室内分居两室的状况能维持多久呢？或者说这种婚姻模式会维持多久？就经济角度而言，小郭他们家这种“男内女外”的家庭模式无疑是恰当的，但从生活的全面性、协调性上来讲，也明显存在着缺陷。为人夫的他所能为妻子提供的情感交流空间、信息交流空间和社会地位的提高无疑是受限制的，且这种限制性会越来越明显，特别是等女儿不需要接送，老人百年以后，家庭不再那么需要一位全职煮夫的时候，丈夫的位置在哪里？他在社会上的位置又在哪里？

第三节 婚姻之外的“情与欲”

厌倦对于婚姻而言，是处于任何年龄都会造成情变的祸因。如果在婚姻生活中缺乏感情的分享和性生活调节，就会感到平淡、孤独和寂寞。人的感情是一座活火山，不会永远沉寂，一旦爆发时，就会变成一种盲目的破坏力量。关于婚外的情和欲，古已有之，在中国还有专门的词汇来描述它，男人的婚外情或性叫做“齐人之福”，女人的婚外性或情被称为“红杏出墙”。在现代婚姻中，这两个事由是导致婚姻破裂最首要的原因。

一、“齐人之福”

下面的故事发生在笔者身边一位配合默契的球友身上。

“我和老公通过别人介绍认识，我们的恋爱虽然也没有轰轰烈烈，可我们却非常恩爱。家都不在本地的我们互相信任，把彼此当作生命中最重要的人。我一直以为我们会永远相亲相爱下去，无论怎样我们都是不离不弃的伴侣。可是，幸福的时光过了还不到十年，所有的温情便烟消云散……

刚嫁给他的时候，他还是个什么都没有的穷小子。我老家虽然在外地的一个小县城，但家庭条件却不错，高中毕业后，我考上了北京的一所大学，毕业后留在了这里。他也在北京读的大学，毕业后也留在了这里。他家在农村，我们的婚礼几乎都可以用简陋来形容。

他毕业时在一家国企上班，工作很稳定，但是工资很低，为了早日实现买房的梦想，他决定创业办公司。那些日子真是艰苦啊！压力特别大。我算是体会到了什么叫做一分钱掰成两半花，每天买菜都是到傍晚时候去买便宜的。不过好歹后来开始赚钱了。他是个聪明人，后来公司被他经营得有声有色，我们家里的生活也开始一点点好转。后来，生了儿子，我产假结束后，他不想让我再上班，说找保姆带孩子不放心，反正也不指望我那点工资。可是我不想做家庭主妇，无论挣多少钱，我希望有自己的工作，不想被社会淘汰。我很快就上班了，后来我在单位当了项目主管，工作开始忙起来，对老公和孩子难免有所忽略。有一段单位工程很多，非常忙，每天早上七点出门，晚上十点才能进家。我知道那阵子我忽略了老公和孩子，但是没办法，实在是太忙了。我以为他能体谅我，就像我体谅他一样，可是没想到，他却频频对我表示不满。

半年后，我感到有些异样。因为工作忙，孩子送到了寄宿学校。一些朋友告诉我，碰到老公跟别的女人在一起。我知道，肯定出问题了。从去年下半年开始，他开始频频出差，虽然以前也出门，但远不像那段时间那么频繁。我问过他，他一句“就兴你自己忙啊”就把我堵死了。我没什么证据，但就是觉得不对劲，每次他“出差”回来，都会躲在一边打电话。我问他在家为什么不用座机，他说联系业务不用家里的电话。

有一个周末，我跟孩子去商场买东西，在路上意外地发现老公跟一个女人提着大包小包正从商场出来。我惊呆了，几天前他去出差，说要下周才能回了。当时我差点晕倒。这么长时间我居然一直跟另一个女人在分享这个男人！

二、“红杏出墙”

婚姻中，夫妻双方对彼此的忠诚是婚姻存在的基础，不管是哪一方的背叛都将给对方造成极大的痛苦。在田野中我目睹了女球友的气愤，也感受到了男人在老婆出轨后的痛苦。

从我知道她红杏出墙的那天起，失眠便像恶魔一样缠上了我。那一个月我不知道是如何度过的，清晨醒来百无聊赖，只有上网可以打发一下心情，最可怕是晚上，握鼠标的手已经麻木了，提醒我该去睡觉了，但痛苦又会像洪水一样袭来，大脑说不清是痛还是麻，坐在沙发上一支烟接着一支烟地抽。我和她走到一起很不容易。

我们大学是校友。毕业后她当了公务员，我进了公司。后来，我想出国深造，她很支持我。到美国呆了两年，我们一直保持着恋爱关系。临近毕业的时候，家人和朋友都劝我不要回国，留在那里发展。但是想到她一直在等着我，于是为了爱情我回到了北京。

我们一起奋斗，物质上该有的都有了。谁知道世事无常，好日子刚过上两年，她出事了。我知道了她有外遇的情况。她和一个不会和她结婚、有妻有子、比她大 10 岁的男人已经好了两年。更令我郁闷的是，这么长时间我居然不知道。一直都非常信任她。我认为我们的爱情是经过当初我出国那两年考验的。所以对她一百个的放心。我的心伤透了，她的所有亲戚也感到无比的气愤和不解。一个月来，吵也吵了，打也打了，最终是离了。这个负心而没有良心的女人，她把一个家就这样给毁了。

以上这两个个案，在问卷上填写的都是类似出轨这样的离婚原因。但在实际的访谈中得知，在很多情况下，是夫妻感情生活或者是性生活不完满在先，才有了婚外性行为，两者之间有一种因果关系。当今，性生活的质量越来越关乎婚姻的质量和婚姻能否继续。夫妻双方对性生活在婚姻中重要性认知的不同步往往是导致夫妻情感淡漠的主要原因。人们曾经一度羞于谈性，即使因为这方面的原因使婚姻感觉不好，人们也不敢或不便表露出来。而现在，人们大多可以很坦然地正视它。

第四节 婚姻从来就不是两个人的事

在笔者的访谈中发现，有相当部分家庭夫妻劳燕分飞的原因，来自丈母娘对女婿的不满意，或者是婆婆对儿媳妇看不顺眼。有一些丈母娘对女儿嫁人的期望值很高，恨不得把自己后半辈子的幸福全部押在女儿嫁人上，不但对女婿的准入设立了很高的门槛，而婚后也会想法督促女婿长进。有的婆婆则过分地挑剔儿媳妇，生怕自己的儿子在媳妇那受气。儿子如果听命于母亲的强势主导，就会顶不住精神上的压力，而导致夫妻不和。同样，如果有的女婿感到丈母娘严重伤害了自己的自尊心，或者厌倦了丈母娘的冷嘲热讽和白眼相加，自然会以离婚收场。

一、男人永远是婆婆的儿子

老公是名校毕业的博士，是他们全家族的骄傲。我当初看上他也觉得他是个有才华的人。我这人大大咧咧，脾气还算好。一般不怎么跟人计较。结了婚我们单过，一般只有周末才回家。每次回家，婆婆都要问老公，吃得好吗？累不累啊？老是跟我说，他儿子工作忙，要我多体贴照顾他。我想每个当妈的大概都这样啊，也就没在意，每次在婆婆面前都答应她回家多做家务。

因为我的家在外地，老公忙，没时间照顾我，我怀孕的时候就搬到了婆婆家住。刚开始，跟婆婆相处还算好的了，大家都忍让着，回去吃饭，倒也自在营养。生了孩子出院后就回了我们的小家，婆婆就想她自己带；可是我当时考虑自己平时就跟婆婆属于貌合神离的状态，怕我们为了带孩子发生矛盾，所以我果断的叫我爸妈来照顾我月子。

事情果然如我所料！那时候公公还没有退休，婆婆每天过来帮着做事，主要是洗他儿子的衣服，然后就是照顾我儿子。婆婆总喜欢用老方法来要求我，但是我也经常看育儿书，不愿听她的。婆婆就总说，她把她儿子带得这么好，又健康、又聪明，书上那些都是胡说。

出了月子我爸妈就走了，婆婆索性搬了过来。以前不住在一起，没觉得我婆婆那么霸道，那么不讲理。住到一起后，才觉得受不了她。她特别看不上我带孩子的方法，孩子哭闹的时候，她老是责备我。好不容易到了晚上，老公和公公都下班回来了，她一见我老公，就跑去诉苦，说我笨，不会带孩子；说我上学没上好，所以孩子也带不好，还不愿向她学。婆婆总认为我学历低。比起她儿子，肯定是低了，但我好歹也是正规学校本科毕业呀，再说，这跟带孩子有什么关系啊？产后本来就心情郁闷，看婆婆这样，我心里真不舒服！就对老公发脾气，没想到居然被躲在门外的婆婆听见了！这可捅了马蜂窝了，婆婆便说我目无尊长，历数我的种种不是，还说我一个小本科根本就配不上她儿子等等。最可气的是老公就此根本不发表任何意见，连稀泥也不和。

孩子小，婆婆暂时也不会离开我们家，我只有忍了。但是我的忍耐却被婆婆当成了软弱，她越发地变本加厉地开始指挥我、控制我。不出一个月，我们家上上下下都按她的意思翻了一个个。连家具、碗筷的摆放位置都按她的习惯来了。

我盼望着赶快上班，想快点逃开这一切。不在家了，我可以冷静地想我的生活和我的未来，觉得一家不能同时有两个女主人。有一天，回去跟老公说了我的意见，让他叫公婆搬回他们自己家去住，结果老公不同意。

从那以后，我尽可能地晚回家，不想回到那种压抑的氛围里。要不是要给儿子喂奶，我真不想回去。后来，儿子大了，断奶了，公婆带着我儿子搬回了他们自己的家。我们的家庭又回到了最初的状况，但是我跟老公却亲热不起来了。我觉得他是个懦弱的人，尤其是在婆婆面前他从来不向着我，哪怕他妈妈错得很离谱。虽然婆婆他们搬走了，但是对我们家的控制却没有间断过。有事没事地都要打电话问问我老公有没有受气。真是的！碰到这样的婆婆，惹不起，还躲得起！

中国传统文化里讲究的是“母凭子贵”，儿子在母亲的眼中有着特别重要的位置，古代女性的希望是寄托在儿子身上的。儿子的飞黄腾达不但能够光宗耀祖，更能提高母亲的家庭社会地位，同时也为母亲提供经济保障。在母亲眼里，儿子甚至比丈夫还重要，而媳妇来了，似乎成了跟母亲争夺儿子控制权的人，所以婆媳关系是一种很微妙的关系。

二、婚姻是两家人的事

虽然说“中国的社会转型，以及国家通过剥夺家庭的许多功能，提倡平等的价值观念，降低了老一辈人在家庭中的传统权威，从根本上改变了家庭制度。”〔1〕

但从本课题研究的田野材料看，中国老一辈人对子女的婚姻家庭内部事务的干涉并不算少，而且因为过分地干预小辈家庭而导致简单的事情复杂化，导致本来是小两口的矛盾演变成两个家庭的矛盾。此外国家计划生育政策的实行，让亲子关系更紧密，子代婚姻的成败在一定程度上是按父母的标准来判断的。

我们两个都是80后，都是独生子。

真没想到才结婚一年我们就走到尽头了。我真的不知道到底是错在哪里了。矛盾冲突就发生在我生孩子后的第二天。生孩子的当天晚上由于我是剖腹产，所以从手术室出来之后大家都忙忙活活地照顾我和孩子。可能由于当时我妈太着急了，所以就无意当中说了我老公两句（因为当时要从手术床搬到病床上，我老公搬不动我，我妈就说，你看你这么大的体格，连你媳妇都搬不动）。就为这么无意当中说的话，没想到他第二天上午在喝醉的情况下竟然上医院去闹事，全然不顾我的感受，当着我的面就大吵大闹的；这还不算，我婆婆也跟着一起闹。闹了一次还不算，隔了两天，又找茬去闹了一次。我真的是伤心欲绝，就说了那两句他就能这么个闹法，还搬出以前陈谷子烂芝麻的事一块儿说。一点也不考虑我是在生孩子，我遭受了多大的痛苦。

---

〔1〕 阎云翔著，龚小夏译：《私人生活的变革：一个中国村庄里的爱情、家庭与亲密关系》，上海书店出版社2009年版，中文版自序003。

坐月子是在我妈家。本来我们是想虽然他犯了很大的错误，但毕竟是孩子的父亲，孩子不能一生下来得不到父亲的关怀。如果他承认错误的话我们还是会给他机会的，但是没想到一个月子坐下来，他丝毫没有觉得自己错了，也不关心我和孩子怎么样了。在他和他妈看来，生个孩子没有什么了不起的，更何况还生了个闺女。就这样，为了孩子我还是觉得应该给他机会，在我爸妈非常不同意的情况下，我还是把他约出去谈话，他答应了我以后不会犯这种错误了。但是，我只是暂时地说服了老公，婆婆那边一点都不原谅我父母当时在医院对他们说的话，认为我父母不尊重他们。从孩子出生以后，她再也没跟我父母来往，还让她儿子也不要去我父母家。我父母觉得自己并没有错，那天说的都是实情，所以就认为他母亲是因为我生了个闺女在故意找茬，从此两家的关系一直都僵着，并且积怨越积越深。最后导致我们离婚。唉！无奈！

由于我国实行计划生育政策，80 后的一代大多为独生子女，他们深受父母溺爱，父母对唯一的孩子也是倾注了全部心血，往往不容与别人分享对孩子的感情。同时，这一代人宅在家里看电视的时间和悬挂在网上的时间比以前任何一个时代的人都要多，接触虚拟现实比较多，实际生活中的交际能力和抗压能力相对较弱，感情上比较自我。当 80 后这一代步入婚姻家庭后，在处理父母与配偶关系上容易产生矛盾；而双方父母的推波助澜也会促使小两口的矛盾加深，最后不得不分道扬镳。从这样的个案中，我们似乎可以看到传统婚姻的影子。婚姻自古至今从来都不是两个人的事，它是关系到国家和家族的大事，是为了合二姓之好。而一旦有矛盾，便是结二姓之怨了。其实很多 80 后的离婚都是一些家长里短的琐事引起的，这似乎表明独生子女婚姻关系比较脆弱，这一现象值得社会反思。

第五节　“离”——不需要理由

从前人说离婚理由时，最喜欢说的是性格不合，或是对方有了外遇。而现在据民政部门的一份资料显示，近来办理离婚手续者，却有近1/5 的人没有任何理由。不少年轻人，对目前的婚姻不满足，但是也没有什么特别原则的理由需要分手，只是觉得不是想象中的婚姻。为了寻找一种理想的婚姻状态，而采取了一种置之死地而后生的做法，先断掉自己所有的退路，然后去找一条通向幸福的捷径，无理由便也成了离婚的一种理由。

我妻子是大学时候的同学，学生时代的浪漫爱情曾经是一段刻骨铭心的回忆。戒指套在了妻子的手上，油盐酱醋茶的平凡日子便开始了。起初，两人还饶有兴趣地过着二人世界，但由于我们的性格、爱好等基本相同，日子久了，彼此就感觉对方太透明了，随着往日美好恋情的渐渐淡去，相互间的吸引力也随之消失，慢慢地都有腻了的感觉。就连我们以前的共同爱好——旅游，也不再一起同行。妻子甚至开玩笑说：“年年相同的路线，一路上相同的人说相同的话，实在没有新鲜感。倒不如租个异性陪游来得刺激。”我们也许还谈不上所谓的“貌合神离”、“同床异梦”，但我们不再彼此关注对方已是心照不宣的事实，我们对爱情都有相同的态度和取向：当爱的激情不再，宁愿保持自我也不要白开水般的婚姻。所以在我们怀疑我们的爱情是否存在的时候，我们选择了分手。我们在西餐厅共进了一次最后的晚餐，然后平静地到民政部门办妥了离婚手续。

与很多劳燕分飞的伴侣不同的是，我们尽管分了手，但还是朋友，在很多的时候和场合还常常会见面，彼此的客气如初，互致问候，不像有些离婚者那样形同陌人。

再来看看另一对夫妻的经历：

我和老婆结婚已经8年了，经历了从一开始卿卿我我，继而吵吵闹闹，而今既无风雨也无晴空的过程。

婚后的生活平静而安逸，我的小肚腩开始鼓起来，头发慢慢脱落。而在我眼里曾经娇艳的妻子，也越来越不修边幅，不化妆不打扮，经常穿一身松松垮垮的棉衫。每天千篇一律的生活仿佛在提醒我们：婚姻不过如此，生活不过如此。

我每天下班回家的第一件事就是不假思索地打开电脑。吃完饭，端坐在电脑前看新闻玩游戏；妻子则沉浸在冗长的电视剧情节里。家里的两部电器，垄断了我们之间的时间和空间。除了全托的女儿偶尔回来制造“爆破音”之外，我们之间安静极了，就像屋里头两张摆在一起的沉默的沙发，日复一日。

好几次，我从刺激的网络游戏里回过神来，发现妻子已经蜷缩在电视机前的沙发上睡着了，看着妻子那张既熟悉又陌生的脸，一种莫名的惆怅涌上我的心头。共同生活8年了，我差点儿忘了妻子当初是多么清丽明媚的纯情女孩，两个人在一起总有说不完的话。但现在，我们分明是婚姻刻度盘上的两根呆板指针，寂寞地相伴，而又对寂寞浑然不觉，对彼此的交待只剩下循规蹈矩。

如此这般枯燥乏味的婚姻，终于在一个炎热的夏日走到了终点。那天没有空调、没有电视、没有电脑游戏，我和妻子坐在沙发上，闷热的天气和令人窒息的沉寂，使两人都有一种想冲出“围城”的冲动。还是妻子一声“闷雷”先打破了沉默：“我们还是分开过吧。”没有任何铺垫，没说任何的理由。面对妻子的这样一颗“重磅炸弹”，似乎早在我的预料之中，我没有惊讶，倒觉得是一种解脱。我平静而坦然：“我也有这个想法，看来是不谋而合了。”

两个星期后，我们平静地结束了8年的婚姻。

无理由离婚盛行于世，是最近几年的事儿。可经过分析，笔者发现这些所谓的无理由离婚者们之所以选择离婚，并不是没有理由，而是他们有太多的理由，或者是他们的婚姻没有任何原则性的问题，只是感情因时间或者不善于经营而趋于平淡了。平淡，在这个快节奏而又充满压力的年代，在某些人看来是可耻的，激情是婚姻的重要元素。

第六节　小结

婚姻生活不是空中楼阁，其主要内容涉及到的是实实在在的过日子。过日子就离不开柴米油盐，需要一定的经济基础，这就是生活。谈恋爱的时候可以不考虑这些，但一旦要进入婚姻就非考虑不可。有人说婚姻是爱情的坟墓，那说明他们的爱情还只是飘浮在空中，充其量是个充满希望、充满激情的肥皂泡而已，注定了不会长久。爱情是需要责任的，婚姻就是爱情的责任。要承担这个责任，男女都要努力，要为这个婚姻打经济基础。而导致如今人们离婚的经济问题，不仅仅在于是否有足够的钱支付家庭的开销，问题的症结更多在于，因为钱的支配权而映射的夫妻间权力的不对等。这种不对等并不仅仅表现在男性对女性的统治，也有女性对男性的霸道。从夫妻经济上来看，一方对夫妻共同财产的控制，是一种变相的统治关系。

由于现阶段女性在经济和社会生活中地位的提高，传统的社会性别秩序受到了挑战。男人和女人的角色定位也在逐渐发生变化。在这种文化的转型中，有些夫妻无法调适自己的观念和行为，而导致矛盾产生。从某种程度上来说，女强人本质上也是弱势群体，否则我们就无法理解为什么当一个女人在经济上和精神上获得“双丰收”以后，大多数并不愿意下嫁给条件比她差的小男人，依然憧憬着一个比她还要优秀、还要强大的臂膀。女强人外表再强，骨子里还是个弱女子，还是对男强女弱的婚恋模式执着不悔。而同样，男人在经济上的弱势或在社会地位上的不如意，也同样让男人产生强大的心理压力。这是传统的两性之间统治关系的惯性，这种惯性让男人和女人都矛盾重重。而另一种情况，也促使人们重新审视性别关系。当女人不再思忖着男人够不够格当“金龟婿”，而男人们则开诚布公地审判女人的经济实力和综合价值。选老婆的标准不再是天使的脸蛋、魔鬼的身材，只要她有房有车，收入高能力强，那就娶进家，甚至入赘过去也没关系。但是男人倒是想开了，女人却没那么容易改变传统的想法，找个人有所依靠还是执着的追求。在文化转型之时，不是所有人都能调整好自己的脚步，冲突自然难免。

在社会文明高度发达的今天，传统的婚姻模式已不能与人们对婚姻质量不断提高的要求相适应。新的婚姻模式在社会上不断出现，正是人们所作的种种尝试的结果。随着人们生活水平的不断提高和社会文化的日趋开放和包容，传承已久的婚姻模式必将经受越来越多的挑战。在很多人眼中婚姻就是平淡的，然而现在更多的人不满足于这种平淡了，在原来或许“平淡是真”，但现在平淡可以是离婚的理由。

经济条件曾经一度是人们关注婚姻质量的一个重要因素，而今，人们开始从各方面来关注婚姻的质量。不可否认，性生活的质量越来越关乎婚姻的质量。曾经，中国人耻于谈性。古代，除非女人不能生育，没有人把性生活不和谐作为离婚的理由。民国时候，当西方思想传入中国后，在法院判决的离婚理由中，性生活不和谐成为少部分婚姻解体的理由。而文革时候，历史又往后走了一步，凡是有资产阶级情调嫌疑的任何理由都要受到批判，更别说性。

时至今日，伴随着独生子女政策和世界剧变，而成长起来、且日渐占据着重要地位“80 后”年轻人不仅成婚难，而且已经成婚的，也面临种种婚姻危机，婚姻周期相对缩短，成为离婚率最高的一代人。由于他们多是独生子女，个性强，不懂得忍让、协商和妥协，我行我素易成为习惯，缺乏实际生活能力，不善于应对家务纷争。他们会因为一点小事而任性地对人生大事作出决断。像不满意对方烧的菜、洗碗应该谁来干这样的绿豆芝麻大问题都可能闹成家庭纷争。在这个群体中，有的婚姻难以成为爱情甜蜜的继续，反而更易成为埋葬爱情的坟墓。以往的离婚夫妻中，统治关系更多体现在一方对另一方的统治，而这些“80 后”夫妻之间谁也不让谁，自我永远是第一位的，是夫妻彼此对对方的统治，对“80 后”离婚的夫妻来说，性别的统治已经不重要了，重要的是“我”要凌驾于“你”之上。

第六章　拿什么拯救你，易碎的婚姻？
——来自婚姻内部的动力 ◎

爱因斯坦说：“你不能用跟造成问题的思维相同的思维去解决问题”。婚姻出现了问题，要想解决问题一定要改变一些观念和做法，无论是从外部，还是从内部。

首先要明白离婚的问题出在哪？然后才能找到对治的良方。本章将通过古今对比，分析多元媒介的共同作用下所引发的现代婚姻家庭问题，也试图通过挖掘传统文化中的优秀元素，找到解决问题的策略，以增强婚姻的稳定和提高婚姻质量。

第一节　离婚现象的投射

一、性别关系秩序的打破

中国传统典籍《易经》中“天尊地卑，乾坤定矣”的规定成了后来中国文化对两性定位的基础，也预示了中国文化中两性关系上男强女弱的结构模式和男尊女卑的秩序。这些后来成为中国文化中性别观念的基础，阳刚与阴柔也成了两性气质的基本定位。在解放前的传统家庭中，男人无疑是家庭经济地位的主宰，他创造价值，获得经济收入，女人只有在不得已的情况下才抛头露面获取经济价值。经济基础决定上层建筑，这句话也适用于家庭，于是男人就成了家庭的主人，具有统治地位。社会道德也推崇三从四德，于是和谐的家庭就表现为：男主外，女主内；男挣钱，女用度；男尊贵，女卑微。传统上，女人就得嫁个有本事养家糊口的男人，为他养儿育女，操持家务，侍奉公婆，照料夫家老幼。这样的性别秩序延续甚久，被认为天经地义。尽管新中国成立后，随着社会经济的发展越来越多的女人加入社会劳动者的行列，又加上政府号召的历次妇女解放运动，女人也有了与男人共同养家糊口的舆论支持和资本。随着女性受教育程度的普遍提高，女性在社会经济和政治生活中的参与程度越来越高，社会公共领域不再是男人独享的天下。更有甚者，相当一部分女性在某个领域取得了骄人的成绩，在家庭中成了重要支柱，不论是社会地位和经济地位都比丈夫高出不少。这本应是社会的进步，是社会全面发展、民主和平等的结果，但“女强男弱”的新格局却似乎打破了固有的性别关系秩序，给男性带来了困扰，给现代家庭带来了困扰，甚至增加了家庭的不稳定性。

当今社会存在的“女强男弱”有好几种状况，每一种情况各有特点。一种是女性的社会地位明显高于男性；一种是女性的收入大大高于男性，第三种是女性的性格非常强势，而男性性格较柔弱、忍让。第三种情况往往又与第一种情况结合在一起，更加剧了男性的弱势。还有一种是，双方的收入、性格并没有太大差异，但是彼此家境、地域等因素的介入，造成了一方心态上“优于另一方”的感觉，比如女方来自经济富庶地区，而男方来自经济欠发达的偏远地区。相较之下，最后这一种“女强男弱”对于双方的幸福感影响相对轻微些。

女强男弱的格局大多给男方造成了心理压力，有的男人觉得在家受妻子的气很委屈；有的觉得自己挣钱比妻子少没面子；而有的则觉得妻子干得好，自己在家没地位，总之就是觉得男权受到了挑战。相当一部分社会舆论认为男人应该调整心态，觉得不能容忍妻子比自己的强的男人不够豁达。其实，男弱女强家庭的困境并不是男人单方面的问题，它是双向的。在这类家庭中，强势女性往往比较傲慢，仗着自身的优势有点耀武扬威，不太拿自己的丈夫当回事。有的甚至口出狂言，明确表示瞧不起丈夫挣的那点工资。有类似心态的女性不算少，往往忽视在家“相夫教子”的责任，因而这类家庭往往出现婚姻危机。

其实婚姻是否稳定，并不完全取决于收入、社会地位或者性格上的男高女低。如果一个家里谁挣得多、谁的地位高，谁的脾气就大、就强势，相反就要受委屈，这样的家庭显然缺爱，爱是基于最起码的平等上。眼睛只盯着挣钱多少、地位高低上，家就会成了囚笼。持有这样的观念来过日子，很容易迷失在自己制造的矛盾里。

“女强男弱”是不是一种可以过好的家庭模式？其实，婚姻是否稳定重要的是双方的德行以及是否有共同的生活理念。

二、夫义妇德的缺失

中国千百年来的传统文化中对夫妻关系的伦理道德可以用“夫义妇德”来概括。《礼记·昏义》说：“敬慎重正而后亲之，礼之大体，而所以成男女之别而立夫妇之义也。男女有别而后夫妇有义，夫妇有义而后父子有亲，父子有亲而后君臣有正。故曰：昏礼者，礼之本也。”这句话告诉我们一个家庭中夫妇之间的义是最重要的，是一切礼的根本。随后在《礼记·昏义》中还指出了作为一家之妇应该具备的德行：“成妇礼，明妇顺，又申之以著代，所以重责妇顺焉也。妇顺者，顺于舅姑，和于室人，而后当于夫，以成丝麻布帛之事，以审守委积盖藏。是故妇顺备而后内和理，内和理而后家可长久也，故圣王重之。”这一段则表明一个有德行的妇人能孝顺父母，跟家人和睦相处，才能助夫成德，并让家族长久兴盛。

什么是“夫义妇德”呢？夫义是指做丈夫的要有道义、恩义、情义，对家庭负责，妇德则是指柔顺、贞洁的德行。“夫”字是“扶持”的意思。就是做丈夫的要把这个家庭建立起来，好比是家里的支柱，是家里每一个成员的依靠，有道义的责任所在。具体来讲，做丈夫的恩义是说要牢记父母生养之恩，并孝顺父母。做丈夫的情义则是指对妻子要有情有义，不离不弃。做丈夫的道义则是说要对家庭有责任心。做丈夫的还要扮演好君、亲、师这三个角色。

做好君就是要求一个家庭的男人要像古代那些真正有德行的君王那样，在家里能够以身作则，在家做好榜样，带领家里的每一个成员，都能端正自己的言行、举止。做好亲的含义是一个男人在家不但要做一个孝子，还要做一个慈父。做孝子，是懂得敬上，做慈父是要对孩子仁慈而不溺爱。做好师就是要父亲要做好孩子的老师，丈夫要做妻子的榜样。

“妇”字，含有负责的意思，太太最重要的职责是“相夫教子”，维系一个家庭生活的安定。这份责任她要尽心尽力去做到。而先生在整个事业和生活中都会有顺境和逆缘，有德行的太太，能顺时提醒或规劝，以便先生不会犯下难以弥补的过失，即所谓的相夫。妇德就是贞、顺。对丈夫忠贞不二，对长辈孝顺，对家人和顺。《易经》所谓“厚德载物”，柔顺忍让是一个家庭必不可缺的，夫妇各安其位，家庭才能和睦。家中的女子要想经营好家庭还必须具备四德：妇容、妇言、妇德、妇功。

古人讲，人结婚的根基要在道上。什么是道呢？道就是“夫义妇德”。但是我们现代人往往很多家庭的夫妻都没有做到“夫义妇德”。比如酗酒、酒后乱性、嗜赌博、不守时、萎靡不振、忽视家庭、疏于对家人沟通管理。女性眼睛只向钱看、好吃懒做、不敬公婆，只顾怜娘家父母，没有尽到“相夫教子”的基本责任。家庭“夫义妇德”的缺失，说明夫妻没有各自尽好自己在家中的本分。

第二节　多元媒介的合谋与婚恋行为的改变

目前媒体出版业按出版形式划分可分为三部分内容：第一部分包含传统的广播、电视、电影、音像制品等；第二部分包括报纸、期刊等平面媒体；第三部分包括互联网内容、手机报、电子书等。

这些媒体形式在不同的历史时期都曾经扮演着传播的主角。今天，在数字通信技术与数字网络技术高速发展的情况下，互联网和移动互联网成为当代举足轻重的媒体，它的价值体现在对资源的整合上。互联网已经成为各种信息积累和传播的汇聚点，越来越多的人开始利用互联网平台几乎完成所有的生活活动。就这一点而言，互联网已经不是媒体的形态，而是对资源的汇聚能力，正像美国人克里斯·安德森所说，广播电视有一个了不起的地方，它以无可比拟的效应将一个节目送到百万受众面前，但是相反的它做不到将数百万节目传送到一个受众面前；而这一点互联网能做到，互联网媒体的特征就是它可以形成双向汇聚。正由于互联网的这种特性，使得传统媒体被迫纷纷“触网”，进行资源整合，以增加受众。自此，媒体对受众的影响已形成真正意义上的合谋之势，传统媒介不仅以原有的形式发挥着传播的作用，如今与网络的“联姻”，成为网络内容，形成共振效应，全方位加强了对受众的影响力。

20 世纪末期到 21 世纪初的这二三十年，是中国以电视为首的传统媒体高度发展的阶段，也是互联网，特别是移动网络的快速成长阶段（图 6－1），这一时期人们的价值观深受各种媒介传播的影响。下面将针对几种主流媒体对人们性别秩序的建构逐一论述。

图 6－1　中国手机网民规模[1]

手机网民规模超过四亿

手机网民规模达到4.20亿

- 较2011年底增加了约6440万人
- 网民中用手机接入互联网的用户占比由上年底的69.3%提升至74.5%

- 手机网民规模在2012年增长迅速，并于年中超越使用台式电脑接入互联网的网民。与此同时，手机上网网民中有相当一部分使用的仍然是功能手机，而非智能手机，因而在上网时长，应用深度，使用功能的丰富性上，与PC终端还存在一定距离。

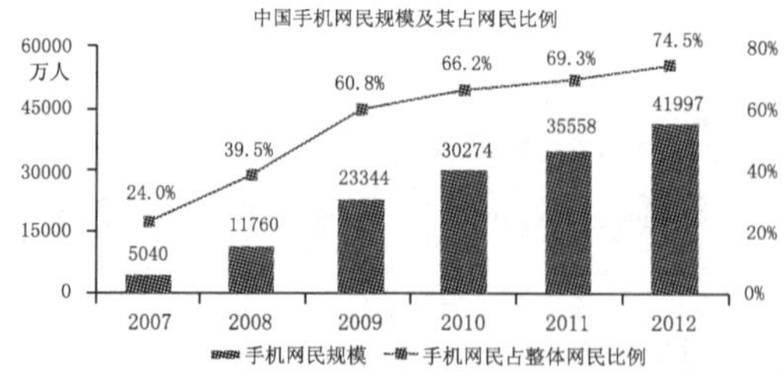

〔1〕 Cnnic 第 31 次中国互联网络发展状况统计报告。

一、电视婚恋节目的样态与价值导向

电视作为大众媒介的重要组成部分，是人们获取信息的重要渠道，更是人们打发时间，获得放松和娱乐休闲的重要手段。电视以其接收的便易性，信息的丰富性以及视听语言的独特魅力吸引着一大批观众，尤其是现在生活的快节奏使得人们更注重信息获取的集中和快速性，一些专业性的媒体应运而生。在这种媒介分类日趋明朗和专业化的情势下，在集中获取信息之外，获得娱乐和休闲成为了人们接受媒介尤其是大众媒介的重要目的。很多节目已经不仅发挥着节目本身的一些功能，从样态到功能都呈现出多元化的特征。

（一）婚恋节目的特点——程式化的快餐式配对

电视婚恋节目，其以爱情、婚姻为主要题材，以服务和娱乐为一体的电视综艺节目。不同的电视台根据本节目的定位，会起一个吸引眼球的名字，但其核心内容都离不开婚恋。

中国最早的婚恋节目应该是1988年山西电视台推出的《电视红娘》。它是一档比较纯粹的电视相亲节目，其宗旨就是要为单身人士牵线搭桥，节目一播出便受到了广大观众的喜爱。但因为节目运作思路的不成熟，所以在开播三年后便停播了。国内电视媒体在后来几年都未见类似节目，直到1996年凤凰卫视播放台湾的《非常男女》。这是一档以爱情、婚姻为主要题材的综艺性谈话节目，因为是在凤凰卫视播出，在大陆只有部分的地区能收看，所以影响力有限。后来上海东方电视台于1998年1月开播的《相约星期六》。自此以后，各地电视台也相继推出自己的婚恋节目。1998年7月，《玫瑰之约》在湖南卫视开播，由于该节目创新运用娱乐化的方式展开节目，增强互动。一时间《玫瑰之约》便火爆起来，收视率持续攀升。《玫瑰之约》热播引来了此后国内电视台近三十档类似电视节目的效仿。电视婚恋类节目便在大江南北迅速红火起来。然而，好景不长，因为此类节目抄袭严重，缺乏创新，因而在热播了两三年之后又纷纷沉寂下来。

2009 年年底，山东卫视又在全国率先推出《爱情来敲门》。与此同时，湖南卫视引进了英国电视交友节目《TAKE ME OUT》，再次推出电视婚恋类节目《我们约会吧》。节目播出后，收视率飙升。紧随其后江苏卫视在 2010 年年初也推出了类似的交友类节目《非诚勿扰》，收视率也连创新高，一度位居同时段全国收视第一的位置。热播之后，各地电视台又开始了新一轮的效仿。陆续推出相似的节目。短短数月，电视婚恋节目又一次走红。与此同时，围绕着以《非诚勿扰》为代表的节目中所出现的“拜金”、“炫富”、“毒舌”等问题，也在观众中争议不断。过度的娱乐性虽然换来了骄人的收视率支撑，但节目中也有明显作秀、哗众取宠、甚至不顾道德伦理以语不惊人死不休来搏出位，引来了观众和电业界同行的担忧和批评。2010 年 6 月 16 日，广电总局下发《关于进一步规范婚恋交友类电视节目的管理通知及关于加强情感故事类电视节目管理的通知》，着手对相亲类节目“泛滥、造假、低俗”等倾向进行整治。随后，全国此类节目又逐渐冷了下来。

此类节目为异性交往提供了一个可以展示自我的平台，也为希望求偶的人搭建了一个交流的空间。由于工作忙碌，生存压力增大，部分青年男女社交圈子和择偶范围的狭窄，导致了交友难、择偶难。这类节目的产生正好迎合了社会现实，为解决这个问题提供了机会。但是由于它们最大的目标是收视率，要把青、中、老各年龄段的受众全部打尽，所以必然造成过度娱乐，而服务性减弱。服务性淡化，娱乐性增强的传播导向，使得有些婚恋交友节目早已不是本着为大龄男女找对象的目的，各电视台在内容同质化的竞争下，为了提高收视率，作秀成了最大卖点。为了吸引观众的眼球，不惜靠价值观的出位来达到目的，也不免格调不高，甚至传播了不适宜的价值观。

（二）婚恋节目的价值观导向——拜金与拜色

1. “拜金”。尽管我们在前面的论述中分析了现阶段婚姻中两性关系“女强男弱”的新变化，但是在很多电视婚恋节目中，我们仍然感到“女性意识”、“女性需求”、“女人个性”还是围绕着男权规则在运行。男人有没有金钱和权力、社会地位怎样，以及家庭背景如何依然是大多数女性对男性诉求的焦点，而男性的性格、爱好、价值观、德行等等却并不那么重要，至少不会被放在金钱的前面来考量。

一名出言直率、有“毒舌”之称的女嘉宾引发争议的“语录”很多。一名爱好骑自行车且无业的男嘉宾提问说：“你喜欢和我一起骑自行车逛街吗?”该女嘉宾毫不犹豫地回答道：“我还是坐在宝马里边哭吧。”这番对白后来被总结为某类女生择婚的“经典语录”，即“宁可坐在宝马里哭，不愿坐在自行车上笑。”同样，在这个舞台上一名 48 岁的美国男子和一位相貌堂堂、身材高大的 21 岁男大学生应该是不可同日而语的，而女生的灯为前者亮着，为后者的灯全灭了。

近年各种相亲节目中，最被追捧的男性莫过于“高、富、帅”，这也折射出了女性在婚恋交友方面“实用主义”倾向，首先考虑的是对方的家庭背景、经济实力、发展前景等，在价值取向上，常常是从实用、功利的角度出发。现实中当钱、车、房等欲望无法通过自身努力实现时，便寄期望于他人。寄期望于婚姻，成为女性的一种人生目标。而当看到婚恋节目中“美女嘉宾”与“成功人士”和“多金男”牵手时，便在女性观众心中又构筑了一个“灰姑娘从此过上幸福生活”的美丽幻想，更是认为这是通往幸福生活的一种捷径。此外，在嘉宾介绍或问答过程中，经常涉及到“房”、“车”等内容，“有房”、“有车”则是幸福婚姻的必备条件之一，当媒体将“婚恋”导向于“物质”，很难说不会对人们的婚姻价值观产生负面的引导作用。

尽管这种拜金倾向在节目播出后引发了广泛争议，但是它毕竟博取了观众的好奇和收视率。女性拜金思想受到强烈指责，甚至引发了大讨论；但是同样有个拜金男却没能像拜金女那样掀起那么大的舆论波澜。在某个婚恋节目中，一个彩票男执着于买彩票："期期都买，一期不落，50、20、10 块钱的小奖都中过，但这些远远没有达到我的目标。我的目标是中一等奖，就是几百万!"他希望："能找一个经济条件好并且长得漂亮的女生，且希望女生能够每个月给他 8000～10000 的零花钱。"不过这一切却是都传达了一种价值：有钱的可以为所欲为，没钱就没有权利和尊严的边界。正如"宁愿坐在宝马里哭，也不愿坐在自行车后面笑"的价值选择。

2. "拜色"。在电视婚恋节目里出名的女性，大多具有美丽性感的特质。而那些长相欠佳的女嘉宾如果有拜金立场便会引起一片哗然，为什么？因为很多人认为她的姿色决定了她没有资格要求太多。今天大多数男性对于女性伴侣的要求仍然是把相貌放在重要位置。从国内大多数婚恋节目女性出场来看，都是极尽所能地把自己从头武装到脚：身穿漂亮的礼服、脚蹬夸张的高跟鞋，头戴靓丽的头饰，犹如选秀一般。在节目中最能看出男性择偶倾向的环节就是，还未与女嘉宾做任何交流之前，便选出自己的心动女生。挑选的目标绝大多数都是美女级的。这反映了男性择偶时最真实的潜意识：外貌是第一要素。中国男人大多不喜欢女强人，也不会喜欢相貌平平的女人，尽管她也许贤惠而知性。在男嘉宾容貌第一的引导之下，容貌便成为节目中女嘉宾取得主动的发言权。甚至有长相漂亮、但言语不堪的女嘉宾也仍然会被男嘉宾选择。但对这类男性来说，这些都好似无所谓，姣好的容貌似乎可以抵消粗俗言行带来的不良印象。有些男性甚至不喜欢和妻子处于一种平等的状态，他们更喜欢自己是家庭的主宰者，以女性保护者的姿态生活，往往希望在家庭生活里，找到主宰和尊严的感觉。这或许也源自于社会生活中人格不独立和自卑。

作为具有广泛覆盖性和庞大受众规模的现代传媒，电视以其他媒体无可比拟的影响力渗透到了社会生活的方方面面，潜在地将婚恋的价值观和两性角色深入人心，完成了它的“濡化”功能。借用美国传播学家M. E. 麦库姆斯和D. L. 肖的“议程设置功能”假说，大众传播具有一种为公众设置“议事日程”的功能，影响着人们对现实社会的判断和认知。大众媒介传播对男性有更多的褒扬和宽容，而对女性形象则是贬抑和苛刻。允许男性可以选择美女，但却指责女性拜金。

“媒介带来的信息充斥着人们生活的空间，并成为一种举足轻重的生活环境，即便个人没有使用大众传媒，人们仍然生活在一个大众传媒和各种现代媒介已广为使用的社会之中。”因此，人们通常把“拟态环境”当作现实环境本身看待，而且渐渐依赖这个环境。电视节目所传达、倡导的文化理念，强化了受众对传统男性角色和女性角色的认同。在某些婚恋节目中，那些应该倡导的、有利于社会家庭和谐的主流价值观没有得到弘扬，而非主流的、引发世风日下的价值观却似乎得到了传播与强化。

二、网络媒体与婚姻的多元困境

我们的生活因为多元媒体的渗透或渲染愈发多元。伴随着社交网络、各类移动上网工具在生活中的普及，人们的生活方式、价值观念也在迅速地发生变化。人们的家庭、婚姻、性的观念正在悄然发生改变，传统的婚恋观正面临着更多的挑战。

现代互联网的出现，作为人类新的交往工具和信息载体，不但改变着人们的人际交往方式，也产生了一种两性情感交往方式和新型人际关系。它的出现不仅冲击了现实社会的恋爱和结婚模式，也给婚姻家庭的稳定带来困局。

数字通信技术与社交网络门户的迅速发展和不断完善为网络婚恋者提供了技术上的支持。网络作为新兴的媒介资源，从它诞生之日起，就凭借其便捷、开放自由等特有的优势征服了它的用户，其广泛性、瞬时性、隐蔽性和匿名性再加上无需责任和义务束缚的虚拟世界的人际交往正好满足了现代青年婚恋发展的要求，很快成为滋生婚恋爱情的温床。因而网络在成为主宰21世纪的主要沟通工具之一的同时，也成为21世纪青年一个重要的婚恋场所。[1]

（一）网络改变了人们交往的方式

互联网遍及世界角落，它让交往无国界，有了它完全可以实现天涯咫尺的穿越。加上像北京这样大都市里面，平板电脑在年轻人中的高占有率，3G手机的几乎全覆盖率，这一切都使人们交流方式愈趋多样化。3G技术的突破，使手机除了打电话发短信的常规功能外，它更成为多元媒体整合的传媒介质，还可以随时上网。这无疑为整体生活在大都市里的两性交往提供了更自由的空间、更便捷、更广泛、跨越时空的交往方式。大多数商业网站都设有聊天室，通常情况下，聊天室里的成人话题总是人气最旺。互联网的飞速发展引起了社会交往模式的变化，有专门网站甚至为陌生男女提供网上相识的场所。

就婚姻、爱情而言，网络成为人们婚恋活动的新载体和新场所，传统的婚恋方式受到前所未有的冲击。试想，从几千年传统社会的“父母之命，媒妁之言”到新中国前后革命年代的“红色恋人”与“爱人同志”，再到改革开放初期的“广告征婚”、“婚介热线”，一直到当前网络时代的“网络恋爱”、“E代情缘”。尤其是《婚姻法》的不断完善和修订使得婚姻自由受到法律的保护，恋爱结婚真正成为通往幸福的结合，而且还可以通过婚姻关系的解散重获自由。从“父母之命，媒妁之言”到现代社会自由恋爱的转变，体现了青年婚恋模式由传统向现代的转型。这种转型一方面使青年人获得了婚恋的自由，另一方面也失去了往日“一家有女万家求”由众多亲戚朋友牵线搭桥的择偶渠道优势，使更多的青年人在寻觅和等待爱情，加上现代生活节奏的加快和工作竞争的加剧，许多适龄青年在忙碌中走向大龄，婚恋自由在获得的同时反而增加了寻求

---

〔1〕 万希平：“论网络婚恋及其对当代青年现实婚恋的负面影响”，载《青年探索》2007年第2期。

爱情幸福的困难。另外，自由民主的社会风尚和追求经济实用的市场原则也影响了青年人的传统婚恋观，形成了追求个性自由，或浪漫、或实用、或超越世俗压力等多种形式的现代婚恋观。现代社会的竞争及生活节奏的加快、现代婚恋观的产生以及现实社会交往中人与人关系的疏远，为推动网络婚恋的产生和快速发展提供了基础。[1]

通过互联网相识的人们，在相恋的过程中比传统的恋爱多了些“数字”的沟通和互动，而少了面对面的交往。恋爱是一个试验彼此是否合适到能够组成家庭的过程。在这个过程中，需要有无数个真实的情景让双方充分地“表演”，展现自己的方方面面，从而为双方最终的判断提供依据。网络综合了文字、语音、视频等多元媒介，但它却不能给恋爱中的人们提供多方参与、各种关系交织的“直接情景”，所以不能真正提供合适与否的“考验”。因而，一部分靠网恋相识的恋人，如果缺乏了充分的线下交往——现实交往，会为婚后关系的不稳定留下隐患。

（二）网络对婚姻观的冲击

互联网给生活、工作、学习带来了极大的便捷，但它的隐匿性和便捷性也让它成了一个容易藏污纳垢的场所，也是一个让丑闻和恶性事件无限放大的媒介。我们在享受互联网无尽宝藏的同时，也受到网上色情、低俗等不良信息的侵袭，它们不但颠覆着传统的婚姻观，也动摇长期以来的婚姻制度，破坏着婚姻的稳定。

目前全世界色情网站以千万计，而且每天以2000至3000个速度在递增。这些网站提供大量淫秽色情图片、录像、电影、文字。有的还开办论坛，教唆、引诱浏览人员，提供网上“性交流”、“性交易”等等不一而足。这些泛滥的网上色情信息不仅污染了网络环境，败坏了社会风气，还直接地影响着现实婚姻家庭的稳定。

---

〔1〕万希平：“论网络婚恋及其对当代青年现实婚恋的负面影响”，载《青年探索》2007年第2期。

多数色情网站主要是让访问者粗略地浏览一些有色情内容的网页，然后，聊天室便向浏览者敞开大门，它肆无忌惮地为访问者提供交互式性伴侣，提供虚拟的或真实的情人躯体图象来强化印象，刺激感官。设置一个个环节让浏览者逐渐上瘾，不能自拔。

除了色情网站之外，有人利用网络即时聊天工具进行色情活动，如裸聊、网上偷情、网上调情等都会伤及婚姻中的另一半。与此类似的是，那些沉溺于淫秽网络游戏痴迷的人，忽略家人，甚至不能正常控制和管理好自己的生活。还有一种就是因网络上的虚拟婚姻，让人沉溺于虚幻的美好中，而不愿面对现实。有些发生网络婚姻关系的人，甚至为不打破这份“虚拟的美好”，而不再组织现实的家庭。

三、平面媒体与性别建构

（一）似是而非的“妙招”

恋爱、婚姻、家庭一直都是某些图书、报纸、杂志的热门话题。市面上有不少图书、报纸、杂志是关于婚姻家庭的专刊，也有很多报纸、杂志特设婚恋专栏，向大众传播一些似是而非的道理，看似帮助人们解决在恋爱、婚姻和家庭关系中遇到的各种问题，但是往往这些所谓的“妙招”却误导或教唆了不明就里的人们。比如某杂志上有一篇文章叫“教你如何识别男人有外心”，文中给出若干“妙招”：“当他和你交谈，并且他的眼球从左向右转动时，你最好仔细斟酌他所说的每一句话，是否真实可信；他跷二郎腿坐时，如果他的一条腿向你的方向拐去，那说明他对你有想法、有感情，当他一条腿背向你拐时，那则说明他对你心生厌倦或心怀鬼胎……”，“如果老公从面向你睡变为背对你睡，说明他对你已经疏远了，这是两人的感情出现裂痕的表现。”这些“危险信号”让那些没有分辨能力的女性信以为真，还不断地对号入座，发现一点蛛丝马迹便开始怀疑自己的老公有外遇了，于是自寻烦恼就开始了，对于部分执着点的女性，甚至会因此跟老公闹矛盾，直至影响夫妻感情。其实这些妙招无非是要吸引读者的眼球，真的有几分灵验，有智慧的人应该可以判断出来。但是，不少杂志都是需要通过这些来勾起人们的好奇以增加发行量的。

（二）报纸、杂志中的男女性别建构

美女、帅哥、情事，通常是当前某些恶俗图书、通俗报纸、时尚杂志的主要内容，必然要反映社会文化对男女性别的建构。对女性而言，媒体最强调的是“女人味”，但这种女人味却带有消费性质，并不完全是传统文化所倡导的。通常通俗报纸、时尚杂志所展现的女性大都年轻靓丽，拥有骄人的身段、娇柔无瑕的肌肤和出色的外表，极少女人能像明星和模特那么苗条修长、光彩照人、衣着时尚，因为明星和模特的照片都经过图像处理软件的润饰，是 PS 出来的“人造美”。各类平面媒体除了塑造女人光鲜的外表外，也塑造了女人的才干。几乎每一本时尚杂志都要报道典范女人，所有的文字为了给大众呈现一个既上得厅堂又下得厨房的完美女人形象。但其实现实中却很少有人可以像图书、报纸、杂志报道中的那样完美，既追求高标准的职业，又能轻松过日子，并有空陪家人和朋友。当关于“女人在长相、感觉、行为等方面应该怎样”的话题包围着读者时，很难使人不产生欠缺感。平面媒体书构建的形象之完美远高于普通标准，是现实中大多数女性所不能达到的。对女性特质的夸张性描述，并非现实中女性的真实体现，而是男性所幻想、所希冀的女性形象：性感依照男性臆想所塑造，完美服务于男性的需求。某些图书、报纸与时尚杂志在误导女性相信身体的外在完美是女性实现自我价值的最佳途径，仅通过使用一些肤浅的化妆手法使外型更具吸引力，女性便可达到改变个性，甚至改变生活方式的目的。

平面媒体打造男性故事的重点有二：其一，他们的工作和成就；其二，男性的健壮和风度、气质，也就是所谓的男人味——男性成功、帅气、刚强、富有勇气。而且有些平面媒体在导引、鼓励男性去示范攻击性、性特征和力量。在平面媒体的描述中，最受欢迎的男性通常是强悍和主宰别人的男性，甚至还展示一些裸露的部分，以显示男性的肌肉的力量感。在大众眼中，男性多是以养家者、职场中的决策者以及生产创造者的形象出现的。对于男性的报道，主角通常也都是成功男人，其标签是事业有成而且家庭幸福美满，这无疑是媒体对男人的期待，但是现实中又有几个男人能这么完美呢。

然而，正是因为平面媒体对男性和女性的性别建构，为现实中的大众设置了“议程”——典范，这潜移默化地改变着受众的择偶观、也改变了男女两性对性别角色的认同和期待。当你比照平面媒体所建构的典范去找伴侣时，落差就出现了，失望也随之而来；当你照此典范标准去要求配偶时，家庭冲突便产生了。

第三节　性别的重新审视

《系辞传下》曰：“古者包牺氏之王天下也，仰则观象于天，俯则观法于地，观鸟兽之文与地之宜；近取诸身，远取诸物，于是始作八卦，以通神明之德，以类万物之情。”人类学社会的秩序源于天地的秩序，人类两性关系的秩序也是效法天地的秩序建立起来的，男女间互相感应，相因相成，成为人类社会和谐与稳定的基础。《彖·贲》上说：“刚柔交错，天文也。文明以止，人文也。观乎天文，以察时变；观乎人文，以化成天下。”是说人类的文明以及思想行为都是与自然现象融合在一起的。因此中国传统文化对男女两性性别气质的建构也是效法自然而成的。《系辞传上》曰：“乾道成男，坤道成女”，“天尊地卑，乾坤定矣”。自此中国文化两性定位的基础便形成了。

一、中国传统文化对性别气质的建构

（一）男性的性别气质

在《周易》中乾卦是纯阳卦，取象于天，含有刚健中正之意，

如《文言》所说："哉乾乎，刚健中正，纯粹精也。"还如《象·乾》所描述的："天行健，君子以自强不息。"这是一种效法宇宙天体，刚健运行、生生不息、奋斗不止的精神。也是孟子所倡导的："威武不能屈，富贵不能淫"的大丈夫气概。孔子将君子作为男性的标准，《论语·学而》说："君子务本，本立而道生。"孔子崇尚壮美，倾向于男性般的大气磅礴，如果一个人在生活中为人处事时能够以孝、悌、忠、信、礼、义、廉、耻的标准来要求自己，像这样的人是很难做出冒犯之事的。如果人人都努力把这些根本的做人原则落到实处，树立牢固的德性修养准则，那么社会风气就会随之而改变，尊重自然法则的现象就会风行于世。孝悌忠信礼义廉耻这些道理与行为规范，是检验一个人是否有仁慈博爱之心的根本所在。《论语·泰伯》曰："大哉！尧之为君也。巍巍乎！惟天为大，惟尧则之；荡荡乎！民无能名焉；巍巍乎！其有成功也；焕乎！其有文章大"。意是说：尧作为君主是多么伟大啊！唯有上天最崇高，也唯有尧能够效法天道的运行！他功勋卓著，声名远播，堪与天比美，与日月争辉，他建立了崇高的功业，并创造了灿烂的文明。孔子期望在整个社会中的君子能够中居于主导力量，恢复"周礼"的秩序。孔子构建的理想伦理秩序是"君君；臣臣；父父；子子"（《论语·颜渊》），这些君臣父子皆为男性社会角色。

但同时，为了避免物极必反，中国传统文化还主张男性做人时要把握好平衡、要有所约束。《周易》提出了"知惧"、"敬慎"与"守谦"来让男性把握住刚健的度，不能过分勇猛而有所悔恨。这就要求君子要有恭敬、谦和的品质。孔子在《论语》中提出的："君子无所争，必也射乎！揖让而升，下而饮，其争也君子。"他认为君子是无所争的，不但与人无争，与事也无所争，一切是讲礼让，比赛结果不论谁输谁赢，彼此对饮一杯酒，互相说些谦虚承让之词，即使在争，始终保持文人的礼貌。正如《论语·雍也》中说："质胜文则野，文胜质则史，文质彬彬，然后君子。"质朴胜过了文饰就会粗野，文饰胜过了质朴就会虚浮，质朴和文饰比例恰当，然后才可以成为君子。南宋朱熹《论语集注》：“言学者当损有余，补不足，至于成德，则不期然而然矣”。体现了孔子所竭力推崇的“君子”之理想人格。

（二）女性的性别气质

《周易》的《象·坤》在坤卦的卦辞中说：“至哉坤元，万物资生，乃顺承天。坤厚载物，德合无疆；含弘光大，品物咸亨。”其大意是：具有深厚德行的大地，顺从了地承受天的志向，万物依靠它成长。地也因此变得更深厚，能普载万物，德性广合无疆；地含藏着弘博、光明、远大的功能，使各类生物都因它而亨通成长。坤卦启示我们要有大地的广阔胸襟，浑厚的德行。当天创生万物，地则承载完成孕育生命。为此，为人要具有顺随的原则：追随而不超越。《文言·坤》则曰：“……坤道其顺乎，承天而时行。”；“阴虽有美，含之以从王事，弗敢成也。地道也，妻道也，臣道也。”这两句强调的是顺从就是女子的美德。除了顺从外，另一方面是要女性扮演好自己的角色，即“正位”。《象·家人》说：“家人，女正位乎内，男正位乎外。男女正，天地之大义也，正家而天下定矣。”“女正位乎内，男正位乎外”这些明确了男女两性在家庭中的角色定位和分工合作。女子在家中首先必须做到“正位”，要明白自己在家中的责任和义务，恪尽妇职，这样家国才能安定。传统文化对女性理想气质的要求就是柔顺、含蓄、有宽厚的德行。老子对女性的柔还给出了特别的诠释。《道德经》上讲：“天下莫柔弱于水，而攻坚强者莫之能胜，以其无以易之。”；“弱之胜强，柔之胜刚，天下莫不知，莫能行。”柔能胜刚，弱能胜强，这是对自然现象的观察而得出的结论。水的力量就在于韧性，其可决堤穿石，再硬的东西也经不住水的长期侵蚀。女子柔顺并不是无能，反而是坚强的。柔弱中蕴含着柔韧的精神。水还有一个特性——女人的性情，大家都希望性情如水的人。水很温柔，不管到哪儿都能适应。不管是什么样形状的山涧和转弯，它都能够通过，因为它柔而不刚硬便能顺势而为。《道德经》上还说：“上善若水。水善利万物而不争，处众人之所恶，故几于道。”做人应如水，水滋润万物，但从不与万物争高下，它能够谦卑往下流，能够包容，这样的品格才最接近“道”。上善若水，女人就要像水一样。

（三）两性相处之道

《周易》中《序卦传》说：“夫妇之道，不可以不久也，故受之以恒；恒者，久也。”恒卦是讲家庭中夫妻之道从卦形来看，上卦是象征男的震卦，下卦是象征女的巽卦。即男尊女卑是两性关系的道，如果夫妻关系占得此卦，便是大吉大利。就像卦辞所说：“享，无咎，利贞，利有悠往。”《周易》中还说“是故刚柔相摩，八卦相荡，鼓之以雷霆，润之以风雨；日月运行，一寒一暑。乾道成男，坤道成女。”〔1〕阴与阳虽然是作为天地间的对立因素，但在根本上是同属一体的，所谓阴阳都是以对方的存在作为自身存在的条件，它们共生共存，交替互补。

老子也对两性互动的规律给予了说明：“万物负阴而抱阳，冲气以为和。”（《老子》第四十二章）阳背负着阴，阴拥抱着阳，家庭中的两性看起来是相互对立的两面。但是阴和阳却是既互相联系又互相牵制的，阴阳两气激荡交流而成为一种匀称和谐的状态，这种和谐便是家庭稳定和充满生机的依靠。若一方有增，即另一方减退；一方有损，则另一方增益。“将欲款之，必固张之，将欲弱之，必固强之。”（《老子》第三十六章）阴阳变化之道是辩证法的形象表述，阳盛极而衰，阴衰极而盛，循环交替。要保持两性关系的长久，就要注意维特阴阳的平衡。也就是老子说的：“多言数穷，不如守中。”（《老子》第五章）“善有果而已，不敢以取强。果而勿矜，果而勿伐物壮则老，是谓不道，不道早已。”（《老子》第三十章）。善于处理夫妻关系的人，只求达到一种和平的目的就可以了，并不能凭借自己某一方的优势就得理不饶人。达到胜利的目的后不自大，不炫耀，不骄傲，不逞强。因为事物强壮后就会衰老，这就

〔1〕《系辞传上》。

是不符合“道”的行为，不合“道”的行为便会早早衰亡。老子一再强调要守住行为的度；儒家的学说也很提倡这种中庸的道。《荀子·天论》说：“万物各得其和以生”。《论语》中所谓：“礼之用，和为贵。先王之道，斯为美，大小由之。”也就是说圣明君王治国，无论大小事都遵循着达到和谐这样的标准去做，这样事物就和谐了。夫妻关系也一样，男女相处就是要守住自己的本分，然后再相辅相成，才能达到和谐的境界。

二、对传统文化的误读

（一）“男女平等”的极端化对待

中国自明末清初以来，传统文化逐渐衰微，几千年古圣先贤留下来的传统文化的精髓不仅逐渐被后人淡忘，甚至被曲解。更令人悲哀的是最精华的元素被曲解成糟粕。二十世纪初，西学东渐，自由平等的思想开始传播，国人以为找到了解决两性关系和谐的法宝。但事与愿违，我们非但没有找到法宝，事情的结果却是，我们既没有真正地理解西方自由平等的意义，又把老祖宗留下的精髓当成垃圾扔了。西方的民主理论有对两性平等的强调，尤其是西方女权主义采取的是一种性别对抗姿态，把男女平等理解成为不顾自然属性的所谓方方面面的平等，这就使她们走入了另外一种误区：从男权中心发展到女权中心。曾几何时，出于革命的目标和革命的需要，中国的女性力图通过服装的改变来抹平性别差异和性别特征，他们穿上男性的服装试图摒弃女性的特征，追求一种不着脂粉的中性化外观，企图显示出与男子相同的特质来，以实现平等的目的。轰轰烈烈的妇女运动和“文化大革命”，让一个个女性都以向男性靠拢的特征为美，那些诸如贤淑、婀娜、小家碧玉、大家闺秀、高跟鞋、长发飘飘、连衣裙便通通跟资本主义挂上了钩；女性被号召成为可以和男人一样并肩作战的铿锵玫瑰，成了推进社会发展当仁不让的主力。女性以革命力量的身份和特征得以凸显的时候，与之相对的宣扬女性自然美的传统理论被攻击和抛弃。由于女权主义只是从女性这个单一的性别立场出发，却忽视了人的其他属性，这就使这种理论发展到后来，走向了简单化和极端化。另外，由于女权主义的立足点是女性的视角，往往不具备一种与男性平等对话的姿态，从而让两性属性和关系离自然的规律越来越远。

中国传统文化对两性关系的定位在“夫妇有别”上，“别”讲究的是男女之间因自然属性而产生的差别，就是各有各的工作，各有各的义务，各有各的使命，互相之间相互合作。对于男女各自的定位在《彖·家人》里面已经明确：“家人，女正位乎内，男正位乎外”。男人的主要职责是从事家庭外部的事务，而女人的职责主要在对家庭内部事务的关注，她们承担着协助、辅助丈夫的任务和照顾、教育下一代的任务。这两个任务其实已经不仅仅是囿于小家内部的事情了。帮助男人成就事业，负责培养出合格的下一代，已经是跟国家密切相关的事情了，相夫和教子不仅是家族生存的大事，更是国家稳定和后继有人的大事。但事实上，在中国传统社会中，男女是各司其职，分工合作，家庭中的两性作为阴阳和合的一个整体，只有女人遵守女德，行好妇道，尽职尽责地主好“内”，男人才心无旁骛地去修齐治平，所谓家和万事兴。也就是说，中国女子的“主内”，和男人的“主外”并不是尊卑的界限，而是分工的差异。

男女平等更不是表面上的平等，而是人格上的平等。不是男人做什么女人也要做什么才是平等，也不是男人去做女人的事女人去做男人的事就是平等，两性的特性是由其在自然界中的特性决定的，只是有分工不同，特点有长有短、有高有低、有刚有柔，特点不同而已。大家能够分工合作，才能把工作做好。所以“夫刚妻柔”，这是在平等的基础上讲特性有别，随顺自然的天性，恩爱、和谐才能够保持长久。事实上“男尊女卑”的真正含义并不是说男女两性有地位上的高下，而是说两性关系是效法天地之间的规律。

女性“将夫比天，其义匪轻”；男性视妻为地，天地本并无高下、尊卑之分。男不能取代女的，女的不能取代男的。但是男女有不同的特性，不能说两个特性都要相同那才叫平等，错了，那不叫平等。这是《论语》里面讲的“小人同而不和”，他要强调相同，但是就不和了，和气没有了。“君子和而不同”，他强调和谐，有不同的特性，本来是平等的。就好像手指，这五个手指你看看它长短不平等，你说一定要把五个手指搞平了，那个高出来的切掉，跟那个矮的一般平等，这像什么话？这就是小人的同而不和。和而不同强调它本来是平等的。

（二）“女子无才便是德”的误读

一直以来人们对“女子无才便是德”这句话有误解，还以讹传讹地把这句话打入批判对象的冷宫，让其失去了应有的价值。很多人认为这句话是“男尊女卑”最直接的反映，传统社会中女子没有才能才好愚弄和操控。事实上，这样的理解完全是对这句话的曲解。所谓“无才”并不是真的无才。而是指女性即使很有才能也必须要有一种谦卑的态度。因为多数有才能的女性，因为自己有才，有可能做出恃才放旷的举动。这种自恃有才而升起的傲慢心不仅是妨碍女性进步的根源，也是造成家庭不稳定的直接因素。没有德的才不叫贤才，而且这种无德的才可能会导致家庭破裂。当今社会的发展和女性受教育程度的提高，女性经济和社会地位日渐提高，一些能干的女性因为自身在社会中的有利地位，而出现了目空一切的傲慢心，包括家庭中的另一半也不能谦卑对待，而是以强势的态度对家人，这便违反了天道。什么是女人的天道？老子《周易》里的阳刚阴柔思想为女子的天道做了很好的阐释和合理的补充。以水论柔，说“柔弱胜刚强”，认为世界上的万物没有比水更柔弱的了，但攻破最坚强的东西也非水莫属，所谓滴水穿石，正说明柔能胜刚、弱能胜强的道理。如果不懂“上善若水”的道理，片面地认为女子凡事要跟男子争取所谓的平等，失去女性应有的性别气质，不甘心处在柔顺的地位上，一味去争强好胜，结果一定是自取烦恼。事实上，为了家庭的和谐和下一代的健康成长，女子更需要有才，但这种才是贤德之才。

第四节　琴瑟和鸣的理想——伙伴关系模式的建立

一、琴瑟和谐的理想——自古中国人的婚姻诉求

“白头偕老”的婚姻理想在中国自古以来都是神圣的。《易经·序卦》“夫妇之道不可以不久也。”所以“执子之手，与子偕老”传统上一直是中国人理想婚姻的追求。如第三四章所述，中国传统文化向来强调女子要“从一而终”，同样男子也不可随便“出妻”。古代离婚制度规定对不贤德的妻子可以“七出”，同时附有保护婚姻稳定和女性权利的“三不去”。《大戴礼记》中给出了三种不能离婚的情况，在这三种情况下丈夫不可以出妻：“有所取，无所归，不去；与更三年丧，不去；前贫贱，后富贵，不去。”（《大戴礼记·本命》）对于那些妻子家已无可投靠的人是不能随便休妻的。与自己的丈夫共同为父母守过三年之丧的妻子，不能离弃。以前不嫌弃夫家贫贱而嫁给他的妻子，丈夫也不应在富贵以后喜新厌旧，把原来的妻子休掉，即“糟糠之妻不下堂”。尤其“富贵不易妻”这一条，在长期的历史演变中，一度成为中国人关于夫妻价值观中非常主流的价值观和普遍的道德标准。中国传统戏曲里有很多宣扬这种夫妻恩义之道的节目。同时，即使符合所谓“七出”原则，出妻也不被传统道德所提倡，还会被视为丈夫德行的污点。因为中国道德讲究的是“行有不得，反求诸己”，丈夫有领妻的责任，他有义务引导妻子的德行，并为妻子做道德的榜样。正如《双节堂庸训·治家》中所说，“妇人以夫为天，未有不愿夫妇相爱者。屡憎于夫，岂其所性？惟言之莫予违也，驯至喋喋不休。为之夫者，御之以正，无论明理之妇，知所有处；即不甚明理者，亦渐知感悟。故吾谓男子之能孝弟者，其好必不敢不孝不睦。妇之不良，大率男子有以成之。”这段话也是在说，妻子做得不好，根源在于丈夫未尽好自己的责任。

《温公家范·夫》中说："夫妇之际，以敬为美。"这句话是说夫妻之间相处，相互之间要有恭敬心。要尊重对方，敬重对方。夫妻之间本来没有直接的血缘关系，相亲相爱才是维护夫妻关系稳定的决定因素。中国古代的主流婚姻价值观提倡两性之间相亲相爱的关系模式应为建立和谐夫妻关系的基础。

二、圣杯与剑——理安·艾斯勒的理想

美国人类学家理安·艾斯勒在其著作《圣杯与剑》中批判了历史上的两性统治关系模式，提出了两性之间的伙伴关系模式。她认为："剑"是统治、毁灭的隐喻，"圣杯"则象征着向神圣和谐秩序的回归，它给予权力而不是剥夺权力，用平等合作取代统治。在此基础上，艾斯勒颠覆了传统的男人统治女人，或女人争取权利超越男权的观念，展示了一种建立全新的男女社会关系的可能性，即以伙伴关系取向的婚姻文化取代统治关系取向的婚姻文化。

美国曾一度作为世界最为发达富裕的资本主义社会，如今也艰难地品尝着经济衰退的苦果。然而，他们也最先开始反省、探索富裕后的现代男人和女人应该建立怎样的关系，过怎样的生活。今天，中国的离婚率不断攀升，其实也给国人提出了重新思考两性关系的警示。传统婚姻的统治惯习，让男女矛盾重重。两性之间的统治关系仍然存在于我们的意识中，也许我们浑然不觉，但是它却已经融入了我们的心理结构。今天如此多的婚姻存在着各种问题，但是很多问题都可以从两性关系的源头来探讨解决。改变统治关系，建立伙伴关系是解决问题的开始。

艾斯勒认为："伙伴关系要求人们合作并相互尊重。它包含参与、联系，并为大家的共同利益、和平而和谐地工作。伙伴关系方式是通过联系而形成一个整体的原则，它不同于在当今社会占据主导地位的强制性的等级服从体制。伙伴关系要求公平合理，意见一致，互利互惠，民主地参与决策；必须积极地倾听，富有同情心地分担，相互支持，以促进共同兴旺发达。它包容并追求把人们结为

一体。在伙伴关系的环境里人们感觉自己受到了重视，有真诚的关怀和安全感。真正的伙伴关系导致人人有权利并有条件实现自我”。[1]

其实，艾斯勒已经描绘了一个美好的两性关系模式。倘若夫妻关系是伙伴式的关系，婚姻中的很多问题都可以迎刃而解了。一辈子的婚姻，它不仅需要爱情来滋润，更需要彼此的尊重理解、忍让、信任和一辈子互相守望陪伴。现代社会人的自我意识很强，拥有全新的自由土壤，其决定因素是经济独立和自由，这使人努力摆脱对家庭的依附关系，要求自主，要求参与社会活动，实现自我价值。传统的家庭价值观念打破了，但新的家庭价值观念没有建立起来，家庭关系缺乏新的规范来调整，使家庭淤积着大量的家庭矛盾，甚至有时用旧规范来调整新的关系，反而激起更大的家庭矛盾。在家庭中夫妻双方认为对方是自己生命的一部分，强势的一方强烈要求对方按照自己价值观来规划人生路线，或者以牺牲一方促成另一方的发展。这样的夫妻关系本质上都是统治式的。因为它缺少“公平合理，意见一致，互利互惠，民主地参与决策”。夫妻间伙伴关系的实现“必须积极地倾听，富有同情心地分担，相互支持，以促进共同兴旺发达”。

经过几千年的发展，尤其是随着现代社会经济文化的发展，引起了男女社会性别观念的嬗变。今天传统意义上相互对立的男性气质和女性气质发生了明显的界限淡化与互渗，女性也讲自强、自立，讲个人价值的实现；男性也开始注意温情和体贴，和更多地分担家庭事务。两性关系的统治关系受到了伙伴关系模式的挑战。

女权运动的一个突出特点，就是妇女敢于向传统性别文化和陈旧的生存方式挑战。可是大多数男人迄今还没有真正认识和正视自己的生存方式有问题，更谈不上努力改变现状了。他们咬紧牙关承受着传统文化强加于男人的内心压力，打肿脸充胖子式地“证明”自己够得上男子汉。他们不假思索地仿效着、攀比着同类的行为，

---

〔1〕［美］艾斯勒著，程志民译：《圣杯与剑》，社会科学文献出版社2009年版。

仿佛真的宁愿忍受昨天的灰暗。

男人要表现“男子气”，而女人则只能表现“女人气”，否则便“不合常规”。历时200年的妇女解放运动诉说了妇女不幸的往事，却不曾揭示男人悲哀的原因。只是近年始于西方的“男子汉运动”，才终于直言不讳地触及了性别冲突的本质。当今有更多的男人不再持这样的想法了，他们认为自己也可以回到家庭，替在外劳碌的妻子打理好后院。他们也甘当“家庭煮夫”。男子汉运动也悄然兴起。这个运动并未指责女人的解放，也未抱怨社会不公，更无意去追讨男人失去的特权，而是指导男人怎样学会自信和调适，怎样去建立良好的婚姻关系和发展朋友的情谊，怎样去履行作为丈夫的义务和作为父亲的责任，领略创造生命和养育后代的那份欣喜，以及怎样工作和消遣，努力去充实内心世界，保持心理平衡。

独立或依赖，其实本来就没有高低上下、是非对错的区别意义。那些一定要在婚姻之外实现自我价值的女性，通常会相信依靠自己的奋斗获得幸福，要比陪在一个男人身边分享对方的成就更加靠谱。她们很有可能从小就习惯了替一个家庭扛起了应对外界风雨的重任，在这方面的能力得到了迅猛发展的同时，却失去了其他一些有助于生活更加幸福的珍宝。

女人和男人天生是两类不同的族群，他们各自拥有由其生物性和社会性所决定的性别特质。生物性几乎是不变的，而社会性则随时代而变化；但无论社会性有着怎样的变化，都与男女各自的生物性保持着密切的依存关系。否则便是反常，便是摧残，便是泯灭女性。男女的性别特质各有优劣，因而两性的结合就是取长补短，相辅相成；男人和女人，彼此需要，相互依存，缺一不可。男女分工合作，建立伙伴式的关系，互相包容，构成有机整体。

三、琴瑟和鸣——伙伴关系模式的建立

家庭也是个小团队，团队讲究的是分工合作。那团队合作的前提是什么呢？那便是各个成员要在各自的岗位上尽好自己的本分，

进行合作，充分发挥家庭团队的逐项功能。

前面的论述中讲过，中国传统文化中的两性关系是“男尊女卑”，男人效法天，讲究的是“天行健，君子当自强不息”；女人效法地，强调的是女人像大地那样有宽广的胸怀和深厚的德行，能够承载万物。《五种遗规·教女遗规》中的《吕新吾闺范》篇也对女性的性别气质做出了规定，指出女子应该有的规范、仪则：“温柔卑顺，乃事人之性情。纯一坚贞，则持身之节操”。这是讲女人的性情，女子以温柔卑顺为美。“夫主为亲”，这是对于女性来讲，女性要把先生看作是一家之主、一生之主，这是一种谦卑柔顺的态度。这天地阴阳，本来就平等。《易经》里面六十四卦，唯有一卦叫“六爻皆吉”，就是六个爻全是吉的，没有凶的，这就是谦卦。这个谦卦是地山谦，讲山在地之下。山本来在大地之上，但在这一卦中到了地下，表示谦卑。女子在家庭中把丈夫推上前，夫主为亲，这种德性较易换来家庭的和谐；反之，女子很强势、傲慢，个性倔强且得理不饶人，则家中永无宁日。

班昭在《女诫》中也从四个方面介绍了女德的本分：妇德、妇言、妇容、妇功。“妇德，不必才明绝异也。幽闭贞静，守节整齐，行己有耻，动静有方。妇言，不必辩口利辞也。择词而说，不道恶语，时然后语，不厌于人。妇容，不必颜色美丽也。浣扫尘秽，服饰鲜洁，沐浴以时，身不垢辱。妇功，不必工巧过人也。专心纺织，不好戏笔，洁齐酒食，以奉宾客。”[1]意思是说女子不一定要有过人的才能，重要的是能够耐得住寂寞，守着一种清净的态度，保持自身的节操，行为有分寸，知道哪些能做，哪些不能做，而且动和静都有规律可循；女子说话不一定要伶牙俐齿，重要的是不说污言秽语，并且是该说的时候说，不该说的时候不说，要符合时宜；女子的容貌不一定要十分漂亮，只要经常浣洗衣服，让衣服保持鲜亮整洁，按时沐浴，不让身体藏污纳垢；女子不一定要在女工

〔1〕　范晔：《后汉书 列女传》。

方面出类拔萃，而是在纺织的时候能够专心、认真，把笔墨放置整齐，把餐具酒具等清洗干净、摆放整齐，以便款待宾客。

所以各自守着自己的本分，天下太平，从家开始做起。如果男女不能做到各守本分，不能够顺应天地自然，做不到刚柔相济，肯定会引起家庭的动荡，社会的不安，或有天灾，或有人祸。在《易经·序卦》里面就有这一段的卦辞解释，“有天地，然后有万物；有万物，然后有男女；有男女，然后有夫妇；有夫妇，然后有父子；有父子，然后有君臣；有君臣，然后有上下；有上下，然后礼有所措。”天地，这是讲宇宙，宇宙产生了以后就会有夫妇，夫妇是人。《女诫》里面讲：“夫妇之道，参配阴阳，通达神明。信天地之弘义，人伦之大节也。”这是讲夫妇之道，这个道就是讲关系，夫妇之间的关系；“参配阴阳”，即跟天地相合，跟天地配合，夫妇是阴阳配合，可以通达神明，跟天地鬼神都有感应。这是“天地之弘义”，即天地的大义，“人伦之大节”，大节就是大道。所以夫妇关系是天地的大义，人生之大道，就在于此。

第五节　婚姻是一种修行

以往对于离婚原因的研究，学者们的主要观点是强调婚姻的内在原因，认为国家层面的外在原因通过内在原因发生作用。离婚的内在原因常常被归咎于以下几个方面：彼此性格不合、外在的相貌、社会条件等相差悬殊；夫妻之间因为某种原因导致的感情淡漠、关系疏远、缺乏交流、价值观念不同、性生活不和谐等；生活习惯差异大而又不能互相调和；男女性别角色错位等等。面对这些矛盾有人认为最好的解决办法就是离婚。

面对离婚潮，不少人呼吁建构新型的婚姻伦理秩序。其实无论是中国的传统文化，还是世界宗教教义中都有许多让我们可以借鉴和传承的优秀元素和无尽的智慧珍宝，对家庭各方面的伦理都进行了规范；对人与人之间、夫妻之间如何相处也给出了约定。这些伦理及相处之道不仅有利于婚姻稳定和两性关系和谐，更能增加人们的幸福感。

中国传统文化除了有完善的家庭伦理来保证家庭秩序的正常，更重要的是儒释道三学都把处理好家庭中的关系看成是成就君子人格的开始，是个人修身的开始。因而婚姻不仅仅是一种经营，更是一种修行，在婚姻中化掉自己的顽劣秉性，成就自己的德行。

一、家庭的圆满与个人德行的圆满

（一）“君子之道，造端乎夫妇，及其至也，察乎天地。”

孔子曾说：“君子之道，造端乎夫妇，及其至也，察乎天地。”（《中庸》）这句话告诉我们一个人想要成为真正的君子可以从最基本的人伦秩序——夫妇关系中去感悟和体证君子之道是什么。

首先，夫妻之爱是一种紧密、真诚、纯净的爱。想成就君子人格的人，从这一点应该知道，君子首先是一个有着至诚至纯本性的人，对万事万物心存情感的人，是一个可以把夫妻之爱而推广为对他人之爱的人。

其次，君子人格的修行之路，可以从处理夫妻关系开始做起，对此的通达，则他的智慧就可以发展到洞察宇宙真理的地步。为什么孔子认为“君子之道，造端乎夫妇，及其至也，察乎天地”？因为夫妻两个人的结合，实际是两个不同因缘、不同家庭背景的人的结合，两个人背后的差异性，将意味着夫妻生活是一种复杂的社会关系处理，而需要很好的智慧。因此，夫妻两人要平顺地生活在一起，除了需要依据社会伦理规范行事外，更重要的是需要化解冲突的智慧和面对逆境的安忍。夫妻间的相处秉承的是：恭敬、尊重而不占有；关怀、奉献而不自私；随缘而不强求的相处。要达到这样的境界其实是一个非常艰巨的过程！这种境界的获得要求夫妻之间至少有一方是有德行的人，否则很难达到，而这也正是婚姻生活带给修行者的意义之所在。君子人格的成就是从处理复杂的夫妻关系开始的。

最后，真正的君子德行的践行也应从夫妇之间做开始，从家庭生活的琐事做起。《孟子》说："身不行道，不行于妻子；使人不以道，不能行于妻子。"在家庭生活中，如果一方不遵循道的要求，那么就不要指望另一方也能依道行事。如果不合道义随意地驱使另一方，即使被迫去做，也不是心甘情愿。夫妇一方不检点自己的行为，或者对对方不知爱惜，任意驱使，这种彼此尊重的缺乏必然会破坏夫妻感情，影响家庭和谐。

孔子曰："修己以敬，修己以安人，修己以安百姓"。孟子曰："天下之本在国，国之本在家，家之本在身。"儒家把修己放在了十分重要的位置，认为修好君子之德不仅对家庭、对社会、对国家都有特别的意义。修己是一切的基础和前提。

（二）"格物"、"致知"、"诚意"、"正心"

《大学》开宗明义篇讲："大学之道，在明明德，在亲民、在止于至善"。其中的"在亲民"就指出了跟所有周边人的关系，跟周边人的关系和谐了，整个社会才会和谐。如何实现"亲民"呢？在于修身，修身的途径又是怎样的？"……欲修其身者，先正其心。欲正其心者，先诚其意。欲诚其意者，先致其知。致知在格物……"从"格物"、"致知"、"诚意"、"正心"，到"修身"、"齐家"、"治国"、"平天下"。这便是君子修身的途径和目的。

下面将论述如何在夫妻关系上达到，"格物"、"致知"、"诚意"、"正心"。

1. "格物"、"致知"。"格物"是"正心"的第一前提。"格物"，即是通过接触事物来探究事物原理，从而获得知识。接触事物，是了解事物，应付变化中事物的前提。同时，格物也指用一定规范来约束事物。对于人来说，家有家规、国有国法，要生存于社会就要用法律和伦理道德来约束，符合规矩了，人的生活才能不乱套。此外，如印光大师所启示的，格物还有格除幻妄私欲之意，若格除此幻妄不实之私欲，则不偏不倚，即心本具之正知自显。一举一动，悉合情理，了无偏僻。

具体而言，在夫妻关系方面需要探究的是家庭中两性间本来的定位，通过探究而获得关于两性关系的正确知见。自古以来，乾和坤的价值取向成为《周易》处理婚姻家庭和两性关系的指导性原则。乾坤虽有各自独立的品德，但两者并非孤立，就乾坤的关系而言，预示着如下几方面的含义：第一，乾、坤是天地自然和人类社会构成的两个根本要素，共同承载着天地运化之责，也共同承担着家庭生息之责；第二，乾、坤各有特性和功能，乾刚健，坤柔顺，反映在性别上则是男子以刚健为功，女子以柔顺为务；第三，因乾坤的不同特性而引出夫妇有别，即丈夫与妻子遵循各自的伦理规范，各自履行不同的道德义务；第四，阴阳要平衡。只有阴阳平衡，刚柔相济，天清地宁，这样家庭才能够长久。

《礼记》中讲到，“夫者妇之天也，阳刚阴柔，天地之大义。夫恩妇爱，人道之大经”。这些道理正是符合了乾坤之道，自然之道。丈夫为天，妻子为地，天地阴阳的交感，而构成了家庭。夫妻双方只有符合天地之大义，人道之大经，这样的家庭才稳固。如果说夫妻双方都不能遵循各自的角色定位，天不像天，地不像地，天被压在了地下，地升到了天上，便是天翻地覆，结果可想而知。

2.“诚意”、“正心”。当我们明白夫妻相处之道时，就应该开始去践行，也就是去修正自己的身和心，那么从什么地方开始修呢？要从“诚意”修起。儒家认为，人心受到忿激、恐惧、好乐、忧患等情欲的影响会不得其正，而心必须有所诚求，才能不乱而正。前清曾国藩先生解释“诚”字，他的定义是，心里面没有一念的时候叫做“诚”。动了一念就不诚了。心里面一念不生，这是定。所以，“欲正其心者，先诚其意”。诚意的关键在于“格物致知”。这样，由于意真诚、心端正，个人道德完善，家庭和谐，治国、平天下的政治理想也就实现了。而夫妻双方在处理夫妻关系的过程中，力行君子之道，就不知不觉转凡成圣了。

二、宗教中的婚姻智慧

宗教对于婚姻影响极大，有宗教信仰的人，常常遵循宗教中的智慧和规范来稳定婚姻。国外学者就宗教对婚姻的影响作用近年来有较多的研究，比较有代表性的有：里奇·丹尼尔和巴特森等（Lichter et al. 2003）主要是针对美国中高收入家庭的宗教与婚姻质量相关性进行了研究，他们发现宗教参与对婚姻质量提高具有显著相关性。〔1〕而丹尼尔和朱莉（Daniel T. Lichter and Julie H. Carmalt）则对美国中低收入者的婚姻质量与宗教的关系进行了研究，他们通过实证分析的方法研究了两者的关系，结果表明，宗教与婚姻质量也是成正相关。〔2〕

综合近年来宗教与婚姻质量的研究成果来看，学者们得出了如下结论：一是宗教可以直接促进或者改善婚姻质量。莱勒（Lehrer, 2004）在宗教与婚姻关系的研究中发现：共同的宗教信仰对婚姻的形成具有内在的推动作用，有助于建立和谐的婚姻关系或拥有较高的婚姻质量〔3〕。二是宗教可以通过直接影响与婚姻质量相关的其他因素来间接地影响婚姻质量。威尔科克斯和诺克等（Wilcox et-al, 2006）认为宗教组织作为一种社交网络可以缓冲社会成员在精

---

〔1〕 Lichter, Daniel T, Batson, et al. Religion and healthy marriages. In: Bronte - Tinkew, Jacinta, Guzman, Lina, Jekielek, Suzanne, Moore, Kristin A. , Ryan, Suzanne, Redd, Zakia, Carrano, Jennifer, Matthews, Greg (Eds.), *Conceptualizing and Measuring Health Marriages for Empirical Research and Evaluation Studies.* Child Trends, Washington, DC, 2003, pp. 211 ~222.

〔2〕 D. T. Lichter, J. H. Carmalt. *religion and marital quality among couples.* Social Science Research , 2009 (38), pp. 168 ~187.

〔3〕 Lehrer, Evelyn L. , *The role of religion in union formation: an economic perspective.* Population Research and Policy Review 23, 2004, pp. 161 ~185.

Regnerus, Mark D, Smith, Christian. *Selection effects in study of religious influence.* Review of Religious Research, 2005, p. 47.

神和身体健康方面的压力，从而有利于提高夫妻的婚姻质量。[1]此外，丹尼尔的研究还发现宗教可以缓冲经济压力对给婚姻质量带来的负面影响。三是否有宗教信仰对交友、择偶、结婚等方面产生显著的影响，宗教信仰会成为一种约束力来规范两性关系，并借助传承的力量来约束人们的婚姻观念与行为。[2]宗教伦理对人们的婚姻维持具有稳定性作用。四是宗教因素对于婚姻生活有如下影响：有宗教信仰的人更看重家庭、付出更多的精力照顾家庭与培养孩子；双方因对教义的遵守而不会随性而为，而是共同努力维持和谐的家庭气氛[3]。五是健康家庭的形成少不了宗教信仰的参与。斯蒂尼特和弗朗宁（Stinnet & De Franin ）指出健全家庭的特质具有高度的宗教取向[4]。六是宗教提升家庭的社会支持网络；它不仅丰富了家庭的休闲活动；还为家庭成员提供支持性的婚姻家庭辅导以及价值观；并为家庭提供社会福利方面的服务；鼓励家庭寻求灵性的支持来解决个人及家庭的问题。[5]

综合上述可知，宗教信仰对婚姻的稳定与婚姻的质量有积极的作用，有助于化解夫妻冲突。虔诚的宗教态度是家庭稳定与和谐的重要保证。夫妻一起在婚姻中修行，若在灵性和世俗修行中共同成长，更增加了彼此之间的亲密关系。接下来，将论述三大宗教中关于和谐婚姻、幸福家庭的约定与智慧。

（一）基督教

纵观基督教发展的历史与现状，其核心的婚姻价值观对于维护

---

〔1〕 Wilcox, W. Bradford, Nock et al. What' s love got to do with it? Equality, equity, commitment and women' s marital quality. Social Forces , 2006（84）, pp. 1321～1345.

〔2〕 Greenberg, E. F. & Nay, W. R. *The intergeneration transmission of marital instability reconsidered.* Journal of Marriage and family, 1982（4）, pp. 335～347.

〔3〕 Murstein, B. I. *Who will marry whom?* New York: Springer, 1986.

〔4〕 Stinnet, N. , & Defrain, . *Secrets of strong families.* Boston; Little, Brown and Company, 1985.

〔5〕 Abbott, D. A. , Berry, M. , & Meredith , W. H. *Religious belief and practice: Apotential asset in helping families.* Family Relations, 1990（39）, pp. 443～448.

人们的道德方面特别是婚姻家庭道德、性道德的严肃性方面发挥着重大作用。基督教认为婚姻是神圣的，在上帝旨意下男女结合组建家庭，要求一夫一妻，男人不得随意寻找情人，女人要忠于丈夫，不得离婚。

1. 婚姻的目的。《圣经》记载，上帝创造了万物，各从其类，有着不同的功用并和谐有序，准备好这一切后，神创造了人。“耶和华神用地上的尘土造人，将生气吹在他的鼻孔里，他就成了有灵的活人，名叫亚当”（创世纪 2:7）。当上帝看到自己亲手制造的万物之灵的人独自生活时，“耶和华神说‘那人独居不好，我要为他造一个配偶帮助他。’”（创世纪 2:18）接下来上帝为亚当制造配偶帮助他：“耶和华神使他沉睡，他就睡了；于是取下他的一条肋骨，又把肉合起来。耶和华神就用那人身上所取的肋骨造成了一个女人，领到那人跟前。那人说：“这是我骨中的骨，肉中的肉，可以称她为‘女人’，因为她是从男人身上取出来的。因此，人要离开父母与妻子连合，二人成为一体”（创世记 2:22－24）。由此产生了婚姻。从这个意义上说，婚姻是神的意愿，而神造女人的目的是为了“帮助男人”。男人和女人各守本分、互助互爱并且成为一体是神设定婚姻的美意。

神为什么要设立婚姻呢？第一,“要生养众多，遍满地面”（创世纪 1:28）“得虔诚后裔”（玛拉基书 3:15）；第二，互相帮助、互为终身伴侣，一起服事神。《圣经》中说“两个人总比一个人好，因为二人劳碌同得美好的果效。若是跌倒，这人可以扶起他的同伴，再者二人同睡，就都暖和：一人独睡，怎能暖和呢？有人攻胜孤身一人，若有二人便能抵挡”（传道书 4:9－11）。

2. 夫妻关系。基督教认为夫妻关系是一种爱与顺服的关系。第一，妻子对丈夫是顺服的，如同顺服主：“你们做妻子的，当顺服自己的丈夫，如同顺服主。因为丈夫是妻子的头，如同基督是教会的头。教会怎样顺服基督，妻子也要怎样凡事顺服丈夫。”（以弗所书 5:22－24）“你们作妻子的，当顺服自己的丈夫，这在主里面是相宜的。”（歌罗西书 3: 18）这些话表面作为妻子的主要本分则是存着温柔安静、凡事感恩的心来顺服自己的丈夫。第二，丈夫对妻子要爱。“你们作丈夫的，要爱你们的妻子，正如基督爱教会，为教会舍己。要用水借着道把教会洗净，成为圣洁……丈夫也当照样爱妻子，如同爱自己的身子，爱妻子便是爱自己了。从来没有人恨恶自己的身子，总是保养顾惜，正像基督待教会一样，因我们是他身上的肢体。”（以弗所书 5: 25 －30）这段论述表明基督教认为丈夫的主要本分是无私、舍己、不计回报地爱自己的妻子。第三，夫妻二人合为一体，不可离分。妻子是丈夫肋骨造成的，肋骨是最贴心之处，是最亲密的表征。在基督教的婚姻关系中，认为夫妻关系是最亲密的人际关系，是灵与肉的合一。正如亚当说的：“这是我骨中的骨，肉中的肉，可以称她为女人，因为她是从男人身上取出来的”，所以夫妻生命息息相关，只能相依相爱。

3. 夫妻的定位与职责。神赋予妻子的本性是顺服。妻子要敬重丈夫而不要轻慢他，感化丈夫而不要改造他。妻子自己应有好的品行、好的见证，使丈夫受感化而乐意改正自己。最后，妻子要注重内在美的培养。《圣经》上说“你们做妻子的，要顺服自己的丈夫。这样，若有不信从道理的丈夫，他们虽然不听道，也可以因妻子的品行被感化过来，”“这正是因看见你们有贞洁的品行和敬畏的心。你们不要以外面的辫头发、戴金饰、穿美衣为装饰，只要以里面存着长久温柔、安静的心为装饰，这在神面前是极宝贵的。”（彼得前书 3: 1 －5）其次，妻子还必须是圣洁、专一的。“才德的妇人是丈夫的冠冕，贻羞的妇人如同朽烂在她丈夫的骨中”。（箴言 12: 4）最后，妻子还要帮助丈夫建立家室，使家成为温暖的居所，参与并帮助他的事业和工作“智慧妇人建立家室，愚妄妇人亲手拆毁”（箴言 14: 1）；“才德的妇人谁能得着呢？她的价值远胜过珍珠。她丈夫心里依靠她，并不缺少利益，她一生使丈夫有益无损”（箴言 31: 10 －12）妻子要支持丈夫成为家中的领导者。彼此劝勉，同甘共苦。

基督教认为丈夫的本份是爱妻子。丈夫爱妻子是无条件的，如同基督爱世人是无条件的一样，这种爱是无私、舍己、不计回报的爱。正如耶稣基督所做的那样，他爱教会并且为它舍己。丈夫除了爱妻子外，还有一个很大的责任是作头，即领导者。丈夫在婚姻家庭中要尽好领导者的职分，就要效法耶稣基督，耶稣基督来到世间是服侍人的，“正如人子来，不是要受人的服事，乃是要服事人，并且要舍命，作多人的赎价”，（马太福音 20: 28）所以丈夫在家庭中不仅仅是一个领导者，更是一个服侍家人的人。神赋予丈夫的不只是权力，更重要的是责任，，因而丈夫应该用耐心、爱心对待妻子；另外圣经上还教导妻子是丈夫的肋骨，她最大的需要是被爱：“你们作丈夫的，也要按情理与妻子同住，因她比你软弱，与你一同承受生命之恩的，所以要敬重她。”（彼得前书 3: 7）做一个好丈夫就是要像耶稣基督那样舍己爱人。

4. 离婚。基督教是不赞成离婚的，因为婚姻是神的旨意。正如所说：“耶稣回答说：那起初造人的，是造男造女，并且说：因此，人要离开父母，与妻子连合，二人成为一体。这经你们没有念过吗？既然如此，夫妻不再是两个人，乃是一体了。所以神配合的，人不可分开。”（马太福音 19: 4 –6）。同时基督徒的婚姻还是盟约婚姻是经过神见证的。“因耶和华在你和你幼年所娶的妻中间作见证。她虽是你的配偶，有是你盟约的妻，你却以诡诈待她”。如上所说，对于神配合和见证的婚姻，人是不能把夫妻分开的，只有神才有这样的权利。

在基督徒看来，婚姻是上帝设立的，是神圣的，是一生之久的盟约，其本质是奉献与责任。这种忠诚、责任、相亲相爱的理念对个人产生强有力的约束，其中许多因素都有助于家庭的和睦与社会的和谐。

（二）伊斯兰教

1. 婚姻的缔结。伊斯兰教十分重视婚姻，主张成人必婚，认为婚姻是当然的义务和责任，反对独身。教法规定，穆斯林男女成年后缔结婚姻，组成家庭是“瓦直卜”（意为当然），为繁衍子孙而结婚谓“逊奈”（即圣行）。男女之间最密切的结合就是通过婚姻建立的夫妻关系，这是真主造化的人类天性，应当如此。真主说：“你们让未婚的男女互相结合。”（《古兰经》24:32）事实上，伊斯兰法将男女婚姻关系赋予了信仰行为和社会责任两个方面的性质。成年的男女结婚是服从真主命令和顺从人类生理天性的信仰行为，夫妻间的互相爱慕和敬重，共同抚养儿女，都是人类的正常活动。正如先知穆圣说：“一个人结婚成亲，完成了一半信仰；另一半是他敬畏真主的行为。”穆圣警告说：“结婚是我的圣行，抛弃我的圣行者，等于抛弃了我。”由此可以看出，伊斯兰法强调结婚是人类必经之义务。此外，《古兰经》上说：“众人啊！你们当敬畏你们的主，他从一个人创造你们，他把那个人的配偶造成与他同类的，并且从他们俩创造许多男人和女人。”（《古兰经》4:1）“他的一种迹象是：他从你们的同类中为你们创造配偶，以便你们依恋她们，并且使你们互相爱悦，互相怜恤。对于能思维的民众，此中确有许多迹象。”（《古兰经》30:21）从这些话里，可以看出真主是鼓励婚姻的。在穆斯林心中，婚姻是十分神圣的，是真主赐予他们的恩典。在穆斯林眼中，婚姻是在真主的见证下结成的，是一种庄严而神圣的承诺，是对夫妻双方、对社会、对真主的承诺。而且夫妻关系也是最亲密的关系。“正如真主说：‘她们是你们的衣服，你们是她们的衣服。’”（《古兰经》2:187）在伊斯兰世界，婚姻不仅是一个人的事，而是整个社会的事。根据伊斯兰法，婚姻的缔结要经过以下程序：一是男女双方相互见面，相互满意，反对任何形式的强迫、买卖婚姻。《古兰经》中说：“信道的人们啊！你们不得强占妇女，当作遗产，也不得压迫她们。”（《古兰经》4:19）伊斯兰教认为自主的婚姻使双方可以互相了解，不至于婚后再反悔，或者陷入苦恼之中。另外，《古兰经》还指出了婚姻的另一个功能是繁衍后代，经上说：“真主以你们的同类做你们的妻子，并为你们从妻子创造儿孙。”（《古兰经》16:72）

2. 夫妻关系及职责。伊斯兰教要求婚姻必须自主自愿，夫妻间应仁爱、忠实、尊重。《古兰经》主张男女有婚姻自主权，提倡自觉自愿。《古兰经》强调说："当她们与人依礼而互相同意的时候，你们不要阻止她们嫁给她们的丈夫……"（《古兰经》2:232）。在此基础上伊斯兰教要求，夫妻之间应当互敬互爱、互助互补、分工协作、和睦相处。经上说："他的一种迹象是：他从你们的同类中为你们创造配偶，以便你们依恋她们，并使你们互相爱悦，互相怜恤"（《古兰经》30:21）；又说："男人是维护妇女的"（4:34）。伊斯兰教还认为丈夫应当体贴、关心和爱护妻子，不得无故猜疑妻子，更不能伤害、虐待妻子。夫妻之间要互相鼓励，要忠实和尊重。《古兰经》中说："信道的人们啊：你们不得强占妇女，当作遗产，也不得压迫她们你们当善待她们。"（4:19）上述的话语充分说明了女性在家庭中应该受到维护和痛爱，应该得到丈夫的保护。在生活的各方面丈夫都应该善待妻子。如经上所说说："信道的人们啊！……你们当善待她们"（《古兰经》4:34）。布哈里圣训说："你们中最好的人是你们中善待妻子的人"。同时，伊斯兰教在肯定男女平等的前提之下，更强调和注重妇女在家庭生活中的地位和作用，男人强悍的体魄、坚强的性格决定了男人必须更多地承担谋生和养家的责任；女人柔弱的体质、温柔的性格更适合在家庭中充当抚养、教育子女的角色。通过发挥好妻子、好母亲的作用，使家庭关系和谐稳定；使子女在道德、智力和身体方面得到健康发展，从而为社会的健全发展作出贡献。"圣训"中说："妇女是家庭的明灯……是子女的摇篮，是幸福的源泉，是美德的工匠。"又说："教育好一个妇女等于教育好一个家庭。"由此可见穆斯林妇女在家庭生活中的重要地位和作用。对于女性经上也指出"她们应享受合理的权利，也应尽合理的义务。"（《古兰经》2:228）

3. 离婚。伊斯兰教对离婚问题持十分谨慎的态度，禁止无缘无故的离异。伊斯兰教把美满和睦的家庭视为社会稳定、民众幸福的主要因素。《古兰经》说："休妻是两次，此后应当以善意挽留她们，或以优礼解放她们。你们已经给过她们的财产，丝毫不得取回，除非夫妻两人恐怕不能遵守真主的法度。如果你们恐怕他们俩不能遵守真主的法度，那末，她以财产赎身，对于他们俩是毫无罪过的”（《古兰经》2:229）。又说：“如果你们休妻，而她们待婚期满，那末，当她们与人依礼而互相同意的时候，你们不要阻止她们嫁给她们的丈夫。”（《古兰经》2:232）这段经文是指出在追求自己幸福的同时必须尊重他人的利益，要具有人道精神尊重离异另一方的选择，并照顾弱者的权利。

即使伊斯兰教允许离婚自由，但仍然主张要先行调解：《古兰经》云，如果“她们不以任何物配真主，不偷盗，不通奸，不杀自己的儿女，不以别人的儿子冒充丈夫的儿子，不违背你的合理的命令”（《古兰经》60:12）的话，那么，“你们不要把她们从她们的房里驱逐出门，她们也不得自己出门，除非她们做了明显的错事”（《古兰经》65:1）。但当夫妻之间确已无法生活时，“如果你们怕夫妻不睦，那么，你们当从他们俩的亲戚中各推选一个公正人，如果两个公正人欲加以和解，那么真主必使夫妻和睦。”从上述经文看出，伊斯兰教最终是不主张离婚，而是尽可能地提供机会来挽回失败的婚姻，并通过一些措施来减少离婚的。同时，伊斯兰教还对即将离婚的妇女采取了特殊的保护措施，即规定待婚期。“盟誓不与妻子交接的人，当期待四个月”，“被休的妇女，当期待三次月经，而在等待的期间，她们的丈夫是宜当挽留她们的”（《古兰经》3:22），“当她们满期的时候，你们当善意地挽留她们，或善意的离别她们”（《古兰经》65:2），此意在避免妻子怀孕。“如果她们有孕，你们就应当供给她们，直到她们分娩。如果她们为你们哺乳，你们应当报酬她们，并且应当依正义而相商”（《古兰经》65:6）。《古兰经》中明确指出不能因离婚而抛弃孕妇，保护妇女这一弱势群体更体现了伊斯兰教的人道性。最后，离婚规定：“凡被休的妇女，都应得到一份照例的离仪，这是敬畏的人应尽的义务”（《古兰经》2:241），并且离婚时，“你们已经给过她们的财产，丝毫不得取回”（《古兰经》2:229）。这种对于弱者生活艰辛的体恤，无不渗透着先知的智慧和仁爱。

伊斯兰教不仅提倡婚姻自择，同时主张离婚自主，也允许离婚再嫁。“如果你们休妻，而她们待婚期满，那么，当她们与人依礼而互相同意的时候，你们不要阻止她们嫁给她们的丈夫”（《古兰经》2:232）。此处明文规定允许妇女再婚。

（三）佛教

1. 佛教的婚姻观。婚姻是社会的基本组成部分——家庭的必要条件，和其他社会组织形式一样，都是有共同的思想基础才聚合在一起，是正常的社会现象，只是由多人变成男女双方。佛教并不干涉世俗人的社会组织——家庭，但是有个前提，就是婚姻的基础一定是有共同的利益和思想基础，否则就不会稳定。没有共同利益、共同思想的婚姻，不会产生稳定的家庭。比如，因为人的贪欲而聚合在一起：性色、财富、地位、子嗣而结合等等，都是不同贪念的表现，这样的婚姻必然是不幸福的。再有婚姻双方没有共同生活目标，彼此不能互相进步，而是贪图个人享受，或好逸恶劳，或游手好闲不务正业，这样的婚姻也会带来不好的结果，仍然未脱佛法因、缘、果的解释。虽然佛陀说法教化的主要对象是出家僧尼，侧重断欲去爱，了生死，证菩提。但佛教对人间男女、夫妻间的爱情、婚姻，并非一味否定。《杂阿含经》卷三六中，佛谓：“贞祥贤良妻，居家善知谚。”《别译阿含经》卷十二中，佛称“妻为最亲友”，说夫妻应“异体同心”。佛陀并非劝所有的人出家断爱，而教导善生、玉耶女等在家弟子恪尽人道。《给孤长者女得度因缘经》说长者女善无独要求出家，佛陀不许，令她嫁给信奉外道的牛授童子，感化夫家多人令人正道。大乘《惟日杂难经》一方面说“有妇不得佛道”，教诫菩萨“见妻子当如见冤家，意莫随贪爱”，一方面又说菩萨若具四种因缘，也可娶妻结婚：一者“宿命同福”，享受前世共同创造的福报；二者“毕罪”，酬偿宿债；三者“应当共生男女”，有共同生子女的业报；四者“黠人娶妇疾得道”，有智慧者的婚姻是快速得道的助缘。大乘、密乘还以爱情、婚姻为菩萨随顺众生而度化的重要“方便”。[1]也有不少佛典是为在家人而演说的，如《善生经》、《佛说玉耶女经》、《六方礼经》、《法句经吉祥品》、《维摩诘所说经》等。这些佛典为在家人说明了如何立身安命，进行合理的居家生活等。由于佛陀了悟宇宙万物的真相，并如实指出所有的婚姻可能会面对的烦恼与问题。然而佛教却被有些人误会是反对婚姻的宗教，其实佛教允许信徒自由决定一切关于婚姻的问题。虽然如此，佛教是为了人类而设计，含有入世的精神，因而佛教徒的婚姻还是要符合社会习俗、符合所处国家的法律。[2]

2. 夫妻和谐之道。佛陀在讲经说法中，就家庭生活、夫妻之间、亲子之间，应该如何彼此相待，提出明确要求，有的经典还讲到结婚之后，怀孕、生子的事。最有代表性的经典有《善生经》，在经中佛陀教导如何侍奉父母，处理好与妻子、师长、亲戚、僮仆、出家修道者等六种关系的法则；《玉耶女经》则阐明了夫妻和和谐之道；《长阿含十六经》明文说：为子求善婚娶是父母的义务；《中阿含一三五经》亦明言：“夫当以五事，爱敬供给妻子。”“妻子当以十三事善敬顺夫。”并说：“若人慈愍妻子者。必有增益则无衰耗。”[3]夫妇之道是人伦的根本。正确地处理夫妻关系，对促进家庭的稳定、社会的祥和，具有重大的意义。

丈夫怎样待妻？佛陀指出：为人之夫，当以五事“爱敬供给”妻子，如《善生经》中佛言：“善生，夫之敬妻亦有五事。云何为五？一者相待以礼，二者威严不阙，三者衣食随时，四者庄严以时，五者委付家内。善生，夫以此五事敬待于妻。”这五条待妻的原则，包含如下内容：①相待以礼。男女的地位是平等的，夫妻双

〔1〕 http://www.fjnet.com/fjlw/200809/t20080916_81997.htm 2013.2.1.

〔2〕 释了幻：《佛法与婚姻》，http://club.fjdh.com/html/07/4607-5917.html.2003.

〔3〕 释了幻：《佛法与婚姻》，http://club. Fjdh. com/html/07/4607-5917.html.2003.

方应该互相尊重，不论收入的高低，家庭出身是否悬殊，乃至智力上知识上的差异，在人格上都是平等的。丈夫对妻子不可歧视或轻慢。②威严不亵。威是庄重而不浮躁，严是尊严而能自爱，不亵是不可轻慢。待妻的举止应该庄重礼貌，言语行为不可轻薄放纵。③衣食随时。女人常欢喜丈夫赠与她心爱的东西。所谓心爱的东西倒并不一定要价值昂贵的，只要你是为她而买的，她心里就感到无限的愉快了。如衣料食品之类，当她心里想要而还没有开口的时候，你就买来送她，她自然喜出望外，感到你是关心体贴的人。④庄严以时。这“庄严以时”就要给妻子购买衣物装饰，使她能打扮得整洁而适合时代。因为爱美之心，是任何妻子都有的。但是，做丈夫的也不可使她打扮得过分华丽，竞奇炫异，流于奢侈，一味追求“新潮”，则失了庄严的真意义。服饰是身的容仪，修养的品位，在选择衣物装饰时，应要顾到这两点。⑤委付家内。做丈夫的对于家中大小事件，只须主持大体，而不必为微细的琐事，一桩桩亲自去督察管理。丈夫对家政明察秋毫般地去干预，作求全的责备，常会使妻子感到不快和没趣，所以，即使妻子处理事务有失当之处，也要“言色相和”、理解宽容，让妻子当家。要知道如果没有妻治家，那丈夫就有后顾之忧了。〔1〕

如何当好妻子？佛《玉耶女经》中说，妻子应该奉行五善：“佛告玉耶言：一者晚眠早起修治家事，所有美膳莫自向口，先进姑嫜（公婆）夫主；二者看视家物，莫令漏失；三者慎其口语忍辱少嗔；四者矜庄诚慎，恒恐不及；五者一心恭孝姑嫜夫主，使有善名，亲族欢喜为人所誉。是为五善。”戒除三恶《玉耶女经》言：“何者三恶：一者未冥早眠日出不起。夫主诃嗔反见嫌骂。二者好食自啖。恶食便与姑嫜夫主。奸色欺诈，妖邪万端。三者不念生活，游冶世间。道他好丑，求人长短，斗乱口舌，亲族憎嫉，为人所贱。是为三恶。”经中还指出了为人妻的五道。《玉耶女经》言：

〔1〕 http://read.goodweb.cn/news/news_view.asp?newsid=37440，2013年2月1日访问。

“佛告玉耶。作妇之法。当有五等。何谓为五。一如母妇。二如臣妇。三如妹妇。四者婢妇。五者夫妇。何谓母妇。爱夫如子故。名母妇。何谓臣妇。事夫如君故。名臣妇。何谓妹妇。事夫如兄故。名妹妇。何谓婢妇。事夫如妾故。名婢妇。何谓夫妇。背亲向疏永离所生。恩爱亲昵同心异形。尊奉敬慎无憍慢情。善事内外家殷丰盈。待接宾客称扬善名。最为夫妇之道。”〔1〕一个为人妻的人，如果能按五道行事，奉行五善，戒除三恶，那么家庭的和谐就是必然的。

印光大师曾对夫妻间的关系进行过总结：夫妻之间，当常以悦亲之心为念。夫妻互相恭敬，不可因小嫌隙，或致夫妻不睦，以伤父母之心。

3. 离婚。佛教不反对离婚。因为结婚和离婚是缘聚缘散的表现。只是不赞成草率结婚和草率离婚。对于离婚，佛经中没有不准离婚的明确根据。不过，由于离婚对男女双方都是非常痛苦的经验，对孩子也是非常大的伤害，所以佛教也不赞成离婚，而在现实生活中，一般主张“劝合不劝离”。佛教主张婚姻的美满及婚姻的责任，既然结为夫妇，结婚之后，应该相亲相爱，互相尊敬，各守各的本分，各尽各的责任，佛教严禁邪淫（私通），婚姻破裂，多数是由夫妇之间不能互守道德贞节。即使破裂了的婚姻，佛教也主张破镜重圆。佛陀虽不许出家比丘介入俗世的婚嫁，但仍许可比丘们为“若男女先已通，而后离别，还和合”（四分律卷三）。男女的离婚，对于彼此的心理，尤其对于儿女的抚育，都有不良的影响。事实上，离婚可能会解除一些人的痛苦，使他们暂时脱离婚姻苦牢，但也造成很多社会问题：单亲家庭、再婚、子女问题、社会不稳定等。有鉴于此，也可以说，佛教是不赞成离婚的。佛教虽不赞成离婚，但是假如到了水火难容的地步，也要好聚好散。因为一味地反对离婚，让彼此怨恨的人在一起，这也不对。如果是为了满足情

---

〔1〕 http://read.goodweb.cn/news/news_view.asp?newsid=37440.

欲的理由而离婚，那是不道德、罪恶的，也不是佛教所许可的。[1]

第六节 小结

20世纪以来，虽不过百年，但世界政治、经济、科技、社会道德所发生的巨大变化，超过往昔数千年；世事难测、人心大变，人类婚姻家庭经历了前所未有的冲击，许多家庭因此土崩瓦解。婚姻问题的解决，内因是其决定作用的。婚姻问题的内因之一就是夫妻双方或者一方不能各安其位，各守本分。出现了夫不义，而又妇无德的现象，家庭便失去了和睦，婚姻岌岌可危。随着女权运动的兴起，女性受教育程度的提高，女子在社会和家庭中的经济地位也越来越高，女性产生了与男人一争高下的竞争心、傲慢心。新中国成立至改革开放间几十年中，中国的女性，尤其是像北京这样大都市的女性确实与男人的竞赛中有一部分人占据了上风，其中也有相当一部分人变成了剩女，要么家庭欠和谐，要么婚姻破碎。然而，可悲的是，并不全是女性在自身的发展中偏离了方向，一些男性也同样没走在道上。自古男性都比作天，其性刚健有力，生生不息的。但确有如此多的男人不能担当起做丈夫的恩义、情义和道义，不能肩负起家庭的责任，靠女性来承担。这种男性的不在其位也是引发婚姻危机的重要因素。

这些年来婚姻家庭价值观的变化以及两性性别角色的认同混乱，不仅仅是经济发展、社会变化造成的。各类媒体在其中也起到了推波助澜的作用。尤其是20世纪80年代以电视为代表的大众传播媒介的迅速崛起，俨然成为社会变革中的一支重要力量，在促进现代化进程中发挥着举足轻重的作用。英国社会学家格雷厄姆·默多克曾非常明确地指出，现代性是离不开媒体参与的，其原因很简单，“在当今世界，传播系统在重组社会惯例，象征体系以及日常

---

〔1〕 http://www.xuefo.net/nr/article1/7012.html，2013年2月1日访问。

生活模式中，已经起着举足轻重的作用。这些社会惯例，象征体系与日常生活模式之和正体现了所谓的现代性”。因此，默多克特别强调：“追溯传播在现代性形成过程中的中心地位，并不是一个古怪而过时的爱好，而是了解新世纪社会变迁内在动力的重要事实依据和理论源泉”。〔1〕尤其是百年来大众传播、现代性与中国女性之间的关系现在已成为我们无法回避、必须正视的问题。因为性别问题从来就不单纯是女性自身的问题，从外在方面看，它是衡量社会进步的一个重要标志；从内在方面看它是衡量人——男人是否成为真正意义上人的一个重要尺度。因此考察大众传播、性别与现代性之间的关系对我们现在所进行的现代化建设将是一个新的视角和维度。〔2〕具体到大众传媒与性别的关系而言，大众传媒通过“拟态环境”和“刻板成见”的表现手法，所反映的男性和女性形象并不完全是现实生活中的真实形象，它同样是传播者依照自己的想象制造出来的一种虚拟的存在。就后者来说，大众传媒中的男女形象实际上是按照传播者的愿望制造出来的，因而潜藏着对于男性和女性的刻板成见。当然，大众传媒对于男性和女性的形象的成见并不是完全凭空想象的。如今的大众传媒有力量让部分人跟随其步伐去进行自身的性别认同，也有能力改变人们对好男人和好女人的判断标准。在此情况下，如果传媒本身缺乏社会责任，必然误导人们的择偶观或者婚姻价值，以及两性性别气质的认同的错乱。

对于广大中国妇女而言，男人为家族生存与发展所从事的“主外”事业越大，就越需要“主内”女人们的配合与合作。从表面上看，中国两性文化固然是“男外女内”、“男主女从”与“男尊女卑”，不仅“治国”、“平天下”成了男人们的专利，而且“牝鸡

---

〔1〕［英］格雷厄姆·默多克：“媒体参与的现代性：本世纪末的传播与当代生活”，载《二十一世纪：文化自觉与跨文化对话》，北京大学出版社2001版，第137页。

〔2〕张兵娟：“电视剧传播与性别现代性的建构”，载《乌鲁木齐成人教育学院学报》2008年第11期。

司晨，惟家之索”，凡关乎养家糊口、整肃门庭、对外交往、光宗耀祖的“齐家”大事，也难容她们置喙插手，她们似乎完全被排斥在“公共领域”之外。但事实上，在中国传统社会中，男女是各司其职，分工合作，阴阳和合的一个整体，只有女人秉承古训，尽职尽责地主好“内”，男人才心无旁顾地去修齐治平，所谓家和万事兴。也就是说，中国女子的“主内”，同样是国泰民安千秋大业的有机组成部分。然而，就是这样经过千百年历史验证的道理，却由于三百多年来传统文化的断代而引发了一场关于两性平等的“战争”，女性为所谓的“男女平等”而战。其实这场战争的引起根源在于人们对男女平等与男女有别的误读。对此，张甲坤指出，男人和女人的和谐是人类和谐的根本。和谐并不是等同，并不是男人能做到的事女人也能做到（或者说女人能做到事男人也能做到），和谐是各得其所的意思，就像天可以给万物阳光雨露却不直接生长万物，大地滋生万物却需要天上的阳光雨露一样。两性斗争的意识曾经严重影响了中国，结出了最苦涩的果子。男人把自己的权威理解为对女性力量上的优势；女性则把自己的苦难理解为男性的压迫，并把男性视为实现自身解放的对象。照此下去，势必两极分离、制造出严重的对抗，而彼此的相吸又是自然不可抗拒的力量，自然的力量与这种人为的竞争心态相交织使男人与女人之间聚生万种尴尬。〔1〕

传统文化强调男女有别，即按性别特点有分工。在家庭这个小团队里面，需要的是夫妻双方的互相恭敬与分工协作。《易经》里面有两个卦很好地阐释了两性在家庭中的心态。《易经》共有六十四卦，唯有一卦叫“六爻皆吉”，没有凶，这就是谦卦。这个谦卦是什么？地山谦，讲山在地之下。山本来在大地之上，怎么到地下了？表示谦卑。明明是高高在上的，现在反而谦下。古人本来看女子是这一家中最重要的角色，可以高高在上，但是现在反倒谦卑，

〔1〕 张甲坤：《中国哲学——人类精神的起源与归宿》，中国社会科学出版社 2005 年版。

把丈夫推上前，夫主为亲，这种德行就是谦德。《易经》里的咸卦。咸卦是艮在下，兑在上，艮为山，兑为泽，泽是讲水泽，沼泽，这是讲阴，艮是山，是阳，阳在阴之下，这一卦讲婚姻，这是最吉祥的。这说明了什么呢？这是男子在女子之下，让柔在上，刚在下，使阴阳二气这样互融互感，这样的卦象就是吉祥的。中国传统文化中理想的两性关系其实也是理安·艾斯勒伙伴关系的写照。

婚姻是人生大事，也是社会世俗生活的重要组成部分。长期以来人们一直有这样的错觉，认为宗教是独立于世俗生活之外的，是纯粹的信仰活动，跟无此信仰的人无关，与婚姻家庭生活似乎更无关。尤其在中国的传统认识中，除了伊斯兰教外，其他宗教的神职人员似乎与不婚联系在一起的。但事实上，宗教也是人类文化体系中的一个重要组成部分，它对人们的价值观、生活方式有着很大的影响。所有的宗教都十分重视婚姻、家庭的稳定性。佛教认为通过婚姻，建立家庭，既维系种族的繁衍，也维持了出家人的修行，为出家人提供物质生活保障。因此，佛教重视婚姻问题，对婚姻也有一套较为完整的概述。伊斯兰教重视婚姻是因为他们把结婚看作是穆斯林的义务，也是“圣行”。而在西方社会教会一直有为信徒举行婚礼的传统，根据圣经《创世纪》的记载，上帝造人类始祖亚当以后，认为他“独居不好”，便从他的身上取出一根肋骨，为他创造了配偶夏娃，与之共同生活，这就是人类婚姻的开始。不仅仅宗教信徒的生活受益于宗教的教义，事实上，宗教中的智慧对于普通人也起着有益的作用。当人们把经营婚姻看作是一场修行，把宗教的智慧用于处理家庭中各方面的关系时，个人的德行不但得到了提升，婚姻的质量也得到了提高。婚姻的生活虽然不免因为两个人的长期相处而产生摩擦；不免因为有机会近距离去接触另一个人类，从而发现人性的矛盾和劣根；也不免因为家庭成员相继加入生活圈而平添乐喜和忧愁，但真实的人生和修行乃由此入门。这当中有辛酸、有甘甜，修行人就是在化解一个个矛盾和冲突的过程中提升修行的境界，最终达到圆融无碍。

第七章　家国天下
——来自国家的力量◎

婚姻不仅仅是两个人的事，它更是国家的事。婚姻的稳定不仅关系到小两口的幸福，更是衡量一个国家人民生活质量的指标。因而两个人的幸福不仅要靠个人，也要靠国家。婚姻家庭的问题最根本上还是价值系统出了问题，是文化出了问题。三百多年中华优秀传统文化的断代，以及西方价值观的涌入，现如今不只是价值多元这么简单，更主要的问题在于价值观的模糊和价值判断标准的扭曲。人们凭着那些似是而非的经验自以为是地处理生活以及人际关系，殊不知他们的观念和行为都不在“道”上。而文化价值体系问题的解决仅仅靠个人是不够的，它也需要来自国家自上而下的力量。需要舆论、政策、法律、教育等诸多方面的参与，传播我国传统文化价值体系中的优秀元素，重构与时代同步的新型文化价值体系，尤其是家文化体系。

本章中将从三个方面展开，首先论述借鉴国外对于婚姻家庭问题处理的策略；其次通过回顾我传统文化的优秀元素，为今天家道文化的重建提供解决办法；最后探讨现代多元传媒体系在解决婚姻家庭问题以及家道文化重建过程中应起的社会责任。

第一节　他山之石可以攻玉——国外经验的借鉴

婚姻家庭的稳定关系到国家、社会的稳定，这一点是所有主权国家的共识。大多数国家尊重结婚和离婚的自由，甚至在有些国家把离婚自由作为社会进步的一个指标，和人权联系在一起。然而，没有一个国家是赞成草率离婚的。一些国家在经历了曾经宽松的离婚政策之危害后，逐渐采取了一系列的措施来提高人们对离婚的慎重态度，这包括婚姻立法、议程设置、家事调解、婚前教育、离婚救助等。从不同方面、针对不同年龄阶段的公民进行婚姻家庭基本理念及规范指导以减少不必要的离婚和离婚行为对家庭的可能伤害，以增强社会的稳定。他山之石可以攻玉，在本节中国外婚姻设置的了解及防范措施介绍，希望对中国的婚姻机制有所启示。

一、减少离婚的对策

婚姻家庭的和谐是社会稳定的基本前提，世界上不同的国家和地区在促使婚姻的稳定，减少离婚而引发家庭动荡方面都进行了众多的尝试或立法修订，使结婚与离婚的程序设置趋于谨慎又谨慎，以保护当事人或家庭成员的利益。

（一）新加坡的结婚与离婚程序设置——慎重

1. 立法避免“闪婚”。进入 21 世纪以来，中国大都市里面“闪婚”的年轻人越来越多，而且草率结婚背后往往面临的是不慎重的离婚。但这种情况在新加坡却很少发生，因为在新加坡注册结婚需要履行一些手续并经历一段时间才能完成，具体包括下列程序：提前网上预约、指定证婚人、婚前准备会、正式注册。虽然正式注册最终花费不到 30 分钟时间，但达到最后正式注册时却需要几个月时间，这一点跟中国有大大的不同。资料齐备的话，中国人只需要去一次民政局就可以办妥所有的手续。新加坡政府为什么要采取这样的结婚政策呢？他们认为婚姻是一件非常重要的事情，必须慎重再慎重。新加坡法律规定，婚姻登记至少提前 21 天预约。提前一段时间预约，有一个时间的缓冲期，这在一定程度上避免了一时冲动而采取的不理智结婚行为，再导致又迅速离婚的后果。

2. 增加离婚的难度——慎重离婚。在新加坡不管是否双方自愿协议离婚，都必须经过诉讼的程序。《新加坡妇女宪章》规定：

自结婚之日起未满三年，禁止提交离婚令状。下列情况可以例外：在双方当事人自结婚之日起未满三年的情形下，如法院认为自结婚之日起未满三年原告经受了非常的痛苦或认为被告非常的堕落，法院可根据当事人按照《法庭规则》（Rules of Court）提出的申请，允许当事人提交令状；但如果法院在审理原告获得准许的诉讼中发现对案件有任何虚假陈述或隐瞒，法院可作出临时判决，条件是当事人在婚姻未满 3 年之前不得申请终局判决；或驳回诉讼，但不影响当事人在婚姻已满 3 年之后就相同事实或基本相同的事实重新提起诉讼。在根据本节决定是否对未满 3 年的婚姻之诉讼给以传票令状时，法院应考虑婚生子女的利益和当事人双方在婚姻满 3 年之时是否有和好的可能性。在根据本节规定决定当事人的申请时，法院有权将婚姻双方的争议提交调解官员进行调解。本节的任何规定不得视为对未满三年婚姻的当事人根据已发生的事实提交传票令状的权利的禁止。

新加坡《妇女宪章》第 95 条规定：以不可挽回的婚姻破裂作为离婚的唯一理由。非原告向审理法院表明如下一项或几项情形，否则法院不得认定当事人的婚姻已经不可挽回地破裂：被告与他人通奸，且原告认为无法与被告继续生活；被告行为举止让原告有合理理由认为无法与其继续生活；在提交传票令状前，被告已将原告遗弃超过 2 年之久；在提交传票令状前，原告被告已分居超过 3 年之久，且被告同意作出离婚判决；在提交传票令状前，原告被告已分居超过 4 年之久。

跟新加坡相比，中国的结婚手续要简单得多，离婚条件也相对宽松。中国并没有相关条款规定必须在结婚多久后才能提出离婚，在离婚条件中我国规定分居两年就可以提出离婚诉讼，而新加坡在此方面则是根据不同情况，需要 2 ~ 4 年的分居期限方能提起诉讼。可以看到新加坡关于结婚和离婚的相关规定在一定程度上避免了“闪婚”和“闪离”的现象。

（二）英国离婚法的演变启示——程序严禁

自20世纪以来，英国的离婚率也呈现出逐渐增长的态势。以英格兰和威尔士为例，1901年的离婚数量为477件，离婚率为0.08‰；1918年离婚对数为1100对，离婚率升至0.15‰；1943年离婚数突破10 000大关，离婚率达到0.98‰。1969年公布了《修订离婚法》，其主要内容是废除原规定的各种离婚理由而代之以一条理由，即婚姻关系破裂，不能挽救。1969年出台离婚法后，迎来了二战后的第一次离婚高峰，1971年1月27日英国的离婚调解制度真正见诸于成文法——《实践注意（离婚：调解）》，正式将调解程序引进到离婚诉讼中。目的在于通过婚姻劝导帮助当事人解决婚姻中的纠纷，降低离婚率。即使如此，英国1972年离婚人数达119 000对，离婚率高达9.4‰。1985年离婚数为160 000对，离婚率为13.4‰，达到了历史上的最高离婚记录。90年代英国的离婚率则与80年代保持同一水平。英国的离婚率自20世纪70年代以来一路攀升，到1993年更是突破183 000件，20世纪末基本维持这一水准，英国由此成为全欧洲离婚率最高的国家之一。[1]面对持续增加的离婚率，英国政府在1996年对离婚法进行了修订。英国现行的婚姻法FLA1996较之以前的相关法律，离婚的程序趋向细化和严谨，在一定程度上增加了婚姻的约束力，减少了不必要的离婚。

此次离婚法规定了离婚的基本原则，包括：①维护婚姻制度；②鼓励婚姻破裂的双方采取一切可能的措施，无论是依靠婚姻咨询的帮助或其他手段，来挽救婚姻；③已无可挽回的婚姻，并已被要求解除的应予解除，但应妥善考虑以下方面：将婚姻双方及受影响的子女的痛苦减至最少；处理问题应本着在任何情况下，都尽可能地维持双方和受影响的子女之间继续友好的关系；解除婚姻的程序

---

〔1〕 A. H. Halsey and Josephine Webb, Twentieth Century British Social Trends, New York: St. Martinps Press, 2000, p. 63.

中不会承担不合理的费用；防止或减少一方或子女遭受来自另一方暴力的威胁。此外，在法院作出离婚判决前，必须先满足以下几个条件：①参加过信息会议（information meeting），FLA1996 规定，任何一方只有在其已经参加过信息会议并已过三个月才能提出婚姻破裂。(信息会议是指为离婚或财产等经济问题提供咨询、建议等的一个会晤，它可以为出现问题的家庭提供婚姻或其他相关指导)；②经过了反省与考虑期，表明婚姻已经破裂，并无可挽回这一期限不得少于 9 个月，因此当事人在参加信息会议后直至申请离婚令，至少必须经过 1 年，如双方子女中有小于 16 岁的，这一最短期增加到 18 个月；③已做好未来经济上的妥当安排。④子女抚养费的问题已经得到妥善处理；⑤没有撤回离婚申请。

1996 年英国离婚法一改过去离婚单一理由的情况，转向程序的严谨，这表明英国人经过几十年的探索后，又将重心回归到对婚姻和家庭的支持。1996 年英国颁布的婚姻法的一个明显的特征是明确了对婚姻的支持，对家庭暴力做出了详尽的规定，这在以前离婚法中是不曾有过的。因此 1996 年新婚姻法作为世纪末英国最具影响力的立法之一，至少在四个方面值得研究：一是儿童的权益居于第一位；二是立法必须有完善的社会保障；三是离婚当事人须有 15 个月的思考期；四是亲属制度。相较于 1969 年离婚法，1996 年婚姻法在内容上增加了对离婚的约束，在程序上更趋于严格，法律本身更强调夫妻双方的调解，以最大限度挽救婚姻，更多地体现一种人文关怀。[1]

2011 年英国政府下属的一个半官方组织“消费者金融教育机构”推出的一款新奇网上服务工具——“我的离婚计算器”，旨在帮助计划离婚的夫妇估算其离婚的成本和费用，理清夫妻间的花销和借款，并为离婚后有可能出现的金融问题提出解决方案。使用该工具者必须输入其工资、支出、进账、抵押贷款还款及债务等信

---

〔1〕 http://www.legislation.gov.uk/ukpga/1996/27/section/4.

息，也可输入配偶的财务信息，最后比较谁能从离婚中获利最大。该工具一经推出就遭到了多方的批评与质疑，有人称其是变相地践踏婚姻制度。其中，英国游说团体“基督教声音”(Christian Voice)主管史蒂芬·格林评论说，如果人们通过该计算器认识到离婚要花大价钱，固然是一件好事；但是计算器的设置也会让人觉得离婚是婚姻生活中必经的阶段。还有，他对“离婚计算器”的主要担心是“离婚计算器”只是单纯计算经济成本，并没有考虑离婚对孩子和父母造成的情感损失。确实，婚姻状况的存续不只是经济问题，它的社会影响足以引起各界的关注和讨论。

（三）美国的离婚防范措施——爱的契约与情感疏导计划

1. 契约婚姻制度。美国离婚率越来越高，给社会带来了很多问题，为了控制离婚率不断上升所造成的诸多问题，美国政府也采取一些措施尽可能减少离婚的发生，提倡人们结婚慎重、离婚慎重。一些州提倡人们缔结契约婚姻，这是夫妻双方在完全自愿的情况下，订立的一种新的婚姻形式。其宗旨是推行一种新的契约婚姻形式。新婚姻法规定，只有夫妻一方存在诸如通奸、遗弃、家庭暴力、犯罪等过错情况，另一方才可提出离婚。1997 年 8 月 15 日，路易斯安那州率先颁布了全美第一个“契约婚姻”法案，这是美国在家庭法上的一次历史性转变。在路易斯安那州的带领下，1998 年 5 月，亚利桑那州紧随其后颁布了类似的法案。之后美国许多州均颁布实施了一项对离婚具有约束力的新婚姻法案。之前美国确立的是“无过错离婚”的离婚原则，这一法律并不阻止夫妻采用“无过错离婚”的婚姻形式，指示要求男女双方必须在结婚前进行选择。当男女双方一致选择契约婚姻形式时，那么双方要订立协议：保证终身相伴，不轻易离婚，除非一方有明显的严重过错。即通过契约的形式来约束人们离婚的随意性。新的契约婚姻法则规定，夫妻双方从提出离婚申请到正式离婚要经过 2 年时间，即便是分居，也至少分居 2 年才可以离婚。与以往离婚法不同的是，契约婚姻法案不再以惩罚的方式对待离婚，也不是一味地反对离婚，而是从鼓励出发，从正面强化婚姻的稳固，使离婚不再随意，也不再那么容易。科罗拉多州等四州，则鼓励新婚夫妇自拟“爱的契约”，交由法院公证，在白纸黑字写明夫妻双方需要遵守的“条款”，除非对方触犯了这些条款，否则不得随意离婚。

契约婚姻的本质是把现有的道德、经济、责任等约束，再加上一种法律约束，通过书面的约束，为夫妻双方关系的长久和稳定多了一层保险，降低人们冲动离婚的可能性，从而降低离婚率。契约婚姻日益被人们接受，而且所涉及的内容也从仅仅与离婚有关逐渐涉及到各方面，包括婚前的财产公证、婚姻生活中双方责任义务、权力等等。越来越多的人们在结婚前把这些用合同条款约定好，希望减少婚后的摩擦，这可以说是社会契约在家庭中的体现。契约婚姻并不影响婚姻的浪漫，相反它更是一种进步，它增加了婚姻中两性关系的理性成分，减少了婚后不必要的麻烦。

2. 严谨的离婚程序。在美国，离婚程序也变得越来越复杂。据统计，美国人办理离婚一般要花一年，所需的法律费用平均为1.5万至2万美元。在加州，从申请离婚到拿到离婚裁决书，简易离婚程序至少要6个月时间。在普通离婚程序中，诉讼程序正式开始于申请人向答辩人送达传票之日。自该日起，需经过6个月的等候期之后，法庭才会下达最终离婚，夫妻关系才可以终止，从而双方当事人才会获取再婚的权利。如果双方当事人在子女监护及抚养等问题上存有争议，那么如果需要提前进行法庭听证以获得关于子女监护及抚养的命令或临时禁止令，通常当事人就需要向法庭提交理由陈述指令（Order to Show Cause，即 OSC）。在对该离婚案件进行法庭听证前，法庭会将关于子女监护权和探视权的争议移交给“调解法庭”（Conciliation Court）参加带有强制性质的咨询调解服务。而在一些较为复杂的离婚案件中，法庭审判时间通常会根据发现程序（Discovery Procedure）所需时间而延迟。所谓发现程序，是指与离婚相关的一些具体信息的确定过程，比如每一项夫妻共有财产或个人财产公允市价的确定等。直到完成所有的必需文件之后，法庭才会确定具体的审判时间。要完成发现程序，确定相关的具体信息，可能会需要当事人一方回答对方所提的一些书面问题，或向对方出示相关文件以供审查，或向法院书记员提供证据；在必要情况下，有时还须雇请专家，如会计师或估价师等协助调查。〔1〕这些程序都完成通常需要一年以上的时间。

3. 健康婚姻计划。除了契约婚姻和严谨的离婚程序之外，美国政府在维持婚姻稳定方面还做了很多其他的工作。比如在过去5年中，美国政府还出资2亿多美元推行“健康婚姻”计划。美国卫生与公众服务部婚姻教育特别助理比尔·科芬说：“这些活动是促使离婚率下跌的因素之一。我们确保低收入者也能获得咨询等帮助。”新罕布什尔州“儿童与家庭服务计划”的工作人员比尔·绍塞说：“人们不再把婚姻中出现的问题看作一种耻辱。他们对学着如何维持婚姻真正产生了兴趣；他们在选择离婚前，宁愿去参加婚姻咨询和培训。”〔2〕美国家庭与儿童服务中心的比尔·乔兹表示，人们对怎样维持婚姻十分有兴趣，大部分人意识到他们需要更多的技巧。该中心在美国某州启动了一项“婚姻稳固”计划，使那里2000年至2005年的离婚率下降了25%。此外，某些州普及公益性的婚姻教育活动以减少离婚现象。在俄克拉荷马州，自2001年以来，10万人在婚后参与了该活动。更多州实施离婚分级制，规定子女未成年的夫妻申请离婚前必须参加新辅班，认清离婚对小孩的伤害，并递交子女前途安排计划书，以免情绪蒙蔽其理智。更大的改变是，在离婚生效前，插进数年缓冲期，尽量让破碎的婚姻，拖到小孩年纪稍大时再分开。至于没有子女包袱的夫妻，则维持想离就离原则。

（四）其他国家的相关措施

除了上述国家在婚姻维稳方面采取的几项措施外，世界其他国

〔1〕 http://www.chineseinla.com/f/page_viewtopic/p_101738.html，2013年1月10日访问。

〔2〕 http://news.xinhuanet.com/mrdx/2010-04/02/content_13288253.htm，2012年12月20日访问。

家也都根据各自的情况采取了相应的政策。比如，韩国政府自2007年8月起建议实施、2008年6月起强制实施的“离婚熟虑制”，对减少年轻人离婚起到了一些作用。该制度规定，夫妇要求协议离婚时，法院不予立刻办理，而是给予一定时间，要求夫妇两人“重新思考离婚要求”，一般有子女的家庭是3个月，无子女的家庭是1个月。经过这段“深思熟虑”后，法院再予审议办理。韩国蔚山地方法院称，2006年向该院申请离婚者中有84%最终离婚，而2008年这一比例降至62%。韩国仁川市还推行家事商谈制。当地法院选出一批家事商谈委员，包括职业咨询师、教师、宗教人士等，与要求离婚的夫妇见面，倾听他们的烦恼，协助他们找到除离婚以外的解决办法，或帮助确实要离婚的夫妻处理好子女养育等现实问题。[1]

为了帮助那些准备分手的夫妻挽救婚姻，孟买的一家旅游公司去年还推出“离婚游”，闹离婚的夫妻可以花上700多美元，在婚姻顾问的专业陪伴下外出旅游，重新找回感觉。在法律层面，印度法律规定，在向法庭提供已分居1年的证明后，申请书将被接受。或者是能证明配偶之间已经7年没有接触，法院将会判决离婚。法院在接受夫妻联名递交的离婚申请书后，给夫妻6个月的时间重新考虑离婚的决定。如果在重新考虑期内没有撤回申请书，法院才判决离婚。印度提交申请半年后才准离婚。按照印度教的传统，婚姻在印度是一种“不可撤销的、纯粹的和宗教的关系”。基于印度的文化和社会伦理背景，印度曾是世界上离婚率最低的国家之一。

20世纪60年代后，随着西方经济的复苏、家庭结构发生着巨大变化，离婚率不断上升。近几年德国离婚率居高不下，2010年有近20万对夫妇离婚。据了解，目前盛行的离婚经济也给离婚潮推波助澜，比如新兴的离婚杂志、离婚公司、离婚酒吧、离婚电视节目等。德国政府因此着手对离婚法进行修改。德国人在离婚观念

---

〔1〕 http://news.xinhuanet.com/mrdx/2010-04/02/content_13288253.htm，2012年12月20日访问。

上，受宗教观念影响较深，一方面希望不幸的婚姻终将离异，另一方面大多数人认为婚姻是终生的结合；在婚姻状况上，“主妇婚”大量存在，即已婚妇女就业人数不多，受教育的程度较低。一部分已婚妇女，在家从事家务劳动，没有独立的经济收入，离婚所带来的后果会使这部分妇女生活贫困化。德国离婚法改革主要体现以下特色：仍有禁止离婚的条款；并且立法机关正在设法“增加离婚的难度”，如一旦男方提出离婚，他今后必须将自己收入的一半给妻子；德国在近年来对家庭法的修改当中，越来越重视贯彻一条原则，即“有利于子女幸福”的原则，如为了夫妻双方共同未成年子女的利益而有特殊必要时，或当离婚会给配偶一方带来极大困难时，即使婚姻破裂也不允许离婚。这是对维护社会公正，保护婚姻破裂中的弱者所必需的，也体现了离婚制度化的特征。

二、家事调解制度

毫无疑问，离婚法律的健全，离婚程序的严谨能够在一定程度上减少离婚。而家事调解作为解决家事纠纷的途径之一，作为一种非对抗性的解决问题的手段能够有效地促进当事各方更理性地面对问题，避免紧张地对立。而且还能减少诉讼的成本，让事情的解决更具有灵活性，并顾及多方利益。家事调解制度通常分为诉讼内和诉讼外两种调解机制。在此方面，许多国家和地区都十分重视家事调解在缓和和解决家庭矛盾中的重要作用，为我们提供了不少值得学习的经验。

（一）澳大利亚的离婚调解制度

澳大利亚家庭法中的首要（主要）争议解决制度——PDR（Primary dispute resolution）是解决澳大利亚家庭纠纷案件最主要的制度。PDR 的出现与上个世纪末人们对于对抗式诉讼模式的批判密不可分。与诉讼制度相比，PDR 不仅反映双方当事人的意愿，更能灵活有效的解决家庭纠纷。所以，PDR 在解决家庭纠纷中的地位和作用也越来越重要。在《澳大利亚家庭法》第三部分中，PDR 是指在法庭之外解决争议的程序和服务，包括：①由涉及家庭和儿童方面问题的律师提供的咨询服务；②相关方面的调解员提供的调解服务；③相关方面的仲裁员提供的仲裁服务。[1]由此可见，PDR必然包括咨询、调解和仲裁这三种争议解决方式，还包括其他立法中规定的一些正式或非正式的争议解决程序，如调停。这意味着PDR程序适用于任何受《澳大利亚家庭法》调整的家事纠纷。另外，为了顺利的解决争议必须选择合适的方式，双方当事人往往要在选择之前，见面谈判（磋商）。

澳大利亚的家事调解规定主要集中在《1959年联邦婚姻案件程序法》和《1975年家事法案》中。1993年澳大利亚政府发表了一份报告书《The Family law Act 1975：Directions for Amendment》。这份报告书把家事法制度的重点由诉讼转移至非对抗性的排解纠纷程序。接着澳大利亚颁布了反映上述转变的新法令《1995年家事法改革法令》，于1996年实施。从实践看，澳大利亚的家事法院采纳了无过错离婚原则后，对婚姻本身的争议已很少见了。诉讼的焦点集中在子女的监护、探视和财产问题上，而这些问题适合用另类排解纠纷的方式解决，因此家事案件中的调停服务受到越来越多的重视和关注。《1975年家事法案》第62条f款甚至赋予法院对离婚当事人参加调解会议的酌情决定权，法院可以指令双方当事人出席“调停会议”，以努力解决彼此之间的分歧并商议子女的照护、福利和成长事宜。除了某些例外情况外，除非双方当事人已出席调停会议，否则法院是不能发出教养令的；如不遵照法院命令出席调停会议，可被视作藐视法庭。

新西兰家事调解的内容主要见诸于《1980年家事程序法》。根据该法律，家事法院处理家事案件存在三个阶段：第一阶段是在法院或私下进行辅导；如未能解决问题，则进入第二阶段，参加调解

[1] Family law Act 1975 [M]. Australia: Attorney General's Department, 2004: 578-579.

讨论会，该讨论会的目的是“向夫妇阐明，解决纠纷是他们的责任”；[1]如仍不能解决纠纷，则进入第三阶段———交付法官进行裁决。根据《1980年家事程序法》第14条（2）款、第16条的规定，新西兰调解讨论会的目的是找出双方当事人之间的问题所在，并通过协议来解决这些问题。如能达成协议，主持会议的家事法官可作出具有约束力的命令。如未能达成协议，容许同一名法官在其后就案件进行的聆讯中作出裁决，但如果他主动退席或双方当事人要求他退席的则除外。与调停服务相关，新西兰还设有调停辅导，这个阶段的工作是“把调解工作和纯辅导的工作结合起来的”，实践中，有很多纠纷在调停辅导中已获解决。如在1987年个案样本中，有77%的夫妇是在调停辅导阶段达成完全或部分和解协议。[2]

（二）美国的离婚调解制度

家事调解在美国一直是广受关注的一个问题。美国大约有一半的州立法规定在判决离婚前要进行调解或仲裁。如很早以来中国移民就通过自己的同乡组织或慈善机构来调解家庭成员间的纠纷和冲突。早期的贵格会教徒在处理婚姻家庭矛盾时也往往把调解与仲裁作为主要的手段，而且对教会人员进行必要的技术训练。美国多数州都设有专门的家庭法院，有些还设有专门的婚姻协谈人员，这些协谈人员不是法律专家，而是个案作业的专门技术人员，他们不仅在家事案件的受理、调查或其他事项中，对案件进行调解，而且在法官审理过程中，如认为有和解希望时也可以将案件移送于他们手中。[3]在美国法院处理家事案件尤其是离婚案件过程中，调解得到了最广泛地应用，甚至已成为“准司法（Informal justice）”概念上

---

〔1〕 Wilson, Alternative Dispute Resolution, Auckland University Law Review (1993), Volume, 7 (2), pp. 362 ~ 363.

〔2〕 See Davidson, Family Court Counselling and Mediation: The Vexed Question of Standards and Personnel in New Zealand (1986), 1FLB73.

〔3〕 林菊枝：《亲属法专题研究》，台湾五南图书出版公司1985年版，第184页。

的重要名词。家事纠纷一般属于法院建议或指定以调解或和解解决的范围。离婚调解或庭外和解已成为解决家事纠纷的重要模式。从历史看，早在20世纪30年代，继劳动纠纷之后，美国就开始在家事领域推行调解。1939年加利福尼亚州设立了调解法院（Conciliation Court），对当事人采用调解作为代替审判程序的手段。因进行家事调解的调解人多具有心理学方面的素养，遂将“治疗”（therapeutic）理念带入了调解之中。具体而言，就是促使当事人正面认识纠纷的根源在于感情上的争点，在调解人认为适当的场合，鼓励当事人继续维持（婚姻）关系。虽然在这方面家事调解人之间的意见并不统一，但一般都认为应更多地考虑人际关系而不是法律方面的争点。[1] 美国的家事调解其目的不仅仅在于解决纠纷，更多的在于对当事人的心理进行修复，帮助他们回归正常的生活。

（三）日本的家事调解制度

日本历来十分重视家事调解，在日本，家事调解被称为家事调停，为家事审判法所专门规定。日本家事调停制度的出发点和目的不仅是解决和缓和家庭纠纷，而且是为了积极地维持美满幸福的家庭。日本有专门的家庭法院主管家事案件，其受理的家事案件为因身份和家庭关系而产生影响有关维持家庭和睦、健全共同生活的所有案件。主要包括：①选任监护人等甲类案件；②关于夫妇同居和相互扶持的案件；③离婚等人事诉讼案件；④与家庭有关的请求恢复继承权、减少遗产继承法定额度请求等普通民事诉讼案件。以上除了选任监护人等甲类案件是不适用家事调停的，其他案件都实行强制的“调停前置主义”。如果有人提起诉讼，必须先向家庭法院申请调停；如没有申请调停而直接起诉，对可调停的案件，法院应当将案件转交给家庭法院进行。

虽然日本十分重视家事调停，但其对当事人权利十分尊重，当

---

〔1〕 范愉：《非诉讼纠纷解决机制研究》，中国人民大学出版社2000年版，第96~97页。

事人自愿是家事调停成功的根本前提。家事调停由家庭法院受理后，由家事调停委员会主持调停。一般情况下，调停委员会由一名家事法官和两名以上的家事调停委员组成，由家庭法院根据具体案件进行指定，以合议制的形式进行家事调停。但在特殊情况下，如简单、法律关系清楚的案件、时间比较紧迫的案件或者当事人对隐私权要求甚高的案件，可以单独调停。就调停委员的任职资格，法律有专门的规定，其任职资格较为严苛，多为社会经验丰富、威望较高的社会成功人士，并对专业背景、经验等进行限制。在家事调停过程中，家事调停委员会的权力比较广泛，包括调停中事实调查，第三人或者其他辅助人的参与调停，调停前的临时措施等。特别值得一提的是，在家事调停进行过程中，家事调停委员所承担的责任不仅是职务上的，还包括非职务上的。前者是指作为调停委员会成员，家事调停委员需承担与调停相关的事务，即根据调停委员会的指令对案件事实进行调查。后者则多基于家事调停委员自身拥有的专业知识与实践经验，其可对调停案件发表相关专业意见。调停委员多样的责任承担实际上有助于帮助当事人进行案件分析，从最理性的角度考虑问题，实现解决纠纷的一次性解决。

家事调停程序是依当事人申请而启动的，当事人申请既可以是书面的，也可以是口头的。家事调停程序启动后，首先由家事调停委员对家事纠纷所涉及的问题进行调查和分类，涉及需要立刻采取措施的案件，采取临时妥当的措施，并向家事法官报告。其次，家事法官需要调查双方的背景、性格，了解纠纷的深层次原因，帮助当事人理性思考，从而圆满的解决纠纷。最后，促使双方签订调解协议，协议一经登记即具有终局的法律效力。在日本，家事调停是非公开的。如果调停委员违反了保密义务，应当承担相应的法律责任，这种责任在法律中明确规定。这有利于促使调停委员对案件进行保密。当然，日本的家事调停也存在着各种的问题，比如调停时间长，反复调停、强行调停等等。日本也存在背对背调解即“别席调停”，对此，日本学界和实务界人士在积极进行研究改进，比如要求“同席调停”原则化等。日本为解决和缓和家庭纠纷，而积极地维持美满幸福的家庭实施了很多措施和长期研究，这无疑对中国家事调解和婚姻家庭的安定在理论上和实践上都有积极的借鉴作用。

（四）香港地区

家事调解是为正在分居或离婚的夫妇而设，协助他们就有关子女和财务事宜的安排达成双方可接受的协议。香港司法机关专门制定了一项为期 3 年的《家事调解实验计划》，2000 年 5 月 2 日开始实施，为正在分居或离婚的夫妇提供家事调解服务。家事调解由双方自愿参与，由经过训练的不偏私的第三者（调解员）协助，双方在保密情况下就有关的事宜作出沟通及协商。调解员具有不同专业背景，一般具备法律、心理学、社会工作或社会科学方面的知识和资格。他们经过训练，并须在协商和解决纠纷的知识和技巧方面达到认可的要求。他们须遵守从事调解工作的执业守则：调解员不会提供法律意见，但会鼓励被调解人咨询其律师；保持中立地位，不偏袒，不会为被调解人作出任何决定，但会帮助被调解人评估决定的可行性。离婚的夫妇，在提交离婚申请时，或在诉讼期间的任何阶段，可向家事法庭登记处提出要求，假如双方有意寻求调解服务，便会获安排出席由调解统筹主任主持的调解讲座，以便向离婚双方解释婚姻诉讼程序和调解服务。在举行调解讲座后，调解统筹主任会接见有意接受调解服务人士，并在考虑纠纷的性质和了解双方的情况后，初步评定个案是否适应以调解方式处理。当调解统筹主任认为适合，将会介绍一名双方认可的调解员给寻求调解服务的人士。调解员会在自己的办事处为双方进行调解，协助双方讨论及确定在哪些方面有争议，探讨双方各自的需要和利益，尽量寻求各种可行的解决方案及选择最适合的解决方法。就每个问题，按双方所同意的解决方法拟定详细的协议。最后，调解统筹主任向法庭报告双方向法庭报告双方有关要求或接受调解。任何一方申请调解服务并不会导致法律程序自动搁置。以调解方式处理分居或离婚夫妇的问题，可以避免一些在法庭上对抗引起的紧张和冲突，改善夫妻双方沟通的能力，增进子女与父母之间的关系，且通过调解可节省为上庭抗辩而花费的时间和金钱，双方自愿达成的协议更能遵守。

（五）台湾地区

目前台湾地区的家事调解实行调解前置主义，如“台湾家事事件处理办法”第 18 条“地方法院设家事商谈室，依当事人声请或依职权，在声请或起诉前以商谈方式协助其解决家事问题，前项商谈，由地方法院遴任书记官、通译、或约聘适当人士担任之。”原先家事调解属于法庭法官的业务范围，但因为司法机关业务量的繁重以及缺乏家事调解相关训练，近几年将此业务授权给专业化人士，如心理咨询师、社工等资深人员被邀请充当调解员，与法官一起组成调解主体，参与调解程序，以提升家事调解的专业质量，其目的是更好地保障当事人的利益。自愿原则在家事调解中尤为重要，家事调解员必须了解家事调解是建立在当事人自愿的基础上，在家事调解的过程中充分告知当事人信息，依据当事人的能力让其做出自愿决定。家事调解员须以中立立场进行家事调解，由于家事调解员的中立立场有助于当事人的自我决定，家事调解员谨守中立与催化性角色的立场十分重要，须避免任何可能的偏见与利益冲突的状况。家事调解制度在台湾地区还处于初始阶段，就家事调解员所调解内容效力在理论和实践中还存在争论，如现行法律赋予法官统筹负责家事调解的权限，而家事调解工作者只能依据个人专业的伦理训练背景进行判断调解，与法官的调解思路存在一定的差距，从保障当事人权益的前提下，家事调解的部分内容是不宜作为法官判断的依据。但台湾地区家事调解无论是程序设置还是调解人员选拔以及协议的形成等实践活动对中国家事纠纷和维持和谐家庭婚姻制度都有一定的借鉴意义。

以上国家和地区的家事调解制度不仅为了妥善解决已出现的问题，它还为未来婚姻家庭成员的心理疏导与和谐互动提供了条件，这无疑都为中国的解决类似问题提供了可借鉴的理论和实践框架。

三、国外婚前教育引导与离婚教育

婚前教育制度是特为未婚男女提供理解婚姻所必需的内容而去建立和发展稳固的婚姻关系而设计的制度，其宗旨就是通过适当的婚前教育，帮助结婚者理解婚姻家庭本质、认清婚姻与爱情的区别、掌握婚姻的规律及基本常识、懂得珍惜爱情与家庭以及化解婚姻矛盾的应对方法。通过婚前教育制度可以让双方通过一种冷静的、客观的态度看待自己在婚姻中的义务。通过婚前教育，夫妇双方学到更多关于自己如何在婚姻中扮演好丈夫或者妻子的角色。通过学习他们可以认识到对于彼此的期望、彼此的爱好、个性、脾气、性期待、对婚姻的期望、个人事业和财政计划，对家庭成员和朋友的关系和冲突解决办法等影响婚姻关系的关键因素以及交流和沟通的技巧。婚前教育对于稳定婚姻家庭和社会都有重要意义，也正是国家需要对婚姻就行干涉的理论基础。以下重点以美国为例介绍国外婚前教育渠道的拓展。

（一）多渠道婚前教育——了解真相、防患于未然

美国主要通过三种途径进行婚前教育。第一种是通过基督教会、清真寺、犹太教会等宗教组织来进行。婚姻家庭在美国教会中相当受重视，未婚男女婚前必须接受牧师或教会长老等宗教人士的辅导，才能在教堂结婚，其意义代表着个体的成熟，并已有能力照顾他人，负起家庭赐予的重大责任。第二种是通过私立或者官方机构来进行。未婚男女通过婚姻咨询机构、政府指定的机构、公益机构、福利机构、社区等地方与职业婚姻家庭指导师、职业心理师、社会工作者、专门的政府工作人员进行私人谈话。第三种是通过在学校、社区设置课程来开展教育活动。例如，犹他州开展婚姻技巧课程作为高中课程。佛罗里达把婚姻教育课作为高等教育的必修课。佐治亚州当地的民政部门为当地居民提供教育课程。美国德克萨斯州通过了一项立法，规定凡是参加完 8 小时婚前教育课的情侣，登记结婚时免收结婚登记费。这些州在降低或免除接受过婚前

教育或辅导的夫妻登记费用的同时，还提供相当一笔经费，以支持当地的专业教育和辅导机构承担此项公益任务，并新增若干教育培训中心和社区辅导站，以方便准夫妻们就近参加培训辅导。

研究表明，将婚前教育制度纳入结婚制度之中的城市使离婚率降低到 30%。在第一个实施婚前教育制度的城市加州，其离婚率比 1986 年下降了 47.6%。同样，在堪萨斯州的城市和郊区，离婚率比 2000 年下降了 32.5%。另外，丹佛大学心理学家霍华德·马克蒙和斯科特·斯坦利研究表明，参加婚前教育的夫妇在婚姻生活的前 5 年仅有 50% 的可能性会离婚。除此之外，根据克莱顿大学的调查，80% 的参加过婚前教育的夫妇在婚姻生活的前 4 年内，认为婚前教育对于加强和维护他们的婚姻具有很大的帮助。虽然国情不同，但是通过这些数据，还是可以看出，婚前教育制度对于降低离婚率还是不无裨益的，这对于中国也有重大的借鉴意义。

（二）美国中学的婚姻教育——人生的必修课

美国的离婚率一直居高不下，据统计大约每两对夫妻中就有一对离婚。恰恰是应对高居不下的离婚率，近年来美国中学里兴起了“婚姻教育”的风潮，美国 40 多个州的初中和高中都纷纷开设了与婚姻教育相关的课程。佛罗里达州甚至规定，婚姻教育是学生拿到高中毕业文凭的必修课之一。

这些课都在讲些什么呢？有一些州从最基本的“增加认识”开始，学校使用的教材是《爱的艺术》，这本书包括了莎士比亚、劳伦斯等著名文学家对爱情和婚姻的看法，让学生阅读讨论。也有一些学校开设了模拟操作课程。学生们选择和自己的某一位同学进行“模拟婚礼”。在这一过程中，学生们要起草自己的婚礼誓言，制定蜜月计划，还要共同安排婚后生活。而在亚利桑那州的一些学校则让学生们在课堂上谈论夫妇对于彼此和孩子应负的财政和法律责任。

在芝加哥的瑞德兰高中，跟婚姻有关的课被称为“沟通课程”。学生们也同样举行“模拟婚礼”，与“模拟伴侣”共同计划家庭的预算，讨论生养孩子的教育理念，沟通生活上的琐事，以及如果应对婚姻危机，如一方有外遇该怎样沟通等等。全班同学一起讨论各式各样和“人际之间相处”有关的问题，来讨论“什么叫做真爱?”、讨论“真爱真的就是不求回报吗?”、“真爱是不是要协助对方一起成长?”或“一定要结婚吗?”、“我希望有个什么样的婚姻关系?”等这样的话题，也会提供“做家务如何分工?”、“性生活在家庭中扮演什么角色?”等等更贴近家庭生活的思考。

学校老师虽然不能确定该课程是否一定能帮助学生未来的婚姻生活，但可以肯定的是，参与过这门课的学生谈话时会有更好的逻辑推理能力，在争执中也不会大吼大叫或诅咒对方。还令教师们惊奇发现的是，一些单亲家庭的孩子通过这些课程走出了“是自己造成父母离婚”的阴影，因为他们了解了婚姻关系的复杂程度并不如自己想象中的单纯。[1]

（三）美国的离婚教育计划

减少离婚，慎重对待婚姻最终目的是为了稳定人心、家庭和社会。离婚后的教育工作将有利于稳定，也有利于人们重新认识婚姻并提供复婚的可能性。美国减少离婚后对当事各方的影响。

离婚无疑对子女在经济、心理和情感上都会产生的负面影响，如子女在父母离婚后心理调适力更差、非理性行为更多和其他心理问题。尤其是在离婚父母相互处于高度冲突时，父母之间的敌意和相互攻击会使子女表现出更高程度的焦虑、沮丧和破坏行为，使之进入青少年时期后可能更滥用浪漫关系、成人时期有更高的离婚率和不适应性[2]。所以，美国的离婚教育计划的内容，包括针对离婚父母及离婚子女的教育两部分。对父母的教育主要包括决定子女事务的相关法律、离婚对成人及未成年子女的影响、家庭关系和家庭动力学、对子女的抚养责任、帮助子女适应父母离婚后的生活、

---

〔1〕 http://www.people.com.cn/GB/paper39/9261/859473.html，2013年1月10日访问。

〔2〕 John H. Grych. Interparental Conflict as a Risk Factor for Child Maladjustment: Implications for the Development of Prevention Programs [J]. Family Court Review, 2005 (43): p. 97.

关系技巧教育等。对子女的教育，主要包括对父母离婚的悲伤反应、与父母谈论他们所关心和焦虑的问题、有关离婚的基本术语、不因父母离婚而自责以及如何表达自己对离婚父母的情感等[1]。

法院作为一个独一无二的中立裁判机构，是离婚和再诉父母必须通过的门槛。而且不同于其他社会机构，它有权力强制父母去获取离婚时作为父母的相关技能。如果法院不为离婚父母提供一个平台，供其学习在离婚过程中如何保护并帮助其子女调适的必要技能，那么大多数离婚父母是不会有机会以其他方式去接触此类培训的。因此，首先由法院强制推行离婚教育计划，可以确保计划的顺利实施。由于参加教育计划的强制性，可以使那些根本不会主动去参加教育计划的离婚父母不得不参加教育计划，最终使子女受益于父母冲突的减少、父母之间更好的交流以及父母离婚后他们更快地适应新的生活，也有可能减少父母离婚后再就子女的监护、探望和抚养费等情况再诉的可能性。尽管强制参加可能使参加者对计划充满敌意，但美国部分州强制离婚父母参加离婚教育的结果显示，即使是怀着敌意去参加计划的离婚父母，最终也没有对计划表示不满。

总之，美国的婚前教育是由多方联动，政府、立法审判机构、学校、宗教组织及其他非政府社会组织一起在公民不同的人生阶段、针对不同阶段的危机和问题而进行培训、辅导的价值观念引导和心理疏导机制。

第二节　完善中国婚姻法规和社会救助体系

对比国外的婚姻政策法规、家事调解制度及婚前教育与辅导，中国的相关法规、政策及教育中缺少缓冲机制。中国结婚与离婚程序相对简单，也是导致“闪婚”、“闪离”以及造成离异家庭子女

---

〔1〕 Susan L. Pollet. A Nationwide Survey of Programs for Children of Divorcing and Separating Parent［J］. Family Court Review, 2009（47）: p. 528.

伤害的原因之一。所以婚前婚姻家庭价值观灌输、结婚程序设置的严谨、婚姻危机期缓冲机制的设置对家庭婚姻的稳定都是必要的。

一、婚前防范——婚前辅导与贯穿始终的婚姻学习

我国知名的婚姻家庭和青少年教育专家，中国社会科学院社会学研究所研究员陈一筠女士从事婚姻家庭研究已长达20年，她认为在当今复杂的社会中，几乎所有的职业都需要经过专门的训练才能胜任他的岗位，大量婚姻的解体，说明人们缺少维持美满婚姻内必要的知识和技能。夫妻和父母，是世界上最精细、最复杂的职业，可大多数人却没有经过学习，没有获得相应的技巧就上岗了，怎么能够经营好管理好呢？很多的夫妻在毫无准备的心态下步入婚姻殿堂，心中仍存有不切实际的幻想，没有完全明白自己的责任，也没有决定和规划好目标，只是凭一时的感性走进了婚姻。推究婚姻失败的原因，关键在于没有对婚姻有一个正确的认识和把握，没有建立起一种和谐的生命共同体的关系。所以，把家庭婚姻内容纳入到中学教育、对适龄青年婚前家庭婚姻价值理念及角色意识的转变等方面的辅导是防患于未然的必要措施。

而现代快节奏生活的压力也使得人们把工作当作重心，夫妻之间少了许多沟通与享受的时间，感情资源贫乏，得不到及时的补给，在现代人婚姻中，不愉快、不和谐的情况似乎越来越多，夫妻双方之间的关系当然容易出现问题，而出了问题，又没有相应的社会机构去求助，疏导情绪，缓解压力。大多数人对婚姻生活感到既失望又迷惘，有时候对出现的矛盾处理不当，更使得婚姻关系身陷绝境，最后只能终结婚姻关系。从这个角度讲，结婚中的教育和培训，如夫妻学校、家长学校也是必需。在婚姻的不同生命阶段，人们都会面临特定的家庭婚姻及子女问题。所以，增加婚姻稳定的需求是存在的，社会应该为人们提供必要的夫妻、家长教育培训完全是必要的，而培训机制设置是一个众多部门的联动完成的。国外的立法、制度及实践都为中国在这方面的欠缺提供了借鉴。

婚姻教育意义就在于婚前防患于未然，婚后发现问题及时治疗，离婚后亡羊补牢争取下一段好的婚姻或者复婚。基于婚前教育对于家庭和谐的重要性意义，乃至对于社会和谐发展的推动促进作用，以及我国现阶段家庭面临的实际问题，在我国开展婚前教育势在必行。笔者认为婚前教育在我国非常重要，在我国具有很强的可行性。

具体来讲，第一，政府和社会可以开办婚前教育学校。政府和教育部门可以起到支持和推动作用，政府部门在开办婚前教育学校方面可以提供政策支持，针对婚前教育的稀少性，不受重视性，可以出相关政策措施，以吸引和鼓励社会各界参与进来，使参与的各方都能从中得到实惠，达到互利互惠的效果。同时，国家教育部门也应当采取积极措施推动婚前教育的开展，可以在高中和大学开设有关婚姻家庭知识的公共课程，使得在校的青年学生能够尽早掌握婚姻家庭知识，为未来婚姻生活打下基础。第二，大众媒体的积极宣传和引导。大众传媒应当在促进婚前教育的过程中发挥积极的宣传引导作用，即应起到领航的作用。媒体应当做好宣传和引导工作，例如：可以通过制作有关婚姻家庭生活方面的影片，通过影片来教育人们缺乏婚姻家庭生活教育所导致的不良后果，来引导人们关注婚前教育，重视婚前教育；同时也可以开办相关电视栏目，积极吸引出现家庭问题的家庭参与进来，从中分析问题，找出问题原因，引导人们关注婚前教育，并最终积极参加婚前教育。第三，社会组织的积极参与。政府应当制定优惠政策鼓励社会组织参与到婚前教育中来，并在其中发挥积极作用。作为社会组织自身也应当积极参与进来，承担相应的责任，也可以根据自己的优势开办相关培训班，引导人们参与进来。例如：“红枫妇女咨询中心 2004 年开设的家庭暴力专线，为受伤害的妇女提供援助，对其丈夫进行相关家庭生活教育。”第四，社会青年的自身素质培养。作为即将建立自己新家庭的社会青年男女来说，他们身有着不可推卸的责任。未婚的社会青年对于家庭生活知识掌握的多寡将直接影响到他们婚后生活质量的高低和婚姻美满程度。那么这就需要社会青年男女从现实生活出发，认真学习婚姻家庭知识和技巧，积极做好婚前准备，学习掌握与家庭生活相关的法律法规，承担相应的责任和应尽的义务，同时应当在这方面起到模范带头作用，积极参与婚前教育活动，以身作则，为婚前教育作出贡献。未婚的社会青年在促进家庭和谐方面负有直接的责任，所以社会青年应当肩负起发展婚前教育的重担，促进婚前教育的发展。

二、立法和制度上完善家事调解制度

在我国，关于家事调解的规定散见于《婚姻法》、《民事诉讼法》等法律和相关司法解释中。我国《婚姻法》第 32 条："人民法院审理离婚案件，应当进行调解；如感情确已破裂，调解无效，应准许离婚。"最高人民法院《关于人民法院民事调解工作若干问题的规定》第 2 条也规定："对于可能通过调解解决的民事案件，人民法院应当调解。"在有关人民调解的立法：《人民调解委员会组织条例》、1990 年《民间纠纷处理办法》和 2002 年司法部的《人民调解工作若干规定》及最高人民法院《关于审理涉及人民调解协议的民事案件的若干规定》都没有专门针对家事调解的较为系统的法律规范，这使家事调解范围、调解机构、调解程序都没有明确的规定，特别是针对诉讼外家事调解机制。到底调解哪些家事，什么是家事纠纷都没有明确的界定。调解对于解决婚姻家事案件有一定优势，能够缓解离婚夫妻双方感情上的对立，有利于实现实质上的正义，法院调解中查明事实、分清是非的原则不利于家事调解的实施，正因为调解既有优点，又有缺陷，所以 30 年来中国立法和司法过程中诉讼调解经历了由"冷"到"热"转变过程。在婚姻家庭纠纷解决中经历几次大变化，从"着重调解"、"齐抓共管"到 20 世纪 80 年代中期民事司法改革，提倡诉讼正规化，弱化法庭调解，再到近期衔接诉讼与非诉的解决方式，重建多元化家事纠纷解决模式的变革。调解主体构成多样，配置不专，家事调解主体从建国初期多个部门齐抓共管到法院为主单一模式再到现在比较多元的主体模式。尽管家事调解主体构成多样，但其调解功能，以及人员专业性构成都存在一定的问题，调解主体配置不专。建国初期，民政部门、妇联、及其他相关单位协同进行婚姻家事纠纷的调整工作，很多离婚纠纷通过基层组织、妇联或亲朋好友的介入，协调得到妥善的解决，取得了不错的效果，留下了宝贵的经验。

家事调解不能是对过去调解模式简单回归，现代社会逐步从熟人社会走向陌生人社会，人员流动性大，传统家庭价值观念受到冲击，人们日益重视家庭私人事物的隐私权而不愿意请求单位调解，单位调解由此丧失其协调功能。在基层农村地区由村干部、权威人士担任调解家事案件，即使有较好的调解经验和权威效应，随着村委员会队伍的缩编而使基层村委员会调解工作发挥不足。而相对于城市，随着改革开放的深入，社会的变革发展，人们法律意识逐步增强，对家事调解主体人员要求更高。在实际生活中，就诉讼外，妇联、人民调解委员会、居委会等机构大都缺乏婚姻法律知识以及较为熟练的相关法律法规处理纠纷的能力，在调解中有可能损害调解的公正性与合法性，不利于当事人的合法权益保护，家事纠纷调解不仅涉及法律问题，更多是情感交流问题和心理问题。如果调解主体缺乏这方面知识，沟通效果就会打折扣。而事实上，无论是村委会、居委会的成员，基层社区的人民调解员大都没有经过家事纠纷调解方面的专业知识培训，从而影响调解的效果。在诉讼中，法院家事调解因其固有调解弊端，“调、审”无法明确分离，法官既是服务员又是裁判员，多重身份可会造成“厚判轻调”或“以判压调”等强制调解情况，从而背离家事调解的宗旨。〔1〕所以，明确家事调解的范围，建立多机构合作的调解机制和逐步完善调解主体的专业化，实现民间解纷机制与诉讼解纷的有机衔接。

---

〔1〕 喻芳：“我国大陆家事调解制度的理性分析与完善———与我国香港和台湾地区家事调解制度的比较”，载《宜宾学院学报》，2012 年第 8 期。

再是，中国离婚法没有为涉及到幼小子女家事诉讼设置缓解冲突和心理疏导的专门机制。中国现有的涉少家事诉讼中，离婚父母多数并不寻求除律师以外其他专业人员的帮助，而律师常往往基于其委托人的利益而忽视子女与父母另一方的利益，律师的职责只在于为委托人一方谋取最大利益，这事实上很可能会进一步激化离婚父母之间的冲突。借鉴美国等其它国外及地区离婚法的做法，在我国设置离婚前的父母教育计划，作为有争议的涉少家事诉讼的前置程序，可以有效地帮助我国的离婚父母认知到离婚及其冲突对子女的负面影响，并提供控制冲突以及亲子交流的培训技巧，有助于缓解或降低离婚父母的冲突，有利于离婚父母及其子女的生活调适，使离婚后的养育安排实现子女利益最大化。从这个角度讲，离婚缓冲室、预约离婚程序的谨慎设置及离婚后的心理疏导都是必需的。

特别需要指出的是，中国婚姻法学、心理学、社会学、教育学等与儿童有关的研究近年来取得了长足的发展，丰富的理论知识为离婚教育的推行奠定了专业基础，律师、心理咨询师、婚姻家庭咨询师等具有相关资质人员的储备，为离婚教育的推行提供了人力上的支持。只要各地的民政、未成年人保护机构、妇联等部门单独或联合起来，聘请具有上述资质的在职人员组成离婚父母或子女教育的民间团体或组织机构，就能为各辖区的涉少家事诉讼当事人提供所需要的信息和帮助。由于这种机构具有兼职性，成本相对较低，不会增加政府的财政负担，被要求参加教育者的负担也会相对低廉。

三、来自中国的实践和经验

中国部分学者对于从法律上减少离婚提出了很好的建议。巫昌祯教授提出“离婚分居期”或称“离婚熟虑期”的概念。她认为这样的时期有助于双方冷静，避免冲动离婚。“夫妻俩在办理离婚时，往往出于情绪上的激动，而称双方感情破裂，办理离婚手续的工作人员又往往为提高工作效率，不予劝解。双方离婚后冷静下来，常常追悔莫及。”因此，她认为：“婚姻家庭关系的建立与调整，需要一个有效的劝和机制，来限制冲动的行为。国家的法律和制度，都有责任来引导婚姻。民政部近期提出设定婚前公告期、离婚分居期制度，就是一个可行的办法。”

婚姻需要夫妻双方共同经营。漫长的夫妻生活中，哪有不“生病”的婚姻，建立婚姻家庭咨询和社会救疗机制势在必行。对于提高婚姻质量，减少离婚，前面讲到的经验值得借鉴。目前，兰州、上海率先试点“离婚劝和”机制，北京出现“婚姻家庭咨询师”，开始了婚姻家庭社会救疗的探索实践。

中国部分地方法院自由选择开设的离婚学校或婚姻课堂，为离婚父母教育计划的试行提供了参照模板和经验。如 1989 年上海市长宁区法院和区妇联、民政局、青少年保护办公室等单位联合创办的“为孩子父母学校”，至今已开办到了第 51 期。“孩子”是该学校教育的主要切入点，每年都会请一些法官、社会学和心理学老师为要求离婚的人上课，并有律师咨询、现场开庭和让因罪、错而入少管所的单亲家庭学员现身说法以及观看录像等内容，使准备离婚的夫妇认真思量“为了孩子，请慎重作出你们的选择；为了孩子，请切实履行你们的职责”的办学宗旨，避免因草率离婚造成不可挽回的后果；特别值得一提的是，民政部门在前几年开展“离婚疏导”工作初显成效的基础上，进一步利用婚姻登记工作平台，采取公益性招投标形式等政府购买服务，引入包括社会组织在内的多方资源，由婚姻家庭领域的心理咨询师、律师、社会工作者、资深婚姻工作者共同参与，探索开展包括婚前学堂、婚姻家庭疏导咨询、婚姻家庭经营咨询等服务，提升婚姻公共服务能力，促进婚姻家庭和谐。2011 年全市咨询离婚疏导达 4250 余人，有 2340 人不当场办理离婚登记，成功率达 55. 06% 。

南昌市西湖法院借鉴长宁区法院的成功经验，自 1992 年起，也开设了“为孩子父母学校”。目的在于让父母了解离婚对孩子的影响，感化离婚诉讼当事人，防范未成年人犯罪的发生。其社会效果非常显著，如自第 10 期的“为孩子父母学校”开学典礼结束后，涉诉的当事人要求撤诉和同意调解的达到 70%。2007 年 8 月，南昌市青云谱区民政局在婚姻登记处设立了“婚姻家庭指导工作室”，建立“离婚劝和”机制。据不完全统计，自“婚姻家庭指导工作室”成立以来，该处共接待了 860 对要求离婚的夫妻，成功调解 157 对，决定暂缓离婚的有 280 对。所有这些实践，为推行强制的离婚父母教育提供有关配偶交流、冲突控制以及亲子交往的技巧培训等方面提供了很好的范例和借鉴。

第三节　小结

他山之石，可以攻玉。与上面各国和地区婚前教育与离婚程序的设置相比而言，中国的婚前教育严重不足，且离婚程序过于简单，这一方面为婚姻自由提供了条件，也为轻率结婚与草率离婚提供了极大的方便。婚姻看起来是个人的自由，其实是社会问题。家庭是社会的细胞，家庭的好坏小则影响到每一个家庭成员的身心状态，大则关系到社会的安定和维系。妇女解放运动在中国进行了这些年，女性的地位也越来越高。受传统文化一些片面影响中国男士们仍然受到来自传统性别观念的压力困扰，其实在我们的传统文化中不难找到两性伙伴关系的影子，传统的阴阳学说讲究的便是阴阳和谐、阴阳互根。这些都需要个人、社会和国家互动解决，毕竟家国天下。

在国家文化层面，国家应该重视倡导平等、和谐、伙伴式的两性关系，此外还需要从法律层面自上而下来协调两性关系，改善人们的婚姻，提高国民婚姻的质量，让“构建和谐社会”成为一项社会共识。家庭作为社会的细胞是社会和谐的基础，家庭的和谐与否，在很大程度上制约着社会的和谐。而婚姻是组成家庭的最重要一环，家庭的和谐又受制于婚姻。这样，婚姻—家庭—社会，构成了一个不可分割的整体，三者相互联系，不可或缺。而良好的婚前教育是这三者和谐的基石所在，要促进家庭和谐乃至社会和谐，婚前教育起着关键性作用！对孩子而言，在缺少或得不到父慈母爱环境中成长的孩子，人格怎么会健全？怎么会正常？失去家庭温暖就失去了家庭教育；失去家庭教育后，在学校教育也得不到相应的辅导和疏导。当今的学校教育是以科技和知识传授为教育主旨方向，以高考作为指挥棒，家庭伦理教育可以说完全缺席了，所以应该把家庭伦理教育纳入到学校教育中来。再是，毕竟上一代人受当时社会思潮，教育认知程度所限，身为父母的他们教育好下一代子女感到有相当的困难和局限性，没能很好地教育子女究竟如何扮演好丈夫、好妻子、好父母、好儿女等众多的家庭角色，所以社会救助机制的建立和国家层面家庭文化的倡导显得尤其重要。接下来在结论部分，将重点论述应该倡导什么样的“家”文化，建立什么样的两性关系模式并应该借助什么样的力量去倡导。

第八章　结论　“家”文化的倡导与新型两性关系模式的建立
——借助多元媒介的力量 ◎

从历史文化传统上讲，中国人是生活在“祖荫之下”，家的文化根深蒂固，家是民族文化、道德、精神的载体。但我们曾一度视传统为负担与垃圾，我们抛弃、断裂了传统，生吞活剥很多“主义”，家道文化终于没落了，但我们并没有由此而幸福。我们今天有必要重新审视中华传统的家道文化，重拾有利于国家和社会和谐的潜在推动因素。

“我们从它们的社会中学到的重要经验是一条显而易见的道理，那就是，一种文化建构其首要人际关系的方式是信仰和价值的根基，同样也是其所有制度性建构的基础，从家庭到教育，到宗教，最后到政治和经济领域。”[1]因而，一个国家的文化需要政府自上而下地进行制度性建构。世界各国对于两性之间伙伴关系的推动做了大量的研究探索、尝试。今天我们处于一个多元媒介环境下，在此也将探索在倡导家国文化方面多元媒体的社会责任和舆论导向的功用，特别是为两性和谐关系模式的对话搭建平台。

一、传统“家”文化的内涵与婚前教育

既然不能以血缘关系重建真正意义上的家，就应该以道义来结合，寻找新的载体，在这种载体里头，就是新的意义上的家，落实

〔1〕［美］理安·艾斯勒著，程志民译：《圣杯与剑》，社会科学文献出版社 2009 年版，第 4 页。

“五伦八德”。

中国古代婚姻的目的和它承载的社会意义有很大的关系。如在前面章节所论述的，古时候十分重视社会关系的稳定，离异总是不被提倡的。《易》“序卦下”说：“夫妇之道，不可以不久也，故受之以恒。”离婚对古代男人来说是很没面子的事情，也是不道德的事，所以古代离婚的很少，尤其是上流社会。对离婚的男女管子曾做过这样的谴责与责罚：“士三出妻，逐于境外”、“女子三嫁，入于舂谷”。东汉的冯衍，年老出妻，遭人批评。宋代以后，士大夫多认为出妻的人没有品行。春秋时，鲁桓夫人齐姜与兄私通，没有被出。房玄龄、白居易等与妻不睦，但没有提出离婚。明朝沈德副符《万历野获编》说：“士大夫自中古以后，多惧内者。盖名宦已成，虑中冓有违言，损其誉望也，乃若君相亦有之。”历史上，中国的社会、道德、伦理都要求家庭稳定，不支持离婚，所以比起现代社会中国古代的离婚率是非常低的。至于一般平民中，出妻的情形更为少见，这是受到经济因素的限制，离婚使家内劳动力减少，再娶的负担也很重；此外，名分观念也有影响，在“夫妻义重”的普遍想法下，也不敢轻言离婚。民间俗风多是对他人夫妻“劝和不劝离”，世俗观念里，如果劝人离婚会遭天谴和邻里指责之嫌，所以民间有这样一句俗语“宁拆十座庙，不破一处婚”。由此可知，中国古代琴瑟和鸣的婚姻理想，不但表现在婚姻的缔结和维持上，也在一定程度上限制了肆意离婚趋势的发展。此外，古代的婚姻，还是男女双方家族的结合，也是一种财产和人际关系的重组，双方都为此付出了很大的代价。一旦离婚，不仅财产遭受巨大损失，人际关系这种无形社会资本，更是丧失殆尽。对于平头百姓来说，结婚是伤筋动骨的大事，竭尽全家的积蓄好不容易娶了媳妇，绝不敢轻易离婚，导致人财两空。

古代的婚姻文化不能完全适合现代生活，今天“家”的观念应该在文化上得以更多的倡导。费孝通先生在《生育制度》中提出了一家三口的“三角关系”是最稳定的关系，这种夫、妻、子组成的三角稳定性是由他们彼此的联系和在家庭中的作用来决定的。“父母是抚育孩子的中心人物”，而这种抚育工作的进行与抚育行为的社会化必须经由婚姻来完成。维持结婚的两个人营造长期的夫妇关系，长期的夫妇关系是抚育子女所必需的条件。在他看来，“父母子所形成的团体”即为家庭，它是生活中家庭的基本核心。“孩子的出世才完成了正常的夫妇关系，稳定和充实了他们全面合作的生活。”有孩子的家庭才是更好的家庭模式。〔1〕

如今在城市，“丁克”家庭和“丁斯”家庭越来越多，这虽然是一种现代人的生活方式，也是个人意愿的体现，应该受到尊重。但毕竟，只限于两性的享受和个人满足的生活是不易让双方产生长期的共同愿景和展望。作为一种不生育文化，从个人角度来说，也不值得效仿。生物科学的研究者们认为，人的生育愿望来自生物的“内驱力”，完全压抑或扼杀这种内在潜能对人的身心健康是有害的。社会心理学家指出，一个人完整的“社会化”过程，应包括生儿育女的经历和体验；怀孕、生育、做父母，是夫妻创造生命的伟大壮举；生育子女是母亲生活中的辉煌篇章；男人和女人都在抚育下一代的过程中继续成长和成熟，学会无私的爱，使爱的潜力发挥达到最高层次；夫妻在共同养育子女过程中凝炼出来的同舟共济的深厚情谊，是比任何感情都更加宝贵的，夫妻之爱和父母对子女的爱，是夫妻“白头偕老”将婚姻的航船驶向幸福彼岸的重要情感支撑。家是一个可以同舟共济，抵挡风雨的地方，对于现代人来说尤其重要！

《易经》上有家人卦，“易之家人曰：夫夫妇妇而家道正。夫义妇顺，家之福也”。夫夫妇妇，第一个夫是名词，第二个夫是动词，妇也是这样，第一个是名词，第二个是动词。什么意思？做丈夫的要像个丈夫，做太太的像一个太太，也就是各行其道，这个家道就正了。在这里面要知道，我只要求我自己做到，我不要求对方

〔1〕 费孝通：《乡土中国 生育制度》，北京大学出版社1998年版，第163页。

做到；如果我要求对方做到，那可能永远办不到。当你有要求的心，和顺就没有了，那是一种控制占有的念头；要按照我的意思办，他得尊重我，他不尊重我，我就不尊重他。这是在讲条件，是用控制的念头、强制的心理与对方相处。以这种方式跟人交往，关系肯定很难融洽。那就只要求自己做，不要求别人做，别人自然得到感化。能够夫义妇顺，这家就有福了。丈夫讲求道义、恩义、情义，太太能够柔和恭顺，一家和气；和气生财，财就是福，和气生福，那子孙长远随顺，家道长远。所以婚前教育的内容应该结合传统文化的学习，提高对婚姻的认知层次，特别是中国传统文化视婚姻为万事之基点，强调家庭和睦及婚姻的必然性。

中国传统文化对婚姻极为重视，视婚姻、夫妇为人伦之始，伦常之本。《礼记·郊特性》有载：“天地合，而后万物兴焉。夫昏礼，万世之始也”；“有天地然后有万物，有万物然后有男女，有男女然后有夫妇。有夫妇然后有父子，有父子然后有君臣，有君臣然后有上下，有上下然后礼仪有所错。”婚姻对社稷、家族意义重大：“将以为社稷主，为先祖后，而可以不敬乎？”儒家文化有重视家庭和睦的传统：“父子笃，兄弟睦，夫妇合”，诗经有云：“妻子好合，如鼓瑟琴”，做到“宜尔室家，乐尔妻帑（喜爱你的妻儿）”。这样，“父母其顺乎！”。在中国的文化价值体系中，“夫妻间以和为贵”不仅是一种道德理想，也是一种实际的生活准则。婚姻中，凡事以家为重、为主、为先，个人则为轻、为从、为后。当家族的利益与个人的感情有所冲突时，解决之道常是牺牲后者迁就前者。在婚姻的信念上，传统文化中“缘”的观念根深蒂固。这样的人际关系具有必然性或不可避免性，为人夫、妻者，不管现实关系如何不如意，都不可有离异之心。

受农耕社会的经济形态制约及儒家文化的影响，传统婚姻中的情感呈现如下特征：重角色，轻情感，强调归属感、一体感。角色优先、责任为重，婚姻中一切依角色行事，“夫属父道者妻皆母道，夫属子道者，妻皆妇道。”可以看出这样的角色序列是强调男子优先，“‘不仅以夫义而妇听，夫和而妻柔为训’，且片面强调‘妻妾以顺从之责’”与“‘女子既嫁曰妇，妇之言服，服事于夫也。’……孟子亦有‘无违夫子’之言矣。”传统婚姻中的一些角色规范至今依旧存在，婚姻中的个体归属依附于家庭这个整体，没有独立的人格。在过去，夫妻间的一体感典型地体现在婚嫁、服丧的一些礼仪上：婚娶有“夫妇共俎用餐”的仪式，表示尊卑相同；服丧也有一体感的传统：“礼义丧服传曰：‘……夫妻一体也，……半合也’。”但这样的夫妻一体化是以女性屈从于男性为前提的：“……顾妇人无爵，从夫之爵，坐以夫之齿”，妇之地位从夫而定，“……故夫为天子，妻即后，夫为诸侯，妻即夫人，夫为大夫，则妻为命妇……生礼死事，以夫为尊卑耳”。当婚姻的角色秩序已定，那在意愿层面而言是讲究：男为主女为从，强调夫妇关系的互惠与回报。传统婚姻强调夫妻之间互惠与回报的行为意愿，这一特征突出地表现在嫁娶的婚姻仪式上。即便贵为国君，在大婚之际也“冕而亲迎”，这表示对妇亲爱之意，对妇亲爱是为了使妇对己亲爱。而先王之所以得天下，是因为夫妇相敬而又相亲：“弗爱不亲，弗敬不正。爱与敬，其政之本兴。”（《礼记·哀公问》第二十七）之所以敬妻、夫妇之间相互亲爱，是因为妻子是祭祀双亲的主祭人之一：“妻也者亲之主也，敢不敬与?”所以古代“君子对妻子没有不敬爱的”。普通人的婚嫁仪式也象征了夫妇亲爱情感的互惠与回报，迎亲之际，“婿亲御授绥，亲之也。亲之也者，亲之也。敬而亲之。”但这样的情感意愿，是以男性为尊、女性为从为前提的：“男帅女，女从男，夫妇之义，由此始也。”

总之，中国文化传统中的婚前心理调适与婚前准备教育对于传统文化中的家族婚姻，中国人在态度和行为系统方面形成了特有的心理调适机制和婚前准备教育。从认知层面来讲是要学会：顺天、知命、惜福与忍耐。中国传统文化视婚姻、夫妇为人伦之始、伦常之本，夫妇的结合是“姻缘天注定”，这样的认知使得中国人在婚姻观念上形成了顺天、知命、惜福与忍耐的态度。这样的认知和态度表面上看来，似乎是一种消极、宿命的价值观，实际上来说，它扮演了心理防御的功能：因为接纳上天或命运的安排，所以能够安于困顿，并尽力扮演好角色，顺天、知命是对婚姻认同的一种心理调适机制；因为重视家庭的和谐，所以能够委曲求全来维持婚姻关系的长久，惜福、忍耐是传统文化中婚姻互动的一种心理调适机制。从情感层面来讲，起到角色预设与身份认同的作用。为了避免婚后的种种冲突，中国文化传统中早就有"预防胜于矫正"的婚前准备教育，与当时的家庭、社会特征相呼应，且这样的教育总是围绕女性的角色养成而展开的。对普通民众而言，婚前准备教育是在家庭里从女性成长发育时就开始施行，这样的教育是家族婚姻教育的序幕："女子十年不出，姆教婉娩、听从，……治丝茧，……学女事，以共衣服。观于祭祀，……礼相助奠……有故二十三年而嫁。"这也包括婚前性教育，在婚嫁之夕由父母来施行："父送女戒之曰'戒之敬之，夙夜无违背面'；母施衿结帨曰：'勉之敬之，夙夜无违宫事。'"

今天我们重新审视传统文化中的家族婚姻的基本理念，会发现这些基本的理念使得中国人在家庭婚姻态度和行为系统方面形成了特有的心理调适机制，接受了较为完备的婚前准备教育。而这些理念和实践对我们今天维持家庭和婚姻和谐而言仍有借鉴意义。在现代多元媒介环境下，如何更好地展示国家的法律政策和弘扬"家"文化。

二、媒介的社会责任及舆论导向

各种新媒介样式层出不穷，与报纸、杂志和广播电视等传统媒体一起共振共融，形成了以信息技术为核心的多元大众媒介文化环境。多元媒介文化已汇聚成一股强大的浪潮，对整个人类社会特别是当今的年轻人产生着广泛而深刻的影响，建构着新的文化，塑造着我们的未来。

大众媒体不仅塑造着两性形象，还引导着两性如何的评价自己和另一性别标准的社会舆论。在前面章节中提出媒体传播的现代价值观对传统价值观的解构，接下来要探讨的是，面对这一趋势产生的诸多问题我们能否运用媒体的力量自上而下地进行性别气质的回归和重构，为和谐的两性关系模式搭建平台。

在中国走向现代化的过程中，从性别视角切入现代化问题将会促使人们更深层次地理解正视现代化进程与两性之间的种种矛盾冲突以及既相宜又相悖的一面，警惕那种以“理性”的名义，假“自由”的借口，用“平等”的神话造成对女性又一轮的排斥、挤压和遮蔽。同时更深刻的认识到现代性中的社会公正必然包含性别公正，社会正义必然涵盖家庭正义。因为家庭问题、婚姻问题从来不是个人问题、私人问题，它是制度化的整个社会的显像和缩影，是建构和谐社会的重要保障。因此，促进并发展两性和谐，允许两种不同的社会性别彼此包容，相互尊重，共同提高，从根本上改变我们自己和我们的世界，改变我们对肉体、性别、自然、权力、幸福的看法，将是性别现代性的一个重要方面。

（一）媒介的社会责任

有人讲今天是“娱乐至死”的时代，媒体已经为经济利益所绑架，放弃了社会责任，这有电视婚恋节目所传播的伦理价值观为证。确实在复杂的现代社会结构模态下，电视媒介在满足受众信息消费的同时，节目本身显在或隐含的价值判断、价值取向，对于社会个体来说，有着很强的导向性和样板性影响，社会个体对于收视率很高的电视婚恋节目所呈现的婚恋观、人生观、世界观莫不深受其投射的心理影响。

早在20世纪90年代末期各电视台纷纷上马婚恋节目，此类节目最多时达到了三十多个。在创造收视神话之后，这类节目走向衰落。2010年，电视婚恋节目《非诚勿扰》火速在全国走红，从“拜金女”马诺到“富二代”刘云超，两性、金钱、毒舌成为这类节目的卖点，话题人物和相关议论充斥媒体，成为人们茶余饭后的谈资。从此，婚恋节目再度成为各电视台的新宠。目前的婚恋节目从形式到内容，都与上世纪 90 年代有很大不同：娱乐性更强，话题更开放，言语更犀利，话题出位，特别是涉及到价值观上的出位言论，引发的社会争议更多。在央视《焦点访谈》关于观众对婚恋节目看法的采访中，一些家长谈到不敢让自己的孩子观看这类节目，因为他们在心理上感到惶恐不安。

赤裸裸的权力崇拜意识和拜金思想在男女嘉宾光鲜的外表下一览无余：对于个人的“成功”或是“精英”的定义都是由票子、房子、车子等物质因素来衡量的，拥有这些条件，就能征服任何美女。金钱成了万能的东西，婚姻变成了买卖。比如浙江台《为爱向前冲》里有一女嘉宾，当看到自称月入百万的“豹哥”带着钻戒、房产证、兰博基尼车钥匙外加单身证明时，之前貌似高傲的她顿时换了个样，连“豹哥”提出试婚、考验性能力等条件，都全盘接受。又如《非诚勿扰》中，一女嘉宾不屑于跟前来相亲的男嘉宾握手，并称：“我的手只和我男朋友握，别人的话一次 20 万。”总之，在这类节目中，部分男嘉宾一出场就炫富，女嘉宾立刻分外青睐，透着赤裸裸的拜金主义，而这种金钱至上的婚恋观、价值观又通过电视这一大众传媒大肆传播蔓延开来，其消极影响不是用简单的道德谴责就能消除的。

媒体追求收视率没有错，但不应该忽视媒体起码的社会责任和道德底线，电视属于主流媒体，是大众传媒，其舆论导向的社会影响力巨大。我们暂且不去追究参加节目的嘉宾的责任，仅就大众传媒而言，无疑是他们将这种错误的价值观和恋爱观扩大了。当一个公共媒体里面广泛传播这种低俗的婚恋观和价值观时，其社会责任在哪？社会公德在哪？特别是这种传播又经过互联网的放大，放大以后再回到电视媒体里面，经过几次的放大以后，这种言论对青年一代的价值观和婚恋观的负面影响是非常大的。媒体舆论的长久轰炸会使年轻人内心产生一种确信，自己一定要有钱有权，当自己的经济条件和社会地位达不到心理预期时便感觉压抑、生存压力很大，反过来又对社会产生更强烈的不满。大众传播造成的这种消极影响可以显示当下一些媒体社会责任的严重缺失。

为了消除婚恋类节目的严重消极影响，2010 年 6 月 16 日，广电总局下发文件着手对“相亲类节目泛滥、造假、低俗”等问题进行整治，特别要求婚恋交友类节目不得展示和炒作拜金主义等不健康、不正确的婚恋观；要严格遵守关于净化社会文化环境、抵制低俗之风的各项要求。因此，电视台在节目预案、环节设计，嘉宾选择、话题引导和播出审查等“议程设置”方面完全可以杜绝“拜金”和“拜性”的节目的制作和播出，办好婚恋交友类电视节目，引导广大青年树立正确的人生观和婚恋观。目前，婚恋类节目所宣扬的低俗婚恋观的现象已有所好转。

早在上世纪 60 年代随着电视时代的到来，美国传播学家伯格纳研究并探讨了电视传媒的影响力和传播效果，提出了著名的“培养理论”。当下，随着媒介融合大趋势的出现，在现代这个处处充斥着媒介的社会，大众媒介的影响时时刻刻萦绕在生活的每个角落，并且带有强烈的倾向性，以各种方式试图影响甚至改变我们的想法和行动。因此，回顾这个重要理论提出的历史背景、重要学术观点及新的变化对广电媒体具有一定的启示作用和十分重要的现实意义。毕竟大众传播借助“议程设置”的同时也在建构一定的价值意识形态，可使社会主导价值观得以认同和强化。这样未成年人会认为那些被传媒高度关注和反复传播的内容便是整个社会所提倡的或值得认同和推崇的价值观。因此，大众传媒通常以“传播社会主导价值观”为重要理念，对价值观进行“议程设置”。“议程设置”着眼于大众传媒的日常新闻报道和信息传播所产生的影响，强调对社会主导价值观进行长期、反复的传播，引起未成年人的关注，以达到让未成年人认同这种价值观的目的。“大众传播不可能决定人们‘怎么想’。但却可以影响人们去‘想什么’。也就是说，在大众媒介对于公共议题的报道中，能直接影响大众了解不同公共议题的相对重要性，进而形成公共议程。”〔1〕通过“议程设置”，大众传播构建着“拟态环境”，对现实环境进行曲折反应。郭庆光认为，“所谓拟态环境，也就是我们所说的信息环境，它并不是现实环境的‘镜子式’的再现，而是传播媒介通过对象征性事件或信息进行选择和加工，重新加以结构化之后向人们所提示的环境。”〔2〕未成年人接触社会的机会很少，单凭自然感知而获取信息来认识社会主导价值观是不可能的。所以清华大学尹鸿教授提倡，对青少年和未成年人零门槛的大众媒介，必须表达大多数人公认的价值观，主流文化理应占上风。电视媒体作为社会的公器，在传播过程中，应担负起弘扬核心社会价值观的重任，对广大观众起积极引导的作用。尤其是电视媒体推出的婚恋交友类的节目，对于一些深层次的问题，如金钱、地位成为择偶的标准，而个人品质却无人问津，这时，媒体就应进行积极的纠偏，使节目更贴近实际，贴近群众，符合社会主流的价值观。同时还应提高广播电视行业的自律和从业人员的规范与自律。电视媒体在守望社会，关爱民生的同时，还应担负起传承社会文化的责任。电视媒体更应积极培养受众的媒介素养，提高受众的文化品位，而不是一味迎合受众更应为公众提供一个平等、自由、理性的交流平台，注入更多的人文关怀。

电视节目作为一种文化商品，追求经济利益无可厚非，但它不能为吸引眼球，把受众如此没有原则地卖给广告主，完全沦为赚取利润的工具，还应把自己置于所处的社会法律和伦理之下，承担不可替代的社会责任。如何兼顾经济效益与社会责任的平衡，是电视节目必须处理好的问题。就是电视人应制作好的电视节目，在获益的同时，让观众的欲望融入到主流价值取向中。“社会责任理论”是20世纪30年代由美国学者正式构建的，它逐渐取代“自由主

〔1〕　金鸣娟：《人类传播与社会发展》，中国广播电视出版社2008年版，第214～215页。

〔2〕　郭庆光：《传播学教程》，中国人民大学出版社2005年版，第127页。

义”理论，成为西方大多数国家的主导性理论。它要求媒体及其从业人员传播有利于发展生产力，有利于提高整个民族思想、道德素质的内容。

在信息化时代，媒体的舆论导向对社会文化导向的引领越来迅速直接。一切媒介传播都会对我们的社会、生活、文化等各个领域层面起着重要的作用，也会影响到我们的思想、理想、价值观、家庭甚至未来生活。特别是对世界观和价值观在形成时期的青少年来说，他们是在大众传媒的影响下完成社会化的进程的。以电视、网络为主的现代传媒形式已成为对当代大多数大学生价值观形成与发展影响的主流形式，而报刊、杂志、电影、书籍等传统的传媒形式的影响居于次要地位。为促进大学生积极而正确的价值观的形成与发展，应该注意加强各种传媒的建设与管理，尤其要注重电视、网络等现代传媒形式的建设与管理。

如今在市场经济的冲击下，各媒体竞争可谓愈演愈烈，有人归纳，赢取眼球就是赢取效益，制造热点就等于无形间的发行量、收视率、收听率。以追求收视率为目标，节目只顾过度娱乐、搞怪、猎奇，所以为了捕捉热点，吸引观众眼球，不少媒体费了不少的心思，却忽视了媒体的责任和担当社会收视环境。这些现象也在给媒体敲响警钟：媒体责任——媒体人的价值观念和所掌控的舆论导向。在这个充斥着各种思潮声音的关键期，需要有更多的媒体，作为弘扬主流文化的载体，义不容辞，承担着媒体的社会责任，弘扬健康向上的主流价值观。

在弘扬主流价值观方面，《天下父母》电视的开播就是典范。《天下父母》栏目开播七年以来，以生动美好的艺术形式、以感人至深的人间真情，坚持以传播亲情孝道的宗旨，传播正确的世界观、人生观、价值观，家庭观、道德观，感动教育了亿万海内外观众，社会正面效果明显，在全国电视界树起了一面红色的旗帜。

（二）大众传媒的对策和作为——以韩剧的热播为例

不可否认的是，在工业化进程中，随着大众传媒的渐次发展及其日益渗入人们的生活，原本由家庭、学校肩负的部分文化传承活动又部分被大众传媒所取代，许多价值观念的形成亦开始为社会所左右，这一点自近代工业革命以后，尤为突出。时代交替带来了兴奋的同时，也带来了困惑。美国社会学家帕克认为，传播作为联结两个世界的纽带：从旧秩序里解放出来的人们，通过传播，建立起在新世界中的联系。他认为传播是一个社会心理过程，在微观上，是个人以道德的秩序代替本能的秩序的过程，决定了个人的社会化进程；在宏观上，传播使得竞争，冲突，调适，最后达到同化的互动模式成为可能，促进和保持社会内部的文化理解和团结。这样，传播就不再只是一个符号传递的问题，它成为自我、集体和社会意识形成的关键，自然也就是社会形成和维持的关键。

就中国而言，近年来随着社会转型，国家的经济体制、人们的社会生活方式、就业方式、对家庭的看法及年轻人对爱情的态度，都处在一种重构阶段，也就是以往的价值观受到质疑，而新的价值观还没有建立起来。韩剧的播出，正滋润了人们干渴和彷徨的心灵，使人们的心灵在嘈杂和喧嚣之余找到了片刻的宁静。韩剧近20年持续在大陆热播，社会上形成了“哈韩”一族。韩国历史上受中国儒家文化影响极深，因此两国的文化有很多相通性，韩剧所反映的文化角度而言，特别是家庭的观念方面与中国传统文化有极大的相似之处，因此中国人对韩剧有一种天然的亲切感，再加上中韩两国人从外貌上的相似更增强了韩剧的这种亲和力。我们且不论当前韩国社会现实如何，单就韩剧中所反映的家庭伦理关系、爱情、亲情就足以使中国观众找到那种久违的亲切。父慈子孝、兄友弟恭、三代乃至四世同堂的其乐融融的场面、为爱情而不计金钱地位的执着与真诚，所有的这些原本是我们文化中最精华、最灿烂也是令我们最引以为荣的部分。当下的中国人对待文化好像有种捧着金饭碗讨饭的意味，苦苦寻觅，其实最好的就在自己手中。当中国人无所适从之时，却在韩剧里找到了许久不见的感觉。[1]

确实，对于传统文化我们要取其精华，弃其糟粕，要结合时代特点推陈出新。而多年来，就这一点而言我们是做得非常不够。我们的荧屏上历史剧、古装剧也很多，但反映的主题是什么呢？其中相当一部分是古装荒诞闹剧和宫廷阴谋剧，弘扬传统文化精华成分严重不足，塑造的民族文化形象欠佳。中国大陆的古装剧鲜有像韩剧《大长今》那样，能给人们留下深刻的印象，能带来经济效益和文化效益的更是凤毛麟角。中国传统文化中有很好的素材，但真正得到开发利用，得到弘扬的实在是太少了。影视剧是大众传媒的一个非常重要的组成部分，它的职责不仅是为人们提供一种娱乐方式、一种产业，它同时也担负着弘扬民族传统文化的责任。韩剧热播的启示是：其一，传统文化是我们的瑰宝，一定要继承并发扬光大。韩剧在中国的热播可以说是韩国影视剧界的成功，但另一方面也证明了中华传统文化的生命力。中国人在心灵深处对传统文化还是有深刻的认同感，这就为传统文化的宣传和倡导提供了极大的空间。其二，我们要珍视、尊重我们的文化，演绎起来才有真情实感。看过那些在中国热播的韩剧的人们都会有这样的感觉，也就是剧中的情节能够使观众深切地感受到剧作者、导演及演员对自己国家的热爱和对文化的尊重。对传统文化的珍视也就是对国家的热爱。其三，影视剧要想达到教育的目的，必须以人为本。影视剧针对的群体是活生生的人，那么电视剧的排演必须尊重观众，关注观众的心灵需求，才能为观众所接受，才能起到弘扬文化的目。[2]

在与“韩流”热浪的对比之下，我们应该看到我国青少年传播教育中本土文化的缺失。这也是“韩流”在中国得以滋长的一大诱

---

〔1〕 岳强：“由韩剧热播反观我国大众传媒的传统文化教育功能”，载《时代文学》2011 年第 9 期。

〔2〕 岳强：“由韩剧热播反观我国大众传媒的传统文化教育功能”，载《时代文学》2011 年第 9 期。

因。确实，中华文明及其思想体系曾在世界具有广泛的影响，中国也曾是世界上最重要的文化输出国之一，我们也曾一度洋洋自得于上下五千年源远流长的中华文明。但是近代以来，中国的文化输出国地位基本上被瓦解。从本质上说，我国的传统文化仍具有强大生命力，而表现形式缺乏创新，表达主题欠提炼，特别缺乏适合青少年的传统文化表现形式及主题。马林诺夫斯基在他的《文化论》中曾经出色地表达过一种观点：“一切文化要素都是直接或间接地满足人类的需要。若是我们的看法是对的，一定都是在活动着、发生作用的，而且是有效的。”因此对于乐于追求新鲜事物、文化触角敏锐的青少年来说，得不到主流文化的关注，自然会将文化关注转向外来文化。所以，大陆流行的是美国的电影大片、日本的动画、韩国的电视剧。我们电视、电影、传播媒体在教导男人做什么？教导女人做什么？教导孩子做什么？对外宣传了什么样文化形象？我们有庞大的文化需求市场和亟需能够倡导核心价值观的大众传媒作品，但我们没有制作出能足以反映我们核心价值观的、促进和谐、养眼养心的好作品。我们确实需要重新审视一下主流意识形态领域、大众文化传播体制上存在的一些问题。

不可否认的是，网络媒体，特别是移动媒体的自主性、互动性和即时性，使人们信息交往发生了质的变化，人们不仅可以从媒体上获取各种不同话语立场、观点方法和区域资讯的信息内容，满足个性化的需要；而且可以通过媒体发表自己的时事见解、亲身经历和研究成果，向特定人群或大众传播信息。媒体环境日益成为每个社会成员的话语平台，特别是随着媒体融合的加快和人们对数字依赖的增强，社会信息流将进一步呈现出互相交叉和多点渗透的态势，任何国家和地区都很难对媒体话语内容加以绝对控制。人类文明进程下的社会民主政治已经成为共同的诉求，它强调的是个体的权利和利益，所以，在多元媒体时代，每个人都是媒体话语的传播者，都可以自行选择具体表达方式，表达不同的立场和观点，行使作为普通民众的话语权，这就使得话语多元成为媒体环境发展中的不可逆转的趋势。特别是网络媒体在塑造着我们这个社会的文化。[1]

法国哲学家福柯曾提出，在传统社会，“全景监狱”是管理者通过信息不对称的方式来实现成本更低、效率更高的社会治理方式，而我们今天所面对的是一种新的社会结构——“共景监狱”[2]。这种“共景监狱”是一种“围观结构”，即众人对管理者个体展开的凝视。由于传播的技术革命，管理者与公民之间的信息分配比较对称，管理者在信息资源把控方面的优势大为减弱。如今，每个人都形成了一个自媒体，每个人都是信息的生产者和消费者。特别是在接二连三的突发和热点事件中，每个有凭有据的微博和微信都能获得数以万计的转发。因此，“围观”正在改变中国。

由于微博与微信等社交媒体本身所具有的特性和优势，使它成为人们参与舆论监督的一个直接、便捷、快速的平台，为构建公民舆论的社会空间发挥了特殊的作用。微博与微信等社交平台在如今的“围观”社会结构中已日益成为公民舆论的社会空间。在信息过量的媒体环境中，媒体有选择地传播信息内容与人们对所传播的信息内容进行有选择地接收同时存在，强势媒体的一元导向常常遭遇众多媒体多元话语的消解，加之人们日渐个性化的质疑、判断与选择，媒体环境的多元化舆论导向客观上已经形成。媒体环境的舆论导向上不可能重复以往的单一诉求，而是要在多元基础上构建价值和谐。在这样的多元媒体环境下，如何营造和建构一个和谐的媒介生态环境考验着执政者的执政智慧和公义或每一个普通公民话语权利的诉求保证。

仔细审视导致今天传统文化教育传承欠佳的原因，不只是微观层面上学校、家庭、大众传媒教育对传统文化的传播不力，我们宏

---

〔1〕 黄桂清：“论网络在社会文化重塑中的作用”，载《中共桂林市委党校学报》2011年第6期。

〔2〕 喻国明：“媒体变革：从‘全景监狱’到‘共景监狱’”，载《人民论坛》2009年第16期。

观教育决策也忽视了对传统文化传承，这包括教育目的、教育价值取向及教育方针政策等内容，其核心成分是文化底蕴。宏观教育的决策在内容和结构上有所侧重并具有导向功能。且宏观教育决策一旦得以明确，便会影响和制约一个国家教育实践从上到下的方方面面，要加强教育对传统文化传承的功用，必须从宏观教育决策上赋予传统文化传承以应有地位。从技术上讲，今天的数字媒体网络技术为我们提供了制作和传播传统文化艺术产品最好的载体条件和受众面。网络传媒突破了传统中交往的时空限制，使全球性普遍交往成为可能，使网民社会认知范围和程度无限拓宽，受众面扩大，特别是年轻人；同时，方便我们运用数字媒体把对现代有积极意义优秀传统文化元素和价值观进行创新制作和传播。今天的多媒体手段能把传统文化事态的起源、发展、传承到影响等多方面加以详细生动还原，以前所未有的技术条件全方位立体多元地展现传统文化的背景和真谛。所以运用多媒体手段完全可以把中国传统文化制作传播出去，特别是能对受众的思想、意识、行为模式产生积极影响的婚姻价值观和人文精神，实现真正意义的远程公民传统文化普及和伦理教育。

就个人而言，那么如何才能营造幸福美满的家庭环境呢？那便是要做到“夫有义，妇有德”。就社会、国家层面而言，发挥电视等多元媒体网络优势，大力弘扬传统文化。十七大报告指出：“中华文化是中华民族生生不息、团结奋进的不竭动力。要全面认识祖国传统文化，取其精华，去其糟粕，使之与当代社会相适应、与现代文明相协调，保持民族性，体现时代性。”而弘扬民族文化传统同样是世界潮流，只有是民族的，才是世界的。无论是欧美还是东亚，都非常重视传统节日，都把传统节日视为民族文化传递的重要纽带。包括日本、韩国等东亚国家，都十分重视源自中国的传统节日，并通过继承、改造、形成了自己民族独特的文化传统。三网融合已经上升为国家战略，移动网络媒体具有传播迅速、直观、即时、受众覆盖面广的优势，拓展了更广阔的发展空间，在传承和弘扬优秀传统文化中承担着神圣的职责和使命。

传播学家拉斯韦尔和社会学家默顿都认为，文化传承应视为传媒重要功能之一。大众传媒对文化的传承具有不可忽视的重要作用，一方面，传媒可以对历史积淀的文化成果、优秀文化传统进行有效传播；另一方面，可以以文化新闻的形式，通过对当下各种文化现象的反映，起到传承文化的作用。当代传媒应站在弘扬与振兴民族文化的高度，以对国家和人民负责任的态度，全面反映社会文化生活，做好传媒的责任。

三、两性关系模式——伙伴关系

离婚，是一个有着鲜明历史文化特点的现象。中国古代社会建立在自给自足的自然经济基础之上，基本运作需在以人的依赖关系所组成的单位内独立进行，以婚姻缔结为基本点、以血缘关系为纽带所形成的家族，是国家的细胞和缩影，是古代社会得以有效运转的基础，也是法律所要维护的核心秩序。所有婚姻关系都必须以家族为核心，结婚是“一种政治行为……起决定作用的是家世的利益，而决不是个人的意愿”〔1〕。《礼记·昏义》说：“婚姻者，合二姓之好，上以事宗庙，下以继后世”，婚姻的目的只是家族的延续及祖先的祭祀，完全是以家族为中心的，不是个人的，也不是社会的。〔2〕离婚当然也不例外，无论是礼还是法，均以家族利益为根本出发点，离婚旨在“绝两姓之好”，重在两个家族的决裂，而非夫妇感情的破裂，“七出的条件除窃盗一项仅关系个人的失德外，其他条件无一不与家族有关”。〔3〕

---

〔1〕［德］恩格斯：“家庭、私有制和国家的起源”，载《马克思恩格斯选集（第4卷）》，人民出版社1972年版，第74页。

〔2〕瞿同祖：“中国法律与中国社会”，载《瞿同祖法学论著集》，中国政法大学出版社1998年版，第98页。

〔3〕瞿同祖：“中国法律与中国社会”，载《瞿同祖法学论著集》，中国政法大学出版社1998年版，第139~140页。

中国古代婚姻关系的本质精髓，即为"伦理"。它是作为一种社会秩序的载体而存在的。在婚姻关系中的两性关系模式体现的是社会的纲常伦理。男性家长就对女人和孩子有着绝对的权力，有时甚至是生杀予夺的权力，这已经被看作理所当然的事情。中国古代的男权在离婚问题上也同样表现得淋漓尽致，两性权力的差异在决定婚姻的存亡上表现得尤为明显。古代男女在离婚的决定权上表现出极端的不对称，古代离婚的诸种形式和条件都呈现出了两性关系的统治模式，这对现如今的两性关系也有着深远的影响。在漫长的两千多年里，这种统治却渗透在平常的生活中，让人浑然不觉，极少有反抗的意识。正如克里斯蒂安·戈丹所说："权利可能是常规的、固定的、而统治与权力不同，统治是平稳的、弥漫的深深地作用于人的身体和灵魂，以至实施统治的人（男人）或遭受统治的人（女人）都浑然不觉，因为布迪厄所谓'男性中心无意识'让人无一幸免，甚至连反对它的人也不例外。"〔1〕在这样的情形下，古代中国虽然有些伙伴关系的萌芽，但是那都是无法燎原的星星之火。

中国传统社会的婚姻关系是以等级制为前提的，家庭中的夫为妻纲是国家的君为臣纲的基础，丈夫对妻子的统治由其天赋性别所决定并为法律所保护。妻子既无养家活口的能力，就只能安于持家育儿的本分。丈夫对妻子则有支配、管教、休弃和监护权。男尊女卑的封建礼教还确立了以妇女的卑屈退让来缓解夫妻冲突的原则，并以此维持家庭团结和保证、强化丈夫的主宰地位。由于婚姻是以传宗接代为主要目标、事关家族兴衰和社会稳定的大事，故两性之爱自然不是封建统治者对婚姻的本质要求，也不是婚姻得以建立和解除的依据。况且在包办婚姻的基础上，既要强调夫妻感情又要维持婚姻稳定也是不可想象的，再说，小夫妻的亲密感情可能妨碍他们对大家庭承担更多的义务，因此，鼓励夫妇不即不离，讲究一定

---

〔1〕 克里斯蒂安·戈丹，"当他让妇女摆脱束缚时"，载皮埃尔·布迪厄著，刘晖译：《男性统治》，海天出版社2002年版，第246页。

的礼仪才是上策。于是，“举案齐眉”、“相敬如宾”就成为传统社会着力倡导的婚姻关系模式。后人遂以此来描绘、肯定夫妻间的相敬，实际上只是提倡妻子对丈夫的恭敬而未必要求丈夫给予妻子同样的礼遇。而让夫妻如同宾客似的朝夕相处，确实是既不失封建礼仪又淡化夫妇感情的妙方。但这不是真正的伙伴关系。

在经历社会剧烈变化的今天，必将发生文化的转型。在私人生活领域发生的两性关系变化，也预示着两性关系模式的变革和传统性别气质的解构与重构。正像人类学家奥特纳主张的那样，女人普遍的从属现象并不是由于自然也不是因为生物事实，或者男人和女人没什么不同，而是事实与差异只有在文化界定的价值体系框架内才具有优越的或低劣的这种对比意义。每种文化都试图超越自然存在。我们今天的两性关系在这个文化的转型期，应该有重新的定位。两性的性别气质不应该囿于传统的限制，谁强谁弱并不重要，重要的是合作、参与、分担和相互支持，以促进共同进步。

艾斯勒认为家庭和亲密关系的社会构成是所有社会关系建立的一个主要因素。因为私人领域和公共领域是不断交流的，它们都是在社会中建构的，要符合某一特定社会制度的需要。这种私人领域的文化转型也将意味着未来政治领域的转型。

离婚也是一个受到社会文化大背景广泛影响的社会现象。中国的离婚更是有着中国文化的特点，现阶段的离婚问题有着不同于传统的内外原因，但2000年后离婚潮的产生既是现今文化转型的产物，也透着历史发展的必然性。家国同构传统文化格局仍然对今天的婚姻有很大的影响。男权文化不仅恶化了两性关系的和谐，还成为女性平权的障碍。离婚自由是社会的进步，也是公民的权利，但离婚率高却不是进步的标志，更不是人民的福音。

在中国，过去离婚不自由到现在的离婚自由，让经历痛苦婚姻的人能够重新拥有获得幸福的可能性，这无疑是法律的进步，但如果没有足够对婚姻本质的认识，离婚的自由也许会被滥用。加强离婚立法的合理性、完善家事调解制度等并不是为了妨碍人们的离婚自由，而是让人们懂得、了解婚姻是什么，慎重看待婚姻。

因为离婚法的目的并非在于瓦解婚姻，其真正实质在于拯救婚姻、稳定家庭和社会。离婚法只是在形式上以法律的程序来体面地埋葬那些已经死亡了的婚姻，为解放了的当事人双方进入更加幸福、美满的婚姻清除了障碍，可以说离婚法是一个安全阀，革命导师恩格斯这样说过：“如果说只有以爱情为基础的婚姻才是合乎道德的，那么也只有继续保持爱情的婚姻才合乎道德……如果感情确实已经消失，或是被新的热烈的爱情所排斥，那么离婚无论对双方还是社会都是幸事。”正是基于减少双方伤痛到最低程度这一点，离婚才成为了现代婚姻的必要补充。但毕竟离婚已经不单是夫妇双方和家庭本身的事情，而是已经成为了一个社会问题，在为解脱不幸婚姻的羁绊而欢呼的同时，也由此带来了更多的单亲家庭，离异家庭和孩子的贫困化等问题，这些都为政府和社会提出了严重的挑战，如何避免或是减少离婚所带来的负面影响，正是我们所要面对的、当前国家政府和立法机关所要做的。

婚姻是一种文化现象，文是经典，化就是经典思想指导下的生活方式。生命源于自然，禀赋天地之性而生，生命的过程必然要符合根本的自然法则。道是本于天地自然的生命规律，德是符合规律的幸福生活。儒释道看待生命的智慧是一种生命本有的回归，是开启生活事业智慧的根本法门。

孔孟之后各家各派各抒己见，都有其积极的现实意义，而且成为中国传统文化的重要组成部分，但慢慢地开始偏离了中国原本的天道、君道、人道合一的正统文化，达到了一个极端，中国的传统文化已经在很多地方失去了文化的本意，离正道越来越远，文化逐步成为奴役人性的枷锁。故而鲁迅先生定性“中国封建社会就是吃人的，翻开历史就是吃人、吃人。”“五四运动”打倒的是一个偏离正统的没落文化，是一个被扭曲变形了的假文化。所以说，中国真正的传统文化，实际上就是天人合一、天下为公的道统文化，是天地人相和谐的人道文化。语出《孟子》的五伦，为“君臣有义、父子有亲、夫妇有别、长幼有序、朋友有信”。尧时以此五伦教化生民。伦者，序也，为天地人自然天然之秩序。五伦关系符合天地秩序，有人即有五伦关系，讲究的是上下各守职分，各尽义务。这一思路包含了“互动”与“双向要求”的合理因素，既是对专制独断论的一种抑制，也是对无政府及民粹倾向的一种防范，有助于我们今日正确处理社会人际关系，特别是政府与民众关系、劳资关系、家庭关系、医患关系、民族关系、国际关系，以构建和谐社会……环顾全社会诸种双边关系，五伦说阐扬的“良性互动”与“双向要求”颇富启示意义，可以防患于未然。〔1〕所以，五伦关系合与天地之道，超越时空，无论种族，是人皆应遵守。

作为五伦中的夫妇之结合按照中国传统文化是为“合两姓之好，以继宗祀。”等于是把两个家族的荣誉和发展都结合在一起，责任重大。古代人把出嫁叫做归，“之子于归，宜其家人”（《诗经·周南·桃夭》），意思是说嫁到这个家里是要好好过日子，要齐家的。古代的女子结了婚后就没有名字了，其实就是让忘掉原来的身份，变更了一个新的身份，也就是说，你是这个家庭中的妻子或者母亲了。而现在以“爱情”说事，都是依据自己的情绪和爱好，或者欲望，只是对对方外在、物质等方面合乎你的要求意愿去建立的一种关系，跟着感觉走。而西方“爱情”的本意，特别是《圣经》“创世纪”篇里对夫妻的规定是：女人为男人的骨肉和助手，女人是为成为男人完整的生命一部分而被打造的，夫妻是生命的接受、承担，是陪伴。建立在物质基础之上的爱情或婚姻，必定会随外在物质东西的变化而风雨飘摇。

婚姻的幸福不仅是人们幸福指数的一个重要方面，也是衡量公民生活质量的重要指标。西方学者菲利普曾评价说，近几十年来对婚姻中感情和谐以及希冀通过婚姻获得情感和个人满足等方面的重

〔1〕 冯天瑜：“‘五伦’说：建构和谐社会应当汲纳的历史资源”，载《武汉大学学报（人文科学版）》2008年第3期。

视程度是前所未有的。的确，随着这一时期社会人口出生率的下降，以及发生在家庭生活中的其他一些变化，夫妻关系成为家庭生活的主要内容。平均寿命的延长，做父母的在子女长大离家后还可以过上 30 年或更长时间的夫妻生活。”[1]对于现阶段的离婚问题，对于如何改善夫妻关系，如何用创造性的方式来提高婚姻生活的质量，艾斯勒的伙伴关系无疑是一剂救世良方，中国传统文化中的阴阳学说同样是处理好两性关系的方法。

近百年来中国是一个社会转型和人们的婚姻观念以及家庭概念重新界定的世纪。特别是随着大众传媒的影响，大众媒介不断地制造有关美满姻缘的概念和指标，并引导人们以这些标准去估量自己的婚姻是否成功，“婚姻自由主义”和“享乐主义”的概念是被人们广为接受的；于是，正式的婚姻逐渐失去了社会规范的支持。人们的性观念和性价值取向日益开放，引发人们对婚姻家庭生活模式的重新审视，由此直接导致同居、闪婚、闪离、婚外生育、丁克、单亲以及同性恋等多元婚姻生活方式出现，彻底颠覆了传统的两性婚姻关系模式，宣告了主流两性婚姻的美好神话破产，颠覆了数千年来被人认为是天经地义的、神圣不可侵犯的男女两性婚姻的传统形象和范式。而离婚，特别是如此简单的离婚程序作为解体合法婚姻的有效途径，也让婚姻魅力和威严不再，中国离婚修订法使社会出现几次离婚风潮，表面上似乎在于离婚法的宽松化，实际有着诸多复杂因素综合作用结果。因为作为外部法律依据的离婚法的不断变革，固然扮演了高离婚率的重要推手，但是离婚法变革蕴含了一种理念的变迁，某种程度上离婚法变革是顺应了长久以来社会对性和婚姻价值理念的变迁趋势的。传统的家庭婚姻理念节节倒退，是内部的推力，即当今时代人们更深层的内部思想观念因子的变化，那就是人们对性观念、性的价值的重新判断和诠释、婚恋观以及生

---

[1] Roderick Phillips, *Untying the knot: a short history of divorce*, Cambridge University Press, 1991, p. 320.

育观等传统伦理观的转变，内外因素共同催生了中国的离婚大潮。尽管传统婚姻遭遇数千年未有之变局，多元化家庭生活方式给其带来了严重冲击，但是中国在经历了数十年的离婚高潮所带来的阵痛之后，又复归理性和审慎，这表明在新世纪和未来作为主流的传统婚姻价值观念仍旧规范着人们的家庭和婚姻行为，仍旧被大多数人所尊重和向往。相信一个日益尊重个人权利、追求男女平等进步的时代，重新审视性伦理、尊重离婚自由选择和回归传统两性婚姻和家庭理念是并行不悖的。

经过几千年的发展，尤其是随着现代社会经济文化的发展，我们从农耕文明走向城乡一体化，而现在农村的大家庭开始解体，变为都市一个个的核心家庭，男女社会性别观念也发生了很多变迁，传统意义上相互对立的男性气质和女性气质发生了明显的界限淡化与互渗，女性也讲自强、自立，讲个人价值的实现；男性也开始注重温情和体贴，和更多地分担家庭事务，形成新的家庭婚姻文化。

文化作为一个民族的灵魂与血脉，从报纸、广播、电视、网络及各种移动传媒，各种传媒出现和融合为文化的传播发展提供无限可能。文字信息再也不是某些人的专利，新媒体消解了传统媒体之间、国家与国家之间、信息发送者与接收者之间的边界。由此，文化的传播路径和形式也在发生巨大变化，传媒不仅是信息传递的通道，媒介还是社会文化观念的塑造者。如何更好地传播和弘扬中华民族本土文化、吸收世界优秀文化以及为提升人们的文化素养搭建更为通畅的平台，多元新媒体在文化传播与构建中起到积极推动作用更显得重要大众传媒应宣传妇女的社会主体地位，传播女人应有的家庭伦理角色，自我意识和社会多元平衡的评价体系；承认男女具有同等的人格和尊严；立足现代生活寻求性别之间的和谐关系，推进男女两性的共同发展，以批判的、超前的意识挑战传统、挑战大众的固定心理模式，引导这一人类社会关系中最早最基本最普遍的性别关系模式走向和谐，这是人们的共同目标和理想追求。

参考文献 ◎

中文文献：

1. ［法］安德烈·比尔基埃等著，袁树仁等译：《家庭史》，生活·读书·新知三联书店 1986 年版。

2. ［英］安东尼·吉登斯著，陈永国、汪民安等译：《亲密关系的变革——现代社会中的性、爱和爱欲》，社会科学文献出版社 2001 年版。

3. 陈顾远：《中国婚姻史》，上海文艺出版社 1987 年版。

4. 陈鹏：《中国婚姻史稿》，中华书局 2005 年版。

5. 陈一筠：《两性世界何处去》，社会科学文献出版社 2000 年版。

6. 陈一筠：《新世纪婚恋与性》，新世纪出版社 2002 年版。

7. 陈一筠：《情感与婚姻》，北京协和医科大学出版社 2003 年版。

8. 陈苇等译：《澳大利亚家庭法》，群众出版社 2009 年版。

9. 戴伟：《中国婚姻性爱史稿》，东方出版社 1992 年版。

10. 邓伟志：《中国家庭的演变》，上海人民出版社 1987 年版。

11. 邓伟志：《近代中国家庭的变革》，上海人民出版社 1994 年版。

12. 董家遵：《中国古代婚姻史研究》，广东人民出版社 1995 年版。

13. 恩格斯："家庭、私有制和国家的起源"，载《马克思恩格斯选集（第 4 卷）》，人民出版社 1972 年版。

14. 范愉 ：《非诉讼纠纷解决机制研究》，中国人民大学出版社 2000 年版。

15. 费孝通：《乡土中国 生育制度》，北京大学出版社 1998 年版。

16. 费孝通："继往开来，发展中国人类学"，载荣仕星、徐杰舜主编：《人类学本土化在中国》，广西人民出版社 1998 年版。

17. ［美］海伦·费什著，刘建伟、杨爱红译：《人类的浪漫之旅：迷恋、婚姻、婚外情、离婚的本质透析》，海天出版社 1998 年版。

18. 高利华：《亘古男儿——陆游传》，浙江人民出版社 2007 年版。

19. ［英］格雷厄姆·默多克：“媒体参与的现代性：本世纪末的传播与当代生活”，载《二十一世纪：文化自觉与跨文化对话》，北京大学出版社 2001 年版。

20. 郭庆光：《传播学教程》，中国人民大学出版社 2005 年版。

21. ［美］克利福德·格尔兹著，纳日碧力戈等译：《文化的解释》，上海人民出版社 1999 年版。

22. 李银河、郑宏霞：《一爷之孙 中国家庭关系的个案研究》，上海文化出版社 2001 年版。

23. 李银河：《中国婚姻家庭及其变迁》，黑龙江人民出版社 1995 年版。

24. 李银河：《中国人的性爱与婚姻》，河南人民出版社 1991 年版。

25. 李中清等编：《婚姻家庭与人口行为》，北京大学出版社 2000 年版。

26. ［美］理安·艾斯勒著，程志民译：《圣杯与剑》，社会科学文献出版社 2009 年版。

27. ［美］理安·艾斯勒著，黄觉、黄棣光译：《神圣的欢爱》，社会科学文献出版社 2004 年版。

28. 林菊枝：《亲属法专题研究》，台湾五南图书出版公司 1985 年版。刘叔昭：“家庭问题的调查”，载李文海主编：《民国时期社会调查丛编·婚姻家庭卷》，福建教育出版社 2005 年版。

29. 金鸣娟：《人类传播与社会发展》，中国广播电视出版社 2008 年版。

30. 孟昭华、王明寰、吴建英：《中国婚姻与婚姻管理史》，中国社会出版社 1992 年版。

31. 闵家胤主编：《阳刚与阴柔的变奏：两性关系和社会模式》，中国社会科学出版社 1995 年版。

32. 南怀瑾、徐芹庭译著：《白话易经》，长沙：岳麓书社 1988 年版。

33. 欧小牧：《陆游传》，成都出版社 1994 年版。

34. 潘光旦：“中国之家庭问题”，载李文海主编：《民国时期社会调查丛编·婚姻家庭卷》，福建教育出版社 2005 年版。

35. ［法］皮埃尔·布迪厄著，蒋梓骅译：《实践感》，译林出版社 2003 年版。

36. ［法］皮埃尔·布迪厄著，刘晖译：《男性统治》，海天出版社 2002

年版。

37. ［美］乔治・马尔库塞、米开尔 . M. J. 著，王铭铭、蓝达居译：《作为文化批评的人类学》，生活・读书・新知三联书店 1998 年版。

38. 释了幻：《佛法与婚姻》（由著者本人发表于网络）2003。

39. 唐灿主编：《家庭与性别评论第一辑》，社会科学文献出版社 2008 年版。

40. 唐耕耦、陆宏基编：《敦煌社会经济文献真迹释录》第二辑，全国图书馆文献缩微复制中心 1990 年 7 月。

41. 汪玢玲：《中国婚姻史》，上海人民出版社 2001 年版。

42. 王兰英：《汉乐府民歌赏析》，内蒙古人民出版社 1987 年版。

43. ［美］威廉・A. 哈维兰著，瞿铁鹏、张钰译：《文化人类学》，上海社会科学院出版社 2006 年版。

44. 王奇生：《民国时期离婚问题初探》，成都出版社 1993 年版。

45. ［芬兰］E. A. 韦斯特马克著，李彬等译：《人类婚姻史》，商务印书馆 2003 年版。

46. ［英］路德维希・维特根斯坦著，陈嘉应译：《哲学研究》，上海人民出版社 2005 年版。

47. 吴至信："最近十六年之北平离婚案"，载李文海主编：《民国时期社会调查丛编・婚姻家庭卷》，福建教育出版社 2005 年版。

48. 夏吟兰：《美国现代婚姻家庭制度》，中国政法大学出版社 1999 年版。

49. 萧鼎瑛："成都离婚案之分析"，载李文海主编：《民国时期社会调查丛编・婚姻家庭卷》，福建教育出版社 2005 年版。

50. 谢振民：《中华民国立法史（下册）》，中国政法大学出版社 2000 年版。

51. 徐安琪：《风险社会的家庭压力和社会支持》，上海社会科学院出版社 2007 年版。

52. 徐安琪：《世纪之交中国人的爱情和婚姻》，中国社会科学出版社 1997 年版。

53. 徐安琪：《中国婚姻研究报告》，中国社会科学出版社 2002 年版。

54. 徐安琪：《中国婚姻质量研究》，中国社会科学出版社 1999 年版。

55. 阎云翔著，龚小夏译：《私人生活的变革：一个中国村庄里的爱情、家庭与亲密关系》，上海书店出版社 2009 年版。

56. ［德］尤尔根·哈贝马斯：《包容他者》，上海人民出版社 2002 年版。

57. ［美］约翰·博恩曼：“关心与被关心：把婚姻、亲属关系、性别和性取而代之”，载中国社会科学杂志社编：《人类学的趋势》，社会科学文献出版社 2000 年版。

58. 瞿同祖：“中国法律与中国社会”，载《瞿同祖法学论著集》，中国政法大学出版社 1998 年版。

59. 曾毅：《中国八十年代离婚研究》，北京大学出版社 1995 年版。

60. 张岱年：《中国文化概论》，北京师范大学出版社 1994 年版。

61. 张德强：《嬗变中的婚姻家庭》，兰州大学出版社 1993 年版。

62. 赵清主编：《社会问题的历史考察》，成都出版社 1992 年版。

63. 中国伙伴关系研究小组著、闵家胤主编：《阳刚与阴柔的变奏——两性关系和社会模式》，中国社会科学出版社 1995 年版。

64. 朱爱岚著，胡玉坤译：《中国北方村落的社会性别与权力》，江苏人民出版社 2006 年版。

65. 朱东润：《陆游传》，陕西师范大学出版社 2009 年版。

66. 柏生：“北京一年来的离婚案”，载《新华月报》1950 年第 5 期。

67. 曹胜华：“对我市 210 例离婚案的调查和思考”，载《齐齐哈尔社会科学》1988 年第 6 期。

68. 丛梅：“京、津、沪、穗四大城市离婚状况分析”，载《中国妇女报》1992 年第 9 期。

69. 丁桂芳、黄彩文 ：“哈尼族奕车人离婚现象的人类学分析”，载《民族研究》2010 年第 4 期。

70. 冯波、江笑雨：“论传媒与社会性别的关系”，载《中国宁波市委党校学报》2010 年第 1 期。

71. 冯天瑜 ：“‘五伦’说：建构和谐社会应当汲纳的历史资源”，载《武汉大学学报（人文科学版）》2008 年第 3 期。

72. 付红梅：“当代中国离婚问题研究概述”，载《湖南科技学院学报》2006 年第 5 期。

73. 甘世风：“美国婚姻制度新趋向———契约婚姻”，载《国际关系学院学报》2004 年第 1 期。

74. 龚小萍："中美家庭文化的比较与审视"，载《电影评价》2007 年第 20 期。

75. 顾鉴塘："对我国人口婚姻状况特点的初步分析"，载《人口研究》1993 年第 4 期。

76. 岳强："由韩剧热播反观我国大众传媒的传统文化教育功能"，载《时代文学》2011 年第 9 期。

77. 黄剑波："何处是田野——人类学田野工作的若干反思"，载《广西民族研究》2007 年第 3 期。

78. 景跃军："城市离婚率性别差异及社会影响因素探讨"，载《社会工作研究》1993 年第 3 期。

79. 李普曼著，林珊译：《舆论学》，华夏出版社 1989 年版。

80. 李强、刘强、陈宇琳："互联网对社会的影响及其建设思路"，载《北京社会科学》2013 年第 1 期。

81. 李荣时："对中国人口离婚状况的分析"，载《中国人口科学》1993 年第 6 期。

82. 雷洁琼："新中国建立以来婚姻制度的变革"，载《北京大学学报》1988 年第 3 期。

83. 李银河、冯小双："对北京市部分离婚者的调查"，载《社会学研究》1991 年第 5 期。

84. 李银河："社会变迁影响择偶标准"，载《小康》http://news.sina.com.cn/c/2008-02-14/142714938641.shtml.

85. 李银河："五城市家庭结构与家庭关系调查报告"，中国社会科学院五城市家庭调查课题组，2010。

86. 卢淑华："婚姻观的统计分析和变迁研究"，载《社会学研究》1997 年第 2 期。

87. 卢晖临、李雪："如何走出个案——从个案研究到扩展个案研究"，载《中国社会科学》2007 年第 1 期。

88. 骆剑琴："网络对青少年婚恋观的影响及对策"，载《人民论坛》2011 年第 10 期。

89. 孟秋丽："中国离婚率与社会结构变化"，载《人口学刊》2000 年第 4 期。

90. 沈毅：“网络空间的社会文化意涵——从比较社会学的视角看社会文化的冲撞”，载《浙江学刊》2010年第2期。

91. 苏红：“多维视角下的中国家庭婚姻研究：结构、关系、家族和文化”，载《社会》2007年第2期。

92. 唐灿：“北京市城乡社会家庭婚姻制度的变迁”，载《北京行政学院学报》2005年第5期。

93. 陶清风：“佛教婚姻观对理想婚姻生活的影响初探”，载《中外企业家》2011年第5期。

94. 万希平：“论网络婚恋及其对当代青年现实婚恋的负面影响”，载《青年探索》2007年第2期。

95. 王志华、孙燕玲：“从当前电视相亲节目看中国社会的性别关系”，载《山东师范大学学报（人文社会科学版）》2011年第3期。

96. 王克先：“互联网及现代通讯对婚姻的危害与对策”，载《社科综合》2012年第9期。

97. 王晓萍：“社会文化变迁背景下的婚姻与婚前准备教育”，载《江苏社会科学》2010年第4期。

98. 汪国华：“从熟人社会到陌生人社会：城市离婚率趋高的社会学透视”，载《北京科技大学学报（社会科学版）》2007年第3期。

99. 汪振军：“大众传媒与社会性别观念的传播”，载《中州学刊》2007年第5期。

100 翁乃群：“山野研究与走出山野：对中国社会文化人类学的反思”，载《广西民族学院学报》1997年第3期。

101. 徐安琪、茆永福：“新疆维吾尔族聚居区高离婚率的特征及其原因分析”，载《中国人口科学》2001年第2期。

102. 徐安琪：“中国离婚现状、特点及其趋势”，载《上海社会科学院学术季刊》1994年第2期。

103. 徐安琪：“婚姻权力模式：城乡差异及其影响因素”，载《社会学刊》（台湾大学）2001年第29期。

104. 徐安琪：“家务分配及其公平性——上海市的经验研究”，载《中国人口科学》2003年第3期。

105. 徐安琪：“夫妻权利和妇女家庭地位的评价指标：反思与检讨”，载

《社会学研究》2005 年第 4 期。

106. 徐安琪：“夫妻伙伴关系：中国城乡的异同及其原因”，载《中国人口科学》1998 年第 4 期。

107. 徐安琪：“离婚与中国女性的家庭地位和权益”，载《浙江学刊》2007 年第 1 期。

108. 徐安琪、叶文振：“中国离婚率的地区差异分析”，载《人口研究》2002 年第 4 期。

109. 叶文振、林擎国：“当代中国离婚态势和原因分析”，载《人口与经济》1998 年第 3 期。

110. 易国松、陈丽云、林昭寰：“社会结构与性别不平等：中国传统离婚的社会学分析”，载《南方论坛》2004 年第 12 期。

111. 昝玉林：“网络婚恋的发展”，载《中国青年研究》2010 年第 2 期。

112. 曾毅、吴德清：“八十年代以来我国离婚水平与年龄分布的变动趋势”，载《中国社会科学》1995 年第 6 期。

113. 曾毅、舒尔茨、王德明：“上海、陕西、河北三省市的离婚分析”，载《人口研究》1994 年第 5 期。

114. 张兵娟：“电视剧传播与性别现代性的建构”，载《乌鲁木齐成人教育学院学报》2008 年第 11 期。

115. 张玮、徐娟：“20 世纪 20 年代的天津女性离婚问题研究”，载《中北大学学报（社会科学版）》2011 年第 3 期。

116. 中南民主妇女联合会筹备委员会：“一年来执行婚姻法的初步检查和今后进一步贯彻执行的意见”，载《新华月报》1951 年第 10 期。

英文文献：

1. Lewellyn Hendrix, *Varieties of Marital Relationships*, in Carol R. Ember, Melvin Ember, eds. , *Cross – Cultural Research for Social Science*, Englewood Cliffs, NJ: Prentice Hall, 1995.

2. William R. Jankowiak and Edward F. Fischer, *A Cross – cultural Perspective on Romantic Love. Ethnology*, Simon & Schuster Custom Publishing, 1992 (31) .

3. Alisa Burns and Cath Scott, “Mother – headed Families and Why Have Increased”, *Hisssdale*, *NJ*: *Lawrence Erlbaum Associates*, 1994.

4. David Popenoe, *Disturbing the Nest*: *Family Change and Decline in Modern Societies*, New York: Aldine de Gruyter, 1988.

5. Daniel T. Lichter, Diane K. McLaughlim, George Kephart and David J. Landry, "Race and the Retreat from Marriage: A Shortage of Marriageable Men?", *American Sociological Review*, (57) 1992.

6. Constance, Clark. Dahm, "Big city, big dreams: In search of work and marriage in China' s new urban 'paradise', *Ph. D. Dissertation*, *University of California*, *Berkeley*, 1999.

7. Du, Shanshan, "Chopsticks Only Work in Pairs: Gender Unity and Gender Equality among the Lahu of Southwest China", *New York*: *Columbia University Press*, 2002.

8. *Family law Act* 1975 , Australia: Attorney General's Department, 2004.

9. Henderson, Gail E. , "Re – Drawing Boundaries: Work, Households, and Gender in China", *The Australian Journal of Anthropology*, Sydney: 2003. Vol. 14, Issue. 2.

10. Carol R. Ember, Melvin Ember, *Anthropology*. Prentice Hall, Upper Saddle River, New Jersey, 1996.

11. Honig, Emily and Gail Hershatter, *Personal Voices*: *Chinese Women in the* 1980*s*. Stanford, Calif. : Stanford University Press, 1988.

12. Smith, Steven G. , "Gender Thinking", *Temple University Press*, 1992.

13. Rao, Aparna. Autonomy, *Life Cycle*, *Gender and Status among Himalayan Pastoralists*, New York, Oxford: Bergahn Books, 1998.

14. Rofel, Lisa, Other Modernities: *Gendered Yearnings in China after Socialism.* Berkeley, Los Angeles and London: University of California Press, 1999.

15. Riane Eisler, David Loye and Kari Norgaard, *Women*, *Men*, *and the Global Quality of Life* , Published by The Center for Partnership Studies, 1995.

16. Schein, Louisa, "Minority Rules: The Miao and the Feminine in China's Cultural Politics", *Durham*, NC: Duke University Press, 2000.

17. Seligman, Linda J. , "Perez reviews Peruvian street lives: culture, power, and economy among market women of Cuzco", *Choice. Middletown*, Vol. 42, Iss. 5, Jan 2005.

18. Neil J. Diamant, *Revolutionizing the Family: Politics, Love and Divorce in Urban and Rural China*, 1949 – 1968, Berkeley: University of California Press, 2000.

19. Croll, Elisabeth, *The Polotics of Marriage in Contemporary China*, Cambidge, Eng: Cambidge University Press. 1981.

20. Hollan, Douglas, "*The Relevance of Person – centred Ethnography to Cross – cultural Psychiatry.*" Transcultural Psychiatry 1997, 34 (2): 219 – 234.

21. Roderick Phillips, *Untying the knot: a short history of divorce*, Cambidge University Press, 1991.

22. Turkle, Sherry, *Life on the Screen.* Identity in the Age of the Internet. New York, 1995.

23. Walther, Joseph B. 1996, *Computer – mediated Communication. Impersonal, Interpersonal, and Hyperpersonal Interaction. Communication Research* 23, 1, 3 – 45.

24. Watson, Nessim 1997, *Why We Argue about Virtual Community. A Case Study of the Phish. net Fan Community.* Steven G. Jones (ed.) . Virtual Culture. Identity and Communication in Cybersociety. London, 102 – 132.

25. *Family law Act* 1975 , Australia: Attorney Generars Department. 2004 .

26. John H. Grych, *Inter parental Conflict as a Risk Factor for Child Maladjustment*: Implications for the Development of Prevention Programs. Family Court Review, 2005 (43) .

27. Lichter, Daniel T. , Batson, et al, Religion and healthy marriages. In: Bronte – Tinkew, Jacinta, Guzman, Lina, Jekielek, Suzanne, Moore, Kristin A. , Ryan, Suzanne, Redd, Zakia, Carrano, Jennifer, Matthews, Greg (Eds.), *Conceptualizing and Measuring Health Marriages for Empirical Research and Evaluation Studies.* Child Trends, Washington, DC, 2003.

28. D. T. Lichter, J. H. , *Carmalt, Religion and Marital Quality among Couples.* Social Science Research , 2009 (38), 168 – 187.

29. Lehrer, Evelyn L. , *The Role of Religion in Union Formation: An Economic Perspective.* Population Research and Policy Review, 2004 (23) .

30. Regnerus, Mark D. Smith, Christian, *Selection Effects in Study of Religious Influence.* Review of Religious Research, 2005.

31. Wilcox, W. Bradford, Nock et al. What's love got to do with it? Equality, eq-

uity, commitment and women's marital quality, Social Forces, 2006 (84).

32. Murstein, B. I., *Who Will Marry Whom*? New York: Springer, 1986.

33. Greenberg, E. F. & Nay, W. R., *The Intergeneration Transmission of Marital Instability Reconsidered.* Journal of Marriage and family, 1982 (4).

34. Stinnet, N., & Defrain, *Secrets of Strong Families.* Boston; Little, Brown and Company, 1985.

35. Abbott, D. A., Berry, M., & Meredith, W. H. *Religious belief and practice: A Potential Asset in Helping Families.* Family Relations, 1990 (3).

36. Olson, D. H., & Defrain, J., *Marriage and the Family: Diversity and strengths.* Mountain View, CA: Mayfield. 2000.

附 录

附表 1－1 1979—2007 年全国结婚、离婚统计[1]

年度	登记结婚对数	行政、诉讼获准离婚对数	离结率	离婚率
1979	6330538	299932	4.7%	0.66‰
1980	7166528	341100	4.7%	0.70‰
1981	10371000	389100	3.7%	0.78‰
1982	8307000	428000	5.1%	0.84‰
1983	7592269	418000	5.5%	0.84‰
1984	7784094	453978	5.8%	0.80‰
1985	8290588	457939	5.5%	0.88‰
1986	8989000	506000	5.6%	0.94‰
1987	9247372	581484	6.2%	1.10‰
1988	8971750	655168	7.3%	1.20‰
1989	9351915	752396	8.0%	1.36‰
1990	9486870	799435	8.4%	1.38‰
1991	9509849	829449	8.7%	1.44‰
1992	9545047	849616	8.9%	1.48‰
1993	9121622	909195	10.0%	1.54‰

〔1〕《中国民政统计年鉴》(1979－2007)

续表

年度	登记结婚对数	行政、诉讼获准离婚对数	离结率	离婚率
1994	9290027	980980	10.6%	1.64‰
1995	9297061	1055196	11.3%	1.76‰
1996	9339615	1132215	12.0%	1.86‰
1997	9090571	1197759	13.2%	1.94‰
1998	8916913	1191162	13.4%	1.92‰
1999	8799079	1200566	13.6%	1.92‰
2000	8420044	1210713	14.4%	1.92‰
2001	8049816	1250457	15.5%	1.96‰
2002	7860287	1177165	15.0%	1.80‰
2003	8114086	1330752	16.4%	2.10‰
2004	8668275	1665412	19.2%	2.56‰
2005	8230508	1784791	21.7%	2.74‰
2006	9449900	1912814	20.2%	2.92‰
2007	9914000	2098000	21.2%	3.18‰

附表 2－1　二十一世纪初北京人离婚原因分类表

类别	件数	所占百分百
出轨	61	22.51%
感情不在	38	14.02%
与对方家人相处不好	24	8.86%
不满对方不能承担家庭责任	23	8.49%
性格不合	22	8.11%
彼此原本没有爱情	15	5.54%
性生活不和谐	14	5.17%

续表

类别	件数	所占百分百
不懂如何相爱	10	3.69%
一方不能生育	9	3.32%
价值观不同	8	2.95%
缺少共同语言	7	2.58%
两地分居	6	2.21%
一方有不良嗜好	5	1.85%
不满老婆太能干、强势	5	1.85%
家庭暴力	4	1.48%
一方有病	3	1.10%
一方畸恋	3	1.10%
冲动离婚	2	0.74%
不满人身控制	2	0.74%
其他原因	10	3.69%

声　　明　1. 版权所有，侵权必究。

2. 如有缺页、倒装问题，由出版社负责退换。

图书在版编目（CIP）数据

多媒体环境下两性关系模式的探讨研究 / 刘统霞，张雯莉著. —北京：中国政法大学出版社，2013.12

ISBN 978-7-5620-5163-3

Ⅰ. ①多… Ⅱ. ①刘… ②张… Ⅲ. ①离婚－社会问题－研究－中国 Ⅳ. ①D669.1

中国版本图书馆 CIP 数据核字（2013）第 289391 号

出 版 者	中国政法大学出版社
地　　址	北京市海淀区西土城路 25 号
邮寄地址	北京 100088 信箱 8034 分箱　邮编 100088
网　　址	http://www.cuplpress.com（网络实名：中国政法大学出版社）
电　　话	010-58908285（总编室）58908433（编辑部）58908334（邮购部）
承　　印	固安华明印业有限公司
开　　本	880mm×1230mm　1/32
印　　张	8
字　　数	206 千字
版　　次	2013 年 12 月第 1 版
印　　次	2015 年 3 月第 2 次印刷
定　　价	26.00 元